经世济民

诚信服务

德法兼修

"十四五"职业教育国家规划教材

icve 智慧职教 高等职业教育在线开放课程
新形态一体化教材

高等职业教育商科类专业群
市场营销专业新目录·新专标配套教材

新目录
新专标

商务谈判与沟通技巧
（第三版）

主编 韦 宏 陈家闯

中国教育出版传媒集团
高等教育出版社·北京

内容提要

本书是“十四五”职业教育国家规划教材，也是高等职业教育商科类专业群市场营销专业新目录·新专标配套教材。本书共设置十个项目，包括虞者必胜——谈判考察、知己知彼——谈判准备、运筹帷幄——谈判开局、循循善诱——谈判磋商、求同存异——谈判成交、兵家之道——谈判策略、开诚布公——谈判沟通、因势利导——沟通模式、降体以礼——沟通礼仪和以迂为直——沟通技巧。

新版教材增设了课程思政栏目——“谈”出美丽人生，旨在提高社会主义新时代大学生的职业素养；同时突出并丰富了教学知识本身所蕴含的思政元素；增加并完善了在线学习、案例赏析、课堂活动等不同类型的二维码资源。

全书内容设计兼具科学性、实用性、趣味性和审美性，尽量用简洁的语言直接介绍核心知识点。书中每个项目都包含多个模拟真实谈判环境的任务，每个任务都有具体的任务设计，引导学习者去学习、分析、思考、训练。本书配有互动性较强的课堂活动、可读性较强的同步案例、实用性较强的思维训练和项目实训，既方便和丰富了教师的教学，又便于学生在有限的学时内完成相关职业知识的学习、职业能力的培养和职业素养的提高，对于提高学生的谈判技巧和沟通能力具有积极的指导意义。

本书通用性较强，可以作为高等职业院校财经商贸类专业学生的专业课程教材，也可以作为其他专业学生职业素养提升相关课程的教材，还可以作为相关从业人员的培训教材，供从事商务工作的社会人员学习参考。

图书在版编目（CIP）数据

商务谈判与沟通技巧 / 韦宏，陈家闯主编. -- 3版. -- 北京 : 高等教育出版社，2022.9（2024.12重印）
ISBN 978-7-04-058463-9

Ⅰ. ①商… Ⅱ. ①韦… ②陈… Ⅲ. ①商务谈判-高等职业教育-教材 Ⅳ. ①F715.4

中国版本图书馆CIP数据核字（2022）第050087号

商务谈判与沟通技巧（第三版）
SHANGWU TANPAN YU GOUTONG JIQIAO

策划编辑 贾若曦　　责任编辑 贾若曦　　封面设计 张　志　　版式设计 张　杰
责任绘图 李沛蓉　　责任校对 任　纳　高　歌　　责任印制 赵　佳

出版发行	高等教育出版社	网　　址	http://www.hep.edu.cn
社　　址	北京市西城区德外大街4号		http://www.hep.com.cn
邮政编码	100120	网上订购	http://www.hepmall.com.cn
印　　刷	大厂回族自治县益利印刷有限公司		http://www.hepmall.com
开　　本	787 mm×1092 mm　1/16		http://www.hepmall.cn
印　　张	17		
字　　数	330千字	版　　次	2015年1月第1版
插　　页	1		2022年9月第3版
购书热线	010-58581118	印　　次	2024年12月第5次印刷
咨询电话	400-810-0598	定　　价	45.80元

物 料 号　58463-A0

第三版前言

商务谈判与沟通是高等职业教育财经商贸类专业的重要课程，商务谈判与沟通能力是现代企业员工的核心职业素养之一。加强相关知识的学习和技能的培养，是在深化产教融合、校企双元合作育人机制的背景下，行业企业对职业院校的新时代技术技能型人才培养方案提出的重点要求之一。

党的二十大报告指出："育人的根本在于立德。全面贯彻党的教育方针，落实立德树人根本任务，培养德智体美劳全面发展的社会主义建设者和接班人。""全面建设社会主义现代化国家，必须坚持中国特色社会主义文化发展道路，增强文化自信，围绕举旗帜、聚民心、育新人、兴文化、展形象建设社会主义文化强国，发展面向现代化、面向世界、面向未来的，民族的科学的大众的社会主义文化，激发全民族文化创新创造活力，增强实现中华民族伟大复兴的精神力量。"

为加快推进党的二十大精神进教材，进课堂，进头脑，本书在前两版的基础上，根据"三教"改革的要求进行修订再版，延续了既往的特色：体例设计具有实践指导性和可操作性，形式设计具有简洁性和趣味性，内容编排适应学生的心理发展和认知规律，同时还体现了近三年专业建设、教育教学和企业实践的经验成果，充分体现了党的二十大精神引领下的职业教育类型特色。

本书在设计与修订中的匠心体现如下：

1. 深度挖掘课程思政元素，强化教材立德树人功能

本书以党的二十大精神为核心，完善课程思政建设。本次修订，添加了新栏目——"谈"出美丽人生，在此栏目中融入商务谈判的职业道德、商务人员的职业素养、法律法规意识、社会主义核心价值观等课程思政元素，从而在提高学习者商务谈判与沟通技能的过程中培养家国情怀，增强文化自信、民族自信，提升实现中华民族伟大复兴的使命感与责任感。

在本书知识体系中含有丰富的中华传统文化、思想修养、民族情感等内容，如跨文化谈判原则、互利合作共赢的谈判目标、传统礼仪修养、以尊重为前提的人际沟通等。新版教材着力突出和丰富这些知识内容，同时在素养目标、知识要点和同步案例中融入思政元素。使知识技能学习与价值观塑造产生有机联系，实现如盐入水的融合效果。

2. 系统梳理教学体系，实现三维目标的衔接与贯通

本书内容编排深入浅出，科学性、实用性、趣味性和审美性兼具。以中国优秀传统文化的瑰宝——兵法理论开启谈判项目，以经典案例诠释理论，以所学知识开启社会主义新时代大学生的美丽人生，以有趣的课堂活动激发学生的

学习热情，以实用性的项目训练进行实践操作，使学习简单、有趣、有效。内容设计以行业企业的真实经营项目和典型工作任务为载体，体现校企双元合作育人的职业教育特色。栏目模块包含同步案例、智慧启迪、思维训练、课堂活动、项目实训等，实现螺旋式上升的学习效果，全面服务于教学、讨论、互动、实训一体化的学习过程，具有鲜明的职业教育特色。

3. 全面增强教学资源建设，适应数字化教学需求

本书在原有的教学课件、电子教案等基础上，丰富了数字化配套资源，生动展现了视频、音频、案例、动画等在线教学内容。案例赏析全部采用二维码的方式呈现，包括在线观看视频和收听主编教师讲解音频等资源类型。

在本书实际教学应用中，教师可以根据总课时数合理安排全部项目任务或选取部分项目任务进行学习与实训。如果相关课程的教学总课时数在90学时以上，建议完成全部项目任务的学习与训练；如果只有实训教学课时，建议选取相关项目任务进行学习与模拟训练。

本次修订由苏州经贸职业技术学院韦宏、陈家闯两位老师共同完成。在本书编写过程中，作者参阅了大量的资料和书籍，请教了相关专家学者，吸纳了苏州津津食品有限公司等校企合作企业的建议，得到了高等教育出版社的大力支持。在此一并表示感谢。

由于作者编写水平和修订时间有限，书中难免存在疏漏或差错，恳请广大读者批评指正以使本书日臻完善。

编　者

2023年6月

第一版前言

“商务谈判与沟通技巧”是经济管理类专业的核心课程，也是非经济管理类专业的工商融合课程。商务谈判与商务沟通能力已经成为企业所有员工必备的职业核心素质，在工作中发挥着越来越重要的作用，加强相关知识的学习和技能的培养，是企业对职业院校高技能人才培养方案提出的重点要求之一。本教材是在充分研究职业教育规律和高端技能型人才成长规律的基础上，根据专业建设、教学改革的成果和人才培养方案中对相关教材的需要而设计编写。本教材体例设计突出实践指导性和可操作性，形式设计追求简单和趣味性。

本教材在内容的编排上充分考虑顺应学生的心理发展和认知规律，将长期的教学、实训、工学结合中不断研究和摸索出来的经验成果糅合于教材中，体现了高职教育的特色和专业课程改革的成果。

本教材设计上的创新性主要体现在以下几点：

（1）教学重点、课程内容和能力训练，实现有机衔接和贯通，在学中做，在做中领悟，具有鲜明的职业教育特色。

（2）以兵法理论开启谈判项目，以经典、独具匠心的案例诠释理论，以实用性的项目实训进行实践操作，不仅实现了实践与课堂教学一体化的实践性教学，而且使学生在学与做中产生对知识学习和能力培养的兴趣与热情，使学习简单、有趣。

（3）内容的编排深入浅出，讲究科学性和实用性，形式的设计既活泼又富有审美情趣。

（4）本教材的结构体系涵盖谈判与沟通，适合任何专业开设相关职业素质课程的教学，具有通用性。

（5）本教材有多媒体课件、电子教案、多套试题等多种形式的数字化配套教材。

本教材在实际教学应用中，可以根据总课时数合理安排全部项目及任务或选取部分项目及任务进行学习与实训。如果相关课程的教学总时数在90学时以上，建议进行全部项目及任务的学习与训练；如果是实训教学，建议选取相关项目及任务进行学习与模拟训练。

本教材共设置10个项目30个任务。其中，项目二至项目四、项目七至项目十由苏州经贸职业技术学院韦宏教授编写，项目一、项目五、项目六由苏州经贸职业技术学院陈福明教授编写。

本教材在编写过程中，参阅了大量的资料和书籍，请教了相关专家和教授，得到了高等教育出版社的大力支持，在此一并表示感谢。

由于编者水平有限，书中难免有疏漏或差错，恳请读者批评指正。

编　者

2014年11月

目 录

01

Chapter

项目一

虞者必胜——谈判考察

兵者，国之大事，死生之地，存亡之道，不可不察也。

——孙武

军事是国家的大事，关系到军民的生死和国家的存亡，所以不可不认真地研究、考察。

知识目标

- 了解谈判的含义、特点及构成要素。
- 掌握商务谈判的含义、职能及特征。
- 熟悉谈判的经典理论方法。

技能目标

- 能够在实践操作中灵活运用谈判理论。
- 能够把握谈判心理，具备基本的心理素质。

素养目标

- 培养成熟的谈判心理，能够正确应对谈判中的心理挫折。
- 在商务谈判中重视原则，要坚持维护国家与民族尊严的立场。

思维导图

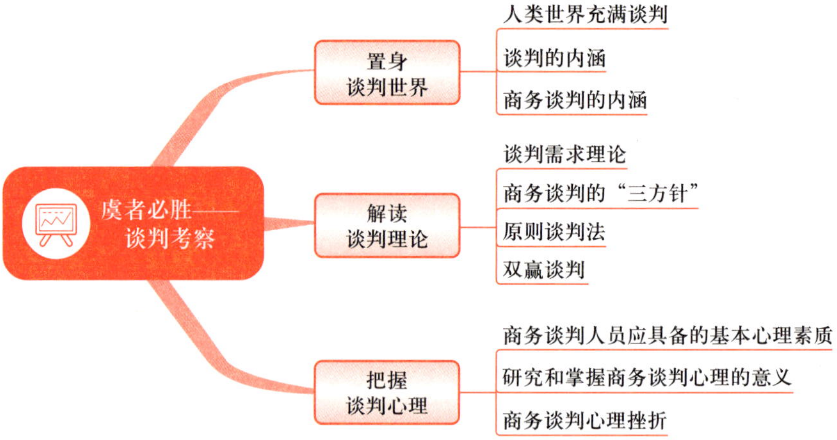

案例导读

如何回答？

在入职面试的尾声，人力资源部经理询问薪金要求时，如果求职者非常想得到这份令人羡慕的工作，就会回答道：“按公司薪金规定执行即可，本人并没有额外的要求。”这是常见的面试情景。这样的回答一般会有两种结果：第一，求职者将不会被录用；第二，求职者被录取，但将领取该职位最低级别的薪水。为什么会这样呢？

思考：

如果是你在面试时面对这一问题，该如何回答？

案例分析提示：

我们用谈判的思维方式进行简单分析：① 没有被录用，因为求职者已经通过语言或者表情把内心的想法和目前的心态毫无掩饰地告诉了对方，人力资源部经理了解求职者目前的状况和需求，掌握了谈判的力量，将会对求职者进行更深层次的评估与分析，进而对求职者急于工作的心态和自身的价值产生怀疑，所以淘汰率较高。② 被录取但薪金水平一般，因为求职者没有设立可以接受的底线，对方未能了解求职者的底线标准，自然会抛给求职者对于公司来说最理想的报价，这时求职者只能接受或者拒绝。

任务一
置身谈判世界

任务设计

模拟以下谈判情景。

【情景1】“这个东西卖多少钱？”顾客问。

“这是一件艺术品，只卖215元。”

“215元？太贵了，我看100元差不多！”

“哎呀！”店员说，“我的成本可不止100元！如果你真想买，我把零头去掉，算200元吧。”

“150元，大家不吃亏，怎么样？”

“你杀价实在太凶了，你总得给我一点利润吧，180元如何？”

“165元，这是最高价了，不卖就算了！”

“小姐，你真会买东西！”店员同意了。

【情景2】某移动通信器材公司向银行融资，双方代表已接触过几次，这次在银行的办公室内进行最后洽谈。

公司代表：“为了引进设备，我公司以不动产作为抵押，要求以4%的利息贷款1亿元，3年后一次性清偿本息。”

银行代表提出异议：“根据我方估计，这个大楼不足以抵押贷款1亿元。”

公司代表：“我公司是贵行的老客户，一向信誉好，前几次贷款不是都如期归还了吗？这一次因为要引进设备，资金不足，还请您能给予照顾。”

银行代表：“只是这次贷款利率太低，时间太长，是否每年还一次，3年还清，利率按8%计算？”

公司代表：“就按3次偿还，那么利率折中，按6%计算，好吗？”

又经过一番具体的讨论，双方终于达成了协议。

一、人类世界充满谈判

人类世界充满了谈判，人们通过谈判来寻求某种平衡，来维系、推进人类的文明和社会的发展。谈判是多种多样的，有家庭生活谈判、工作管理谈判、商务谈判、外交谈判、军事谈判、政治谈判等。谈判成功会促进双方关系的发展，谈判破裂则使双方关系更趋紧张。人类文明发展到现在，越来越多地使用谈判来解决各种问题。

专业谈判家杰勒德·尼伦伯格在《谈判的艺术》一书中提出：谈判的定义最为简单，而涉及的范围却最为广泛，每一个要求满足的愿望和每一项寻求满足的需要，至少都是诱发人们开始谈判的潜在原因。只要人们为了改变相互关系而交换观点，只要人们为了取得一致而进行磋商，他们就是在进行谈判，或者是为了自己，或者是为了所代表的组织团体。因此，可以把谈判看作人类文明的一个重要组成部分，从这一角度讲，人类的谈判史同人类的文明史一样长久。

党的二十大报告提出："万物并育而不相害，道并行而不相悖。"谈判的目的就是协调利益冲突，坚持合作共赢，实现"并育并行"。人每天都要面对不同的谈判，但很多人并不知道谈判的真谛，不注重谈判策略的设定和谈判技巧的运用，这样谈判的结果可想而知。接下来，让我们从谈判的内涵开始考察，一起来解读运筹帷幄的奥妙。

二、谈判的内涵

（一）谈判的含义

谈，为"讲论，彼此对话"之意。判，则是指"评判"。谈判就是人们为了协调彼此之间的关系，满足各自的需要，通过协商而争取达到意见一致的行为和过程。简而言之，谈判是一种人们为了改变相互关系而交换意见，为了达成一致而相互磋商的行为和过程。

在谈判的过程中利益双方就共同关心的或志趣相投的问题进行磋商，协调和调整各自的经济、政治和其他利益，谋求妥协，从而使双方都感到是在有利的条件下达成协议，促成均衡。谈判的目的是协调利益冲突，实现共同利益。

谈判的直接原因是谈判双方都有自己的需求，需求是谈判的内在动力。谈判者只有为了保护和寻求某种利益才会去谈判。

谈判的内在动力是需求，而且满足一方的需求会涉及或影响另一方需求的满足，任何一方都不能无视他方需求的满足。可以说，谈判双方之间各自的需求是既对立又统一的矛盾关系。因此，谈判是一次双赢的交易，当双方各有所得、各有所取时，才算是真正意义上的谈判。

（二）谈判的特点

谈判作为人类的一种有意识的社会活动，可以概括为以下特点：

1. 谈判是实现和满足利益需求的行为

谈判是目的性十分明确的行为，谈判的参与者有着各自独立、明确的利益需求，参与谈判的目的是满足各自的利益需求。

2. 谈判是谈判者相互作用的过程

谈判者利益的实现和满足是相互依赖的，同时又是相互冲突的，这使得谈判过程既是一个沟通与信息共享、说服与被说服的过程，也是一个相互影响和相互制约的策略切磋过程。

3. 谈判是一种协商和协调过程

谈判是在谈判者利益相互依赖和相互冲突下，寻求以各方共识和协调一致的行动来获取比单方行动更有利的结果。因此，谈判是一种寻求达成协议的过程。

（三）谈判的构成要素

谈判作为一种人类活动，有其自身的构成要素。认识谈判的构成要素与谈判者正确运用谈判策略和技巧有密切关系。一项完整的谈判活动必须具备以下要素：

1. 谈判主体

谈判主体指代表各自利益的当事人。谈判主体至少由两方组成，也可以是三方甚至多方，这主要由谈判客体所涉及的利益关系决定。从谈判当事人的归属来说，谈判主体可以是个人、组织或国家。

2. 谈判客体

谈判活动要有谈判标的和谈判议题，即谈判客体。谈判标的是指谈判的事物，如贸易谈判的标的是指买卖的货物，服务型谈判的标的是指服务的内容等。谈判议题是指谈判的具体内容、交易或条件，如价格、数量、质量和付款方式等。

3. 谈判目的

谈判与交谈不同：交谈可以是随意的、漫无目标的，不一定非要达成一致；谈判是为了达成一致才走到一起的，虽然结果有达成一致或不一致两种可能。

所以，只有当上述三项都具备时，才能构成谈判，这就是谈判的三要素。

三、商务谈判的内涵

（一）商务谈判的含义

谈判是一种普遍的行为，广泛存在于政治活动、经济活动、社会活动以及国际关系中。随着社会经济的发展及社会经济交往的日趋频繁，为实现一定的交易行为或商务利益而进行的谈判——商务谈判迅速发展起来，成为现代社会中谈判的一种重要形式。

商务谈判是指在经济活动中，以经济利益为目的，因各种业务往来而进行的谈判，既包括一切国内经济组织间的商务谈判，也包括国内经济组织与国外经济组织间的涉外商务谈判。

（二）商务谈判的职能

从商务谈判的含义中可以概括出商务谈判具有以下职能：

1. 商务谈判是企业实现经济目标的手段

在现实经济生活中，买卖双方受到各种复杂条件的制约，它的完成是项非常艰难的工作，并且需要由人的交易去完成。这种交易又直接取决于商务谈判人员对买卖规律的认识、掌握以及谈判水平。只有通过高水平的谈判，企业才能最终完成交易过程，实现经济目标。

2. 商务谈判是企业获取市场信息的重要途径

及时、准确的市场信息有利于企业生产或销售对路的产品，设计正确的市场营销组合，做出有效的经营决策。企业营销人员、谈判人员的报告是信息收集的重要方式之一。通过商务谈判可以了解谈判对手、竞争者、消费者等各方面的信息，对企业解决谈判问题、提高产品交易的竞争能力具有重要的指导作用。

3. 商务谈判是企业开拓市场的重要力量

不断开拓市场是企业的一项重要工作。一般认为，开拓市场既包括维护原有市场，又包括开辟新市场。因为商务谈判不仅是同老客户洽谈，也是同新客户谈生意；既采用老产品，也采用新产品去满足客户需求。在商务谈判中，占领和开拓市场没有明显的界线区分，二者紧密地结合在一起。虽然开拓市场还可以采取广告宣传、售后服务等手段，但市场开拓的情况如何最终仍要在商务谈判中得到反映，受到检验，并通过谈判使之成为现实。

4. 商务谈判有利于树立良好的企业形象

商务谈判本身就是对企业形象的一种宣传，谈判中的各项环节乃至方方面面，尤其是谈判代表的言行举止，一定会给谈判对方留下深刻的印象。谈判对方正是借助于这种印象来了解一个企业的方方面面，从而对交易产生直接影响。可以这样说，商务谈判不仅是树立良好企业形象的重要手段，也是企业进行自我评价的一面镜子。

（三）商务谈判的特征

商务谈判具有谈判的所有特点，但它又不同于其他谈判，具有自身的特征：

1. 以经济利益为目的是商务谈判的本质特征

商务谈判的目的是获得经济利益。在具体的实际谈判中，有的谈判人员可能调动和运用各种因素，运用各种策略和战术，有的甚至运用许多非经济因素来影响谈判。但是，其最终目的仍然受经济利益的驱使，目标仍然是经济利益。

2. 商务谈判中谈判对象可以自由选择，自由结合

在商务谈判中，交易双方都可以自由地在市场中选择合适的交易伙伴，不像有些谈判（如某些军事谈判和政治谈判）往往是有确定的、不可自由变更的谈判对象。

3. 影响商务谈判的因素复杂多变

商务谈判涉及面广，主要影响因素包括：

（1）环境因素，包括政治环境、社会环境、文化环境、法律环境、科技环境、市场环境等。

（2）自身因素，指企业实力与竞争能力、谈判人员业务能力等因素。

（3）技术因素，涉及经济学、语言学、心理学、法学、管理学、社会学等多门科学。

因此，商务谈判需要考虑、分析上述众多随时不断变化的因素，需要具备相当的知识和信息，需要掌握胜人一筹的技术和策略，它是一种非常复杂而又带有一定艺术性的工作。谈判者只有不断学习，知难而进，在实践中不断磨炼，才能掌握商务谈判的诀窍和规律。

任务二 解读谈判理论

任务设计

模拟以下谈判情景，并讨论案例中的卖主和买主谁是赢家。

【情景】刘凯负责为一家大公司采购。在一次采购中，有位卖主的报价是50万元。刘凯委托公司的成本分析人员调查了卖方的产品，成本核算的结果表明，卖方产品只需44万元就可以买到。刘凯看过成本分析资料后，对44万元这一价格也深信不疑。

一个月后，买卖双方开始谈判。谈判一开始，卖方便声明：“刘先生很抱歉，对于上一次50万元的报价，我方必须做更改。原先的成本核算有误，致使我报错

了价格。经过重新核算，我方现在的报价是60万元。”

他的发言语调使人感到坚定不移，一时间反而使刘凯对自己所做的成本估计产生了怀疑，于是双方在60万元而不是50万元的标准上讨价还价。

谈判的结果以50万元成交。一段时间之后，刘凯回忆起这次谈判时说：“直到现在我还不明白，60万元的价格到底是真的还是假的。不过，我仍清楚地记得，当最后以50万元的价格成交时，我感到很满意。”

可见，成功的谈判是一方在谋求本方最大可能利益的前提下给对手以适当的心理满足。

正确的谈判理论，对谈判实践有重要的指导作用。商务谈判人员应了解各种谈判理论，并掌握其精神实质。

一、谈判需求理论

心理学家认为，人们的所有行动都有动因，不论是有意识的还是无意识的，动因一直都在发挥着作用。谈判的实质是谈判各方在各自需求的驱动下，通过谈判来满足这种需求的方式。

（一）马斯洛的需求层次理论

人类的需求是多种多样的，由低到高分为许多层次，并且可以有多种划分方法。美国心理学家马斯洛提出的需求层次理论，把人类的需求从低到高分成以下五个层次，如图1-1所示。

1. 生理需求

这是人类对维持和发展生命所必需的外部条件的需求，如维持生存对

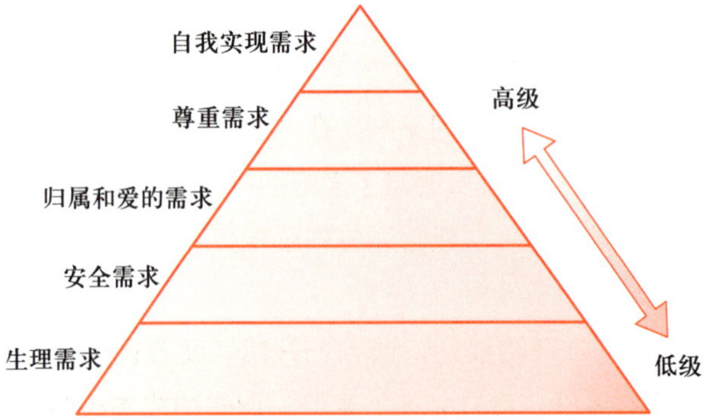

图1-1　马斯洛的需求层次

空气、阳光、食物、水的需求。生理需求是最基本的需求，它支配着其他需求。

2. 安全需求

这是人类希望保护自己的肉体和精神不受威胁，保证安全的欲求。例如，防御自然灾害和野兽的袭击；防御盗窃、掠夺、伤害；避免战争动乱、社会解体的危害等。

3. 归属和爱的需求

这是人类渴望与他人建立亲密关系的高级情感的需求。例如，归属于某个团体；给予或接受友谊、关怀与爱护；交换思想观点、交流感情；彼此倾慕、亲密交往、相知相爱等。

4. 尊重需求

这是人类希望实现自己的潜在能力和成就，对社会有较大贡献，能够得到别人尊重的需求。它包括两大类，首先是渴望自由和独立，取得力量、能力和自信的需求；其次是取得他人尊重的需求。

5. 自我实现需求

这是人类希望从事与自己的能力相适应的工作，实现人的价值，成为一个与自己能力相称之人的愿望和追求。

上述五种需求的重要性随层次提高而递减。一般来说，人们的需求有先后次序。首先要求满足生理和安全需求，其次才是满足其他需求。但并不意味着一个层次的需求得到100%的满足之后，才可能产生下一层次的需求，人们的需求可以交叉出现，具有丰富的内容和表现形式。

（二）需求与谈判策略

尼伦伯格的著作《谈判的艺术》在分析了谈判者的需求后，运用大量的实例以说明需求理论的应用，并按照使谈判成功的控制力量的大小进行排列，归纳出以下基本策略。

1. 谈判者顺从对方的需求

谈判者在谈判中站在对方的立场上，设身处地替对方着想，从而使谈判成功。这种方法最易实现谈判成功。由于需求有五个层次，因此这种谈判策略又可划分为五种，需求的层次越高，谈判成功的难度就越大，谈判者对谈判能否成功的控制力也就越小。

2. 谈判者使对方服从其自身的需求

这样的谈判成功，双方都会得到利益。例如，商店营业员普遍对顾客采取这种策略，采取各种方法满足顾客需求，从而推销商品。

3. 谈判者同时服从对方和自己的需求

这是指谈判双方从共同利益出发，为满足双方某一方面的共同需求进行谈判，采取符合双方利益的策略。这种策略在商务谈判中被普遍用于建立各种联盟，共同控制某种产品的生产或流通。例如，美国多家主要的电气设备公司为了确保高额利润，缔结秘密谈判协议，固定产品价格，操纵市场，控制竞争。

4. 谈判者违背自己的需求

这是指谈判者为了争取长远利益，抛弃某些眼前或无关紧要的利益和需求的谈判策略。例如，某些商业企业（谈判者）有意识地违背自身收入增长的需求，采取了薄利多销的经营手段，以吸引顾客。

5. 谈判者损害对方的需求

这是指谈判者只顾自己利益，不顾他人利益的一种强势谈判方法。在谈判中采用这种策略的一方往往处于绝对优势地位。

6. 谈判者同时损害对方和自己的需求

这是指谈判者为了达到某种特殊的目的，抛弃谈判双方利益需求的方法，这也是一种“自杀式”的谈判办法。例如，在商品交易谈判中展开价格战，双方都甘冒破产的危险，竞相压低价格，以求打败对手，采取的就是这种策略。

上述六种策略，都显示了谈判者是如何满足自己需求的。从第一种到第六种，谈判的控制力量逐渐减弱，谈判中的危机程度逐渐加重。

（三）需求层次理论在商务谈判中的应用

需求层次理论不仅揭示了商务谈判对人类生存发展的必然性和必要性，同时也是人们在商务谈判中获胜的理论依据。根据这一理论，在商务谈判进行时要做好以下几点：

第一，必须较好地满足谈判者的生理需求。

第二，尽可能地为商务谈判营造一个安全的氛围。

第三，在进行谈判的过程中，为对手营造一种信任、融洽的谈判气氛。

第四，谈判的语言和态度都应保持谦和，注意谈判对手对尊重和自尊的需求，使谈判圆满成功。

第五，对于谈判者的最高要求是，在不影响满足自我实现需求的同时，尽可能使对方得到满足。

总之，在整个谈判过程中，要注意到谈判者各个层次的需求，并尽可能地从低层次到高层次对这些需求予以满足。当然，这要在满足自己需求的前提下进行。只有这样，才能使谈判得以顺利进行，不致陷入僵局，从而为最终的成功创造良好的环境和条件。较好地运用需求层次理论，可以通过满足不同层次的需求来弥补谈判中无法满足的条件。

二、商务谈判的“三方针”

英国谈判专家比尔·斯科特精心挑选了“谋求一致”“皆大欢喜”“以战取胜”三句话来概括他的谈判理论。他极力推崇在友好、和谐气氛下谋求一致，也建议使用在谋取己方最大利益的前提下给对方以适当满足的皆大欢喜的谈判方针，力主避免采取导致冲突的以战取胜的方针。

（一）谋求一致

谋求一致是指为了谋求双方共同的利益，创造最大可能性的方针。即可比喻为双方共同制作更大的蛋糕，分享的蛋糕越大越好。奉行这一谈判方针应该注意运用如下技巧：

（1）在进行谈判前，要进行系统的准备工作。

（2）营造一个诚挚、合作、轻松而认真的谈判气氛。

（3）谈判开始时，要制定出一个贯穿谈判始终的双方一致同意的议程。由其引导双方沿着一致的路线，以相同的速度进行谈判。

（4）谈判要全面推进，避免垂直式谈判引起的争议。

（5）探求双方合作的可能性，开始先分别进行陈述，然后共同努力，提出建设性意见。但在开场后不久，要再审查一下己方采取的谈判方针是否可行，以避免一厢情愿地走得太远。

（6）注意采取谋求一致的有关策略。

（7）为在谈判过程中保持旺盛的精力，要及时总结自己取得的进展，不断重申双方已经一致的观点，并要严守原定计划。

（8）要为良好的相互交流建立一个较好的条件。发言尽量简洁，倾听对方发言时要认真，运用个人的影响要恰当。

（二）皆大欢喜

皆大欢喜是一种使谈判双方保持积极的关系、各得其所的谈判方针。奉行皆大欢喜的谈判方针，不是为了损害别人的利益，而是要在不损伤己方利益的前提下，寻找为双方提供最大满足的最好方式。

同步案例

杰克·琼斯想为女朋友买一枚戒指。他已攒了大约400英镑，并且每星期还继续攒20英镑。一天，他来到史密斯珠宝店，一下子被一枚标价750英镑的戒指吸引了，他买不起，很沮丧。后来他偶然走进布朗珠宝店，那里有与史密斯店里那枚戒指相似的戒指，标价500英镑。他想买，但还惦记着史密斯店里那枚750英镑的戒指，希望数星期后这枚戒指还没有卖出去。

很幸运，史密斯店里的戒指不但没有卖出去，价格还降了20%，减为600英镑，他很高兴，但钱还是不够。他把情况向老板说了，老板非常乐意帮助他，再向他提供10%的现金折扣，现为540英镑。这样他少花了210英镑，他的女朋友得到了价值750英镑的戒指，两人都满心欢喜。

当然，史密斯珠宝店也很满意。他们和布朗珠宝店一样，都是以每枚300英镑的价格从批发商那里购进同样的戒指，但史密斯珠宝店获得了240英镑的纯利；布朗珠宝店的标价虽然一直比史密斯店的低，但未吸引住杰克·琼斯。

在上例中，杰克·琼斯对这笔交易的评价是，他得到了一枚价值750英镑、仅有的、随时有可能被别人买走的戒指。他为自己聪明地等待了数星期后获得减价的好处而感到愉快，还为经讨价还价后又得到10%的优惠现金折扣而高兴。而史密斯珠宝店在这次谈判中所采取的每一个步骤，都是为了使杰克·琼斯得到满足。包括：使戒指具有高价值感，使他在讨价还价中有优胜感，使他有成交后的获益感等。这些感觉综合起来，使他在心理上得到了满足，同时也为卖方带来了利益。

总之，皆大欢喜的谈判方针所使用的方法应保证对方得到满足，同时又使己方获得预期的利益。与谋求一致相比，它不是把蛋糕做得尽可能大，而是根据不同的需要、不同的价值观，分割既定的一块蛋糕。这样，最理想的结果是：每一方都觉得自己吃到了最可口的部分，都从这块蛋糕上得到了超过50%的满足。

（三）以战取胜

谋求一致的方针是双方制造机会在协调一致的基础上达成协议，皆大欢喜的方针是在合作性机会很少的情况下达成双方满意的公平交易。谈判有时会遇到第三种情况，即通过一场尖锐冲突，以你败我胜告终。这时奉行的就是以战取胜的方针，即通过牺牲对方利益，取得自己的最大利益，打败对方。采取这种方法有很大的危害，具体结果包括：

（1）失去对方的友谊。

（2）失去将来与对方开展更大业务往来的机会。

（3）遭到对方的反击，甚至首先发起进攻的一方会被打败。

（4）由于对方被迫屈从，所以不大可能积极履行协议。

由于这种谈判方针有诸多危害，所以谈判高手极少使用它，只有外行的谈判人员才会去冒这个险。但在以下两种情况下，争斗不会造成太大的损害：

（1）一次性谈判。以后双方不会再相遇，因而也就没有必要担心长远的买卖关系。传统的例子包括不需要房地产代理人和律师介入的私人房产买卖等。

（2）买卖一方的实力比另一方强大得多。例如，一个实力雄厚的垄断者，他可以从彼此相互竞争的任何一家供应者那里买进某种商品。

在上述情况下，一方可能受到另一方的攻击。因此，我们不要去制造冲突，但要做好准备，要能预判好斗的谈判人员的作风并准备好反击的手段。

总之，奉行以战取胜方针的谈判者，其信条是权力至上，认为只要打败了对方就一切都有了。为了完成任务，他可以毫无顾忌地采用各种手段去战胜对手。这种谈判人员通常采用的基本手段包括：

（1）寻觅各种获得利益的机会。

（2）在谈判过程中不断要求得到好处。

（3）每一个让步都经过深谋远虑，其战略是在取得更大好处下让步。

（4）采取强权的办法，要求对方快速地大幅度让步，并且态度很强硬。谈判者在倾听别人的意见或是改变自己的观点上很消极。

（5）以任务为中心，只考虑自己的特殊利益，而绝不考虑对方的荣誉、尊严和他们间的感情，强迫别人尽快接受。

对付好斗谈判人员以战取胜方针的措施有：

（1）设法不让他参加谈判。

（2）控制谈判局势，控制讨论的议题和谈判议程。

（3）采取灵活手段，把谈判面铺得广些。

（4）不要冲动，保持冷静。

（5）在忍无可忍的时候，起身离开会场，以示抗议。

三、原则谈判法

美国哈佛大学与麻省理工学院的一批以罗杰・费希尔为代表的著名学者与专家，通过研究与讨论提出了一个谈判理论——原则谈判理论，也称原则谈判法、理性谈判理论。它的核心思想是通过理性的分析来寻找达成客观的协议的现实方案。原则谈判法有四个要点：

（一）把人与问题分开

在谈判中，人们不仅希望自己的实质性利益得到满足，而且希望双方能构建一种和谐的关系。保持这种和谐关系，不仅能相互尊重，而且有助于推动未来关系的发展。本来处理实质性问题与维持良好关系是不矛盾的，甚至是相互促进的，但由于参加实际谈判的不是双方的“抽象代表”，而是人，人们各自都有自己的感情和价值观，都有不同的背景和要求，并且这些都是难以预测的，所以彼此沟通有一定的困难。这样会使情感与问题的客观价值纠缠不清，也常会把自己的看法与现实混为一谈。

在谈判中，由于双方所处地位不同，对对方总有一种戒备心理，所以常常从本位的立场看问题，这样就更容易把自己的感觉与现实混在一起，受隐蔽假设的影响，对别人的讲话常常歪曲其原意。

人与实质问题纠缠不清的另一个原因是人们常常得出一些没有根据的结论，并把这些作为对人的看法和态度，而不去想其他的解释也可能是正确的。

把人和问题混为一谈的做法，不但不会从对方那里得到任何实质性好处，反而会使双方关系趋于恶化，把对方推到极端的立场上去。所以，在解决实质问题时，一定要把人与问题分开处理。一般来说，凡是人的问题，其行为都与心理、看法、情绪有关；实质性问题则是谈判人员公开提出的或者心理、看法、情绪中隐含的实际需要。

要做到把人与问题分开处理，从总体上看应从看法、情绪、沟通这三个方面着手。当对方的看法不正确时，应寻求机会给他纠正；如果对方情绪太激动时，就应该给他发泄情绪的机会；当发生误解时，就要设法改善双方的沟通。在谈判中，不仅要这样处理他人的“人的问题”，也要注意处理自己的“人的问题”。自己的愤怒和挫折感可能会妨碍产生有利于己方的协议，己方的看法也可能是一边倒的；自己也可能没耐心倾听对方的意见和保持适当的沟通。所以要不断审视自己，这一点最容易被忽略。

综上所述，在思想上要把双方看作同舟共济的伙伴，把谈判视为一个携手共进的过程；在方法上，要把对方当作“人”来看待，了解对方的感受和情绪，给予应有的尊重。

（二）着眼于利益而非立场

在谈判中，大多数情况下谈判双方的利益是矛盾的，因而其立场常常也是对立的。谈判的目的就是保证某种利益不受损失，或争取得到更多的利益。既然如此，为什么形形色色的谈判会取得圆满的成功呢？其方法为调和双方的利益，而不是调和双方的立场。这种方法之所以有效，原因有两个方面：

首先，任何一种利益一般都有多种可以满足的方式。然而，当双方越过对立的立场，而去寻找坚持这种立场的利益时，往往就能找到既符合这一方利益、又符合另一方利益的替代性立场。

其次，在对立立场背后，双方之间存在共同利益的对立性利益，并且所存在的共同利益往往大于冲突性利益。

智慧启迪

在1978年的埃以和谈中，以色列最初宣布要占有西奈半岛的某些地方，显然这种方案是不能为埃及所接受的。当双方越过对立的立场而去寻找促使坚持这种立场的利益时，往往就能找到既符合这一方利益又符合另一方利益的替代性方案，即在西奈半岛划定非军事区。正是有了把西奈半岛非军事化这样一个创造性的方案，才得以打破十多年的谈判僵局。

在谈判双方各自表明的立场之间，存在多种有益的选择方案，而谈判者却很少能意识到这一点。

由此可见，重要的是审视双方的利益，而不是在立场上争执。当然，在谈判中做到这点不是件容易的事情。立场具体而明确，但隐藏在立场背后的利益却可能是不明朗、不具体的，甚至可能是不一致的。不过，大多数在立场上讨价还价的人在表明自己立场的同时，都会给出为何坚持这种立场的解释，它也许对我们越过立场审视其利益有一定的参考价值。假如，己方希望对方考虑自己的利益，就必须向对方解释。两位谈判者如果都强烈追求自己的利益，往往可以激发自己的创造性思维，从而提出对彼此都有利的解决方法。

同步案例

某房客和房东签定租约，规定室内原有设备如果不是故意损坏的，就由房东负责修理、更换。一次，房客发现电暖气坏了，但房东说没有钱买新的更换。一段时间后，房东仍不肯让步。最后，房客找到房东说："我今天来通知你，我下个星期搬出你这儿，你必须在下周一前把预交的三年租金如数退还。如果你不退钱，我将采取法律手段迫使你退。"房东心想，预收的租金已经用于盖楼房了，退不了租金可能就要被告到法庭上去。最终房东做了让步，房客的电暖气得到了更换。这个问题之所以能得到解决，是因为在他们对立的立场背后既存在冲突性利益，又存在共同利益。

此时，谈判双方的共同利益是：

（1）双方都希望稳定。房东希望有一个长久的房客，房客希望有一个长久住所。

（2）双方都希望房子得到良好的维护。房客希望住条件好的房子，房东希望提高房子的价值和好的名声。

（3）双方都希望与对方搞好关系。

他们之间的冲突性利益体现在：

（1）房客因为太冷，要求房东修理电暖气；房东则不愿意负担修理或更换的费用。

（2）房客希望退回预交的租金；房东已把钱挪作他用，不能马上拿出这笔钱。

（3）房客说要“采取其他方式”迫使房东退钱；房东则不愿意把事情闹到法庭上去。

在双方权衡了这些共同利益和不同利益之后，更换电暖气的问题就容易处理了。

（三）提出互相得益的选择方案

前面把人与问题分开以及着眼于利益而非立场这两个基本要点使我们了解到：为避免立场争执，使双方达成明智的协议，应当从思想上认识如何看待人、立场和利益之间的相互关系问题。提出互相得益的选择这一要点则告诉我们，如何从方法上入手，最大限度地满足双方的需求。

人们在谈判中为什么容易坚持自己的立场？其原因在于两个方面：一方面是由于人们常常围绕单一的内容进行谈判，如汽车的售价、租约的期限或销售佣金的数额等。另一方面是由于人们有时候遇到的是非此即彼的选择，例如，在商务谈判中，技术归谁？设备归谁？这种选择要么对己方有利，要么对对方有利。因而只把眼光盯在输赢上面，即使赢了也还会担心对方愤愤不平而心里不安。

有一种办法能让双方都满意，这就是提出互相得益的选择方案。方案是否可行，最终要接受实践的检验，即要看对方是否接受这一方案。所以，构思可行的选择方案不能只狭隘地关切自身的利益，也必须关切对方的利益和要求。

（四）坚持使用客观标准

不管多么了解对方的利益，不管契合双方利益的方式多么巧妙，不管多么重视与对手的关系，谈判双方仍然摆脱不了双方利益冲突这一事实。解决双方利益冲突的较好途径，是坚持使用客观标准。这种方式可以促使根据原则而不是根据压力进行谈判，即把注意力放在价值上而不是双方的耐力上。

四、双赢谈判

从上述商务谈判理论中可以看出：谈判是达成最终目标的一种手段，商务谈判并不是一场你死我活的争斗，而是一次双赢的交易，当双方各有所得各有所取时，才算是真正意义上的谈判。对于一场非赢即输的谈判，没有人会期盼下次的合作机会。

（一）谈判的基础是谋求一致、求同存异

谈判是一种妥协的艺术，在谈判过程中的确需要不同程度的让步。只有在某个方面做出让步才能在其他方面得到更大的利益，每个细节都寸土必争的谈判者是很难达成双赢谈判的。谈判中不作任何让步是不可能的，因为互利的原则告诉我们，谈判的某一方在某一问题上的让步，就是另一方在该问题上的需求；对于接受让步的一方，也会在其他问题上做出让步才能得到这些需求。只有充分认识并做出让步，才能换取自己的真正需求。

（二）单赢谈判与双赢谈判比较分析

单赢谈判与双赢谈判比较分析如表1-1所示。

表1-1　单赢谈判与双赢谈判比较分析

谈判的类型	比较分析
单赢谈判	• 单赢谈判的谈判空间始终是固定的，双方在有限的空间内你争我夺，以压低对方的谈判空间为主要目的； • 在此类谈判中讨论点比较单一； • 谈判双方没有或者不考虑长期的合作关系
双赢谈判	• 双方谈判的目的是共同解决各自的问题，而不是单纯地挤压对方的谈判空间，一方获得预期利益不需要以对方放弃其预期利益为代价； • 不仅是要找到最好的方法去满足双方的需要，而且要解决责任和任务的分配； • 在不损害本方利益的基础上给予对方想得到的，而不是一味地索取。只有满足对方的基本需求的时候，对方才会给予相应的回报

任务三
把握谈判心理

任务设计

按照提示的方案模拟谈判情景，分别从买方和卖方的角度分析谈判心理如何影响谈判过程与结果。

【情景】假如你打算出售房子，报价125万元，现有人出价110万元购买。通常情况下，很多卖主会在第一回合的讨价还价中把房价让到120万元。但我们的

建议是：只让到123万元。这种较小的让步让你在谈判中站在更好的起点之上。

虽然这种谈判方式进展比较缓慢，但是如果你能够做到每次只做少许的让步，你的房子最后的成交价很可能会是120万元。相反，如果你一开始就让到120万元，那对方很可能会再还价到110万元，这样的成交价就会少几万甚至10万元。

在这种情况下，买主能采用的最好反制策略是使用同样的方法，一次只做少许让步，比如初次还价112万元……

谈判是智者的博弈，是心理素质的较量。

人的心理影响人的行为，商务谈判心理对商务谈判行为有着重要的影响。认识和掌握商务谈判心理在商务谈判中的作用，对于培养良好的商务谈判心理意识，正确运用商务谈判的心理技巧有着十分重要的意义。

一、商务谈判人员应具备的基本心理素质

良好的心理状态是谈判取得成功的心理基础。只有具备必胜的信念，才能使人的潜能得到充分发挥，使谈判者在谈判活动中占据主动。

（一）必胜的信心

信心是人的精神支柱，是人们信仰的具体体现，决定了人的行为活动方式。所谓自信心，就是相信自己的实力和能力。它是谈判者充分施展自身潜能的前提条件。面对艰辛而曲折的谈判，只有具备必胜的信心，谈判者才能通过坚持不懈的努力走向胜利的彼岸。

自信不是盲目的自负和唯我独尊。自信是在充分准备、充分占有信息和对谈判双方实力科学分析基础上，对自己有信心，相信自己要求的合理性、所持立场的正确性及说服对手的可能性。只有这样，自信的谈判者才能做到大方、潇洒、不畏艰难、百折不挠。

（二）足够的耐心

耐心是在心理上战胜谈判对手的一种战术与谋略，也是谈判的心理基础。商务谈判有时是艰难、曲折的，商务谈判人员必须有抗御挫折和打持久战的心理准备。这样，耐心就是必不可少的心理素质。耐心是谈判者抗御压力的必备品质和谈判者争取机遇的前提，在谈判中，耐心的谈判者不急于取得谈判的结果，能够更好地掌控自己的情绪，掌握谈判的主动权。在一场旷日持久的谈判较量中，谁拥有足够的耐心，谁就将在商务谈判中获得取胜的主动权。此外，有了耐心还可以避免意气用事，融洽谈判气氛，避免僵局；有了耐心，就可以

使自己有效地倾听对方的诉说，从而获取更多的信息；有了耐心，就有利于提高自身参加艰辛谈判的韧性和毅力。

需要指出的是，耐心不等于拖延。在谈判中，人们往往用拖延战术打扰对方，这种方法是不可取的。

（三）合作的诚意

谈判是两方及以上的合作，而合作能否顺利进行，能否取得成功，还取决于双方的合作诚意。也就是说，谈判需要诚意，诚意应贯穿谈判的始终，受诚意支配的谈判心理是保证实现谈判目标的必要条件。具有诚意，不但是商务谈判应有的出发点，也是谈判人员应具备的心理素质。诚意，是合作的意向，是谈判双方合作的基础，也是影响、打动对手心理的策略武器。有了诚意，双方的谈判才有坚实的基础；才能真心真意地理解和谅解对方，并取得对方的信赖；才能求大同存小异，取得和解和让步，促成上佳的合作。

（四）果断的决心

果断的决心是一个优秀谈判者良好的心理素质、战略眼光、领导能力和专业知识的综合反映。在商务谈判中，拥有果断决心的谈判者能够有效地调动各种内在和外在的力量，共同为谈判的成功服务。

二、研究和掌握商务谈判心理的意义

在商务谈判中，运用谈判心理知识对谈判进行研究，分析“对手的言谈举止反映了什么”“如何恰当地诱导谈判对手”等，对成功地促进谈判是非常重要的。掌握商务谈判心理知识，对于商务谈判人员在商务谈判活动中养成优良的心理素质，保持良好的心态，正确判断对手的心理状态、行为动机，预测和引导谈判对手的谈判行为，有着十分重要的意义。研究和掌握商务谈判心理，对商务谈判有以下几方面的作用：

（一）有助于培养谈判人员自身良好的心理素质

谈判人员良好的心理素质是谈判取得成功的重要基础条件。谈判人员对谈判成功的坚定信心、对谈判的诚意、在谈判中的耐心等，都是保证谈判成功不可或缺的心理素质。良好的心理素质，是谈判中抗御谈判心理挫折的条件和铺设谈判成功之路的基石。

谈判人员对商务谈判心理有正确的认识，就可以有意识地培养并提高自身优良的心理素质，摒弃不良的心理行为习惯，从而把自己打造成从事商务谈判的真正人才。

（二）有助于揣摩谈判对手心理，实施心理诱导

谈判人员对商务谈判心理有所认识后，经过实践锻炼，可以通过观察分析谈判对手言谈举止，揣摩弄清谈判对手的心理活动状态，如个性、心理追求、心理动机、情绪状态等。为此，谈判人员在谈判过程中要仔细倾听对方的发言，观察其神态表情，留心其举止，包括细微的动作，以了解谈判对手的心理，了解其深藏于背后的实质意图、想法，识别其计谋或攻心术，防止落入对手设置的谈判陷阱，并正确做出自己的谈判决策。

谈判人员了解了谈判对手的心理、谈判思维特点、对谈判问题的态度等，就可以据此开展有针对性的谈判准备，可以针对对手不同的心理状况采用不同的策略，从而把握谈判的主动权，使谈判向有利于己方的方向转化。

（三）有助于恰当地表达己方心理

了解商务谈判心理，有助于表达己方心理，可以有效促进沟通。如果对方不清楚己方的心理要求或态度，必要时己方可以通过各种合适的途径和方式向对方表达，以有效地促使对方了解并重视己方的心理要求或态度。

（四）有助于恰当地掩饰己方心理

作为谈判的另一方，谈判对手也会分析、研究己方的心理状态。己方的心理状态，往往蕴含着商务活动的重要信息，有时是不能轻易暴露给对方的，这就需要掩饰己方的心理活动。掩饰己方心理，就是要掩饰谈判者必须掩饰的情绪、需要、动机、期望目标、行为倾向等。为了不让谈判对手了解己方某些真实的心理状态、意图和想法，谈判人员可以根据自己对谈判心理的认识，在言谈举止、信息传播、谈判策略等方面施以调控，对自己的心理动机、情绪状态等作适当掩饰。

（五）有助于处理好各种复杂的谈判问题

商务谈判中虚虚实实、真真假假的心理策略对谈判的成果影响很大。对商务谈判心理的熟悉，有助于提高谈判人员谈判的艺术性，从而灵活、有效地处理好各种复杂的谈判问题。

三、商务谈判心理挫折

一个人在做任何事情时都不可能是一帆风顺的，总会遇到这样或那样的问题和困难，这就是挫折。心理挫折并不是指具体活动受阻，而是指活动过程中人们的一种心理感受，或者说是一种感觉，包括由这种感觉所引起的心态及情绪的变化。在商务谈判中，心理挫折容易造成人情绪上的沮丧和愤怒，还会引

发与对手的对立和对对手的敌意，容易导致谈判的破裂。

（一）心理挫折

心理挫折是指人在追求实现目标的过程中遇到自己感到无法克服的障碍和干扰时，产生的一种焦虑、紧张、愤懑、沮丧、失意的情绪状态。

心理挫折是人们的一种主观感受，它的存在并不能说明在客观上就一定存在挫折或失败；反过来，客观挫折也不一定对每个人都会造成挫折感。由于每个人的心理素质、性格、知识结构、生长环境等都不相同，因此人们对同一事物活动的反应也就不同。有的人可能由于某种困难引发较大的挫折感，而有的人则可能对相似的困难、阻碍没有什么反应。

（二）心理挫折对行为的影响

心理挫折虽然是人们的心理状态和感受，是一种内心活动，但它却对人的行为活动有着直接的、较大的影响，并且通过具体的行为反应表现出来。对绝大多数人而言，在感到挫折时的行为反应主要有以下几种：

1. 言行过激

人们在感到挫折时，最容易产生也是最常见的反应莫过于生气、愤怒。在这种情况下，人们的言行就会超出他原有的正常范围，如说出一些极端的话，做出一些挑衅性的动作等。

2. 盲目的固执

盲目的固执往往受人逆反心理的影响，是指一个人明知从事某种行为不能取得预期的效果，但仍不断重复这种行为的表现。在遭受挫折后，为了减轻心理上所承受的压力或想证实自己行为的正确以逃避指责，在逆反心理的作用下，往往无视行为的结果不断地重复某种无效的行为。

3. 畏惧退缩

这种行为反应主要是人们在心理挫折的状态下对自己失去信心，缺乏勇气造成的。在这时人的敏感性、判断力都会下降，最终会影响谈判目标的实现。

4. 退化

退化是指人在遭受挫折时所表现出来的与自己年龄不相称的幼稚行为。例如，情绪失控，出现孩子似的不理智行为。

以上是几种较常见和普遍的心理挫折的行为反应。此外，不安、冷漠等也是心理挫折的表现。人们在心理挫折时的情绪反应，都是一种非正常的状态，无论对谁来讲都是一种不适的困扰，甚至是令人苦恼的折磨。但心理挫折对人的行为的影响是因人而异的，并不是所有人在遭受心理挫折时都会对行为产生消极、反面的影响。相反，对于一些非常振奋、善于在逆境中生存的人来讲，心理挫折以及客观的活动挫折都更能激发他的进取心，激励他不断前进、不断成功。这一点正是我们所追求的，也是谈判者应具备的心态。

（三）商务谈判与心理挫折

1. 商务谈判中产生心理挫折的原因

在商务谈判中，谈判者会遇到各种各样的问题、困难和阻碍，由此引起谈判人员心理波动，产生挫折是不可避免的。在商务谈判中，比较容易造成谈判人员心理挫折的因素主要有以下几点：

（1）谈判者对谈判内容缺乏应有的了解，掌握信息不够，制定出了不合理或者不可行的谈判目标，使自己陷入两难的境地。这种情况对谈判者容易造成心理挫折。

（2）由于惯例、经验、典范对谈判者的影响，谈判者容易形成思维定式，将自己的思维和想法禁锢起来。对于出现的新情况、新问题仍然按照原先的经验、惯例去解决，这样既影响谈判的结果，也容易使谈判者遭遇心理挫折。

（3）谈判者自身能力的欠缺。由于谈判者缺乏自我调控的能力，因此在谈判中出现某些挫折或某些意外的情况时，心理上就会产生挫折感。

（4）由于谈判者自身的某些需要，特别是社会需要、自尊和自我实现需要没有得到很好的满足或受到伤害时，容易造成心理挫折。

上述这些只是在商务谈判中容易造成谈判者心理挫折的常见原因。除此之外，导致谈判者产生心理挫折的原因还有很多，有来自谈判过程的，还有来自谈判者本身的，如谈判者的知识结构等。

2. 心理挫折对商务谈判的影响

在商务谈判中，无论是什么原因引起的谈判者的心理挫折，都会对谈判产生不利的影响。谈判是人与人之间斗智斗勇的一项交际活动，需要谈判者全力以赴，始终保持高度的敏感性和思辨能力。任何形式的心理挫折、情绪激动，都必然会分散谈判人员的注意力，造成反应迟缓、判断能力下降，而这一切都会使谈判人员不能充分发挥个人潜能，从而无法取得令人满意的谈判结果。要克服心理挫折对商务谈判的不利影响，就必须培养高素质的谈判人员。

3. 心理挫折的预防和应对

心理挫折会引发谈判人员情绪上的波动或沮丧，从而产生对谈判对手的敌意或攻击行为，可能由此导致谈判的破裂。因此，商务谈判人员对商务谈判中客观的挫折应有心理准备，应做好对心理挫折的防范，对自己所出现的心理挫折应有有效的办法及时加以化解，并对谈判对手出现挫折而影响谈判顺利进行的问题有较好的应对办法。对心理挫折的预防办法如下：

（1）做好事前准备工作，消除引起客观挫折的原因。谈判前，谈判者应做好各项准备工作，对谈判中可能出现的各种情况应做到心中有数，这样就能及时有效地避免或克服客观挫折，减少谈判者的心理挫折。

智慧启迪

谈判情形欠佳时，可以使用“我得再核对一遍数字”“我要先回去问问老板”“我想大家最好先休息一会儿”等话术应对。事前计划好可操作的建议，可以防止对方将你置于被动防守的局面。

（2）加强自身修养，提高心理素质。一个人遭受客观挫折时是否能有效摆脱，与其自身的心理素质有关。心理素质好的人容易对抗、弱化或承受心理挫折；相反，心理素质差的人遇到挫折，则很容易受挫折的影响，产生心理上的波动。因此，一个成功的谈判者往往通过不断加强自身的修养提高自身的应变能力。

在商务谈判中，不管是己方人员还是谈判对方产生心理挫折都不利于谈判的顺利开展。为了使谈判能够顺利进行，对心理挫折应积极应对。对心理挫折的应对办法如下：

（1）要勇于面对挫折。常言道“人生不如意十有八九”，对于商务谈判来说也是一样，商务谈判往往要经过曲折的谈判过程，通过艰苦的努力才能达到成功的彼岸。商务谈判人员对于谈判所遇到的困难甚至失败都要有充分的心理准备，以提高对挫折的承受力，并能在挫折打击下从容应对新的环境和情况，做好下一步的工作。

课堂活动

谷仓中的怀表

（2）摆脱挫折情境。相对于勇敢地面对挫折而言，这是一种被动地应对挫折的办法。遭受挫折后，当商务谈判人员再无法面对挫折情境时，通过脱离挫折的环境、人际或转移注意力等方式，可让情绪得到调适，而以新的精神状态迎接新的挑战。美国著名成人教育学家、心理学家戴尔·卡耐基就曾建议人们在受到挫折时用忙碌来摆脱挫折情境，驱除焦虑的心理。

案例赏析

不光用嘴，更要用心

（3）情绪宣泄。情绪宣泄是一种利用合适的途径、手段将挫折的消极情绪释放出去的办法。其目的是把因挫折引起的一系列生理变化产生的能量发泄出去，消除紧张状态。情绪宣泄有直接宣泄和间接宣泄两种。直接宣泄有流泪、痛哭等形式；间接宣泄有活动释放、诉说等形式。

“谈”出美丽人生

正确理解“商务谈判着眼于利益而非立场”的限制性条件

并非一切情形下的商务谈判都只追求利益目标，有些商务谈判必须在立场一致的前提下来实现利益共享。例如，在国际商务谈判中，必须在维护国家与民族尊严的立场下进行商务洽谈。

请查阅近年来因为违背这一立场而失去中国市场的国际商业案例，讨论并总结在国际商务谈判中应该坚持的原则。

思维训练

1. 谈判与聊天的区别是什么？
2. 为什么谈判总是把谈判者置于压力之中？
3. 如何理解双赢谈判？

项目实训

实训目标：

根据案例内容进行模拟谈判，把握谈判的目的和原则，以双赢为目标，灵活运用多种谈判方案。

实训内容：

在本实训中，设计谈判。场景如下：假设你负责为公司招聘一位推销员，你的老板给这个职位设定的最低年薪是10万元。但是在面试过程中，你发现这位你想招聘的推销员在目前的职位上最低年薪是15万元，而且他表明如果你少给的话，他不会离职来你们公司。

当你们再一次谈判的时候，你就采用了另一种方案。你告诉他如果他来你们公司，最低年薪是10万元，但同时你又保证如果他一年内推销100万元的产品，他会得到5万元的奖金。这个方案对你的老板来说会更容易接受，而那位推销员也会认为一年完成100万元的销售额不成问题。

推销员可以使用“我还要考虑一下，回头再找你”这一策略，以便赢得时间，对新方案进行充分的评估后再答复。如果推销员认为你们之间的分歧还比较大的话，可以试用“折中法”这一策略。

实训要求：

（1）写出谈判方案；

（2）两名学生一组，模拟谈判。

实训步骤：

（1）布置好谈判场地；

（2）自由组合，寻找对手；

（3）每两位同学在一起进行模拟谈判。

考核方式：

准备工作的态度（50分）+模拟谈判中的表现（50分）。

02 Chapter

项目二

知己知彼——谈判准备

故明君贤将，所以动而胜人，成功出于众者，先知也。

——孙武

开明的君主，贤良的将帅，之所以调动军队打仗直至战胜敌人，功绩超过众人，是因为他们能事先了解敌人的情况。

知识目标

- 了解商务谈判前调研与分析的重要性。
- 熟悉谈判信息收集的内容与方法。
- 掌握谈判信息分析的内容与方法。

技能目标

- 能够学会制订谈判方案并为开始谈判做好准备。

素养目标

- 提升谈判团队成员之间的沟通与合作意识。

思维导图

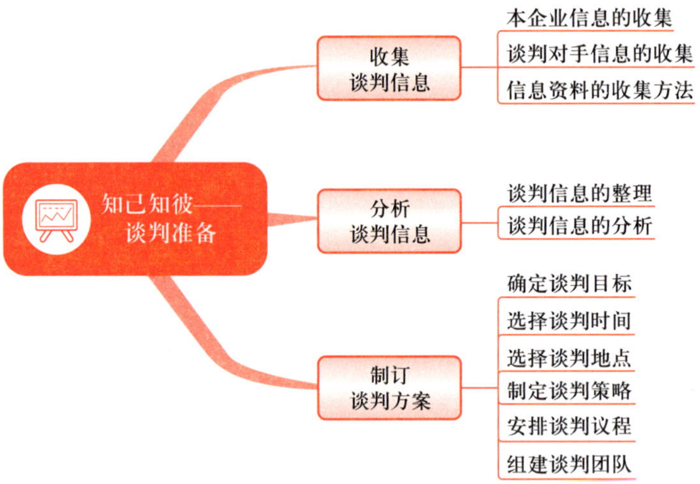

案例导读

超出最优期望值的谈判

一位医生的邻居是位著名的谈判专家。一场火灾使这位医生的房屋遭到严重的损害，他想得到保险公司的赔偿，可自己又不善言辞，于是求援于这位邻居，请谈判专家做代理人。

远亲不如近邻，谈判专家答应了他："你希望得到多少赔偿呢？"

医生说："我希望在你的帮助下，能从保险公司得到50万元的赔偿。"

谈判专家点点头，然后又问："请你实实在在地告诉我，这场台风使你遭受了多少损失？"

医生如实回答说："我的房子的实际损失应在50万元以上。"

谈判开始，谈判专家先倾听保险公司理赔调查员的讲话："我知道，像您这样的专家，对于大数目的谈判是权威。但这次您恐怕无法发挥才能了，因为根据现场的情况调查，我们不可能赔太多，如果只赔30万元，您觉得怎么样？"

谈判专家沉默一会儿，然后对理赔调查员说："您的客户受到这么大的损失，您居然还有心思开玩笑。任何人都不可能接受这样的条件。"

双方沉默了一会儿，理赔调查员又主动打破僵局："好吧，您别把刚才的价钱放心上，不过我们最多也就只能赔40万元了。"

谈判专家回答说："看一看损坏的现场，你就会知道这点钱是多么少，绝对不行！"

"好吧，好吧，50万元总该行了吧？"

"小伙子，别轻易下结论，我们还是一起去看看现场吧。"

在谈判专家的一再坚持下，这场房屋理赔的谈判最后以90万元达成协议，大大超出医生的预期。

思考：

这位谈判专家为什么能让谈判的结果大大超出邻居的预期？

案例分析提示：

这里有许多经验值得总结。诸如：先了解谈判的实际期望值；要善听，通过理赔调查员讲的“只赔30万元”的“只”字，知其不是底线；遣词用句意在言外，“您的顾客”呼唤责任，“开玩笑”表明差距之大，“绝对不行”表明不松口；最后拿出“撒手锏”：“去看看现场”，始终把握谈判的主动权。当然，最根本、最重要的还是在用人上，医生择人任势，找对了谈判专家。

任务一 收集谈判信息

任务设计

请为以下谈判做好谈判准备。

你是服饰公司的销售部经理，早先是个服饰设计师，受命在下周接待一位大客户并负责进行商务谈判。上司指示，不得在与客户谈判时做出任何让步。同时，又要求在不让步的情况下，尽可能让客户满意。现在，你必须为谈判做好精心准备，你的准备工作主要包括哪几项任务呢？

在经济社会中，信息具有极高的价值，越多地掌握信息就越能准确地预判出事物发展的趋势与结果，做出抉择时面临的风险也会降到最低。信息的收集是谈判前重要的一项工作，只有知己知彼，才能够百战不殆。所以在每一次商务谈判前，一定要努力收集信息，摸清对方的底牌。

一、本企业信息的收集

谈判成功的关键在于要对自身状况有清晰的认识，因为只有在了解对手前正确了解自己，才能在谈判中正确地确立自己的地位，采取相应的对策。这是日后制定谈判方案和谈判策略的基础。

己方的信息比较容易收集，但要注意一定是有关谈判的关键信息。

（一）己方的产品成本

首先要对本企业的总体成本状况及单项产品成本进行深入了解，因为价格永远是谈判的焦点，只有在熟悉产品成本的基础上才能够制定出有效的价格策略，设计出最佳报价与所能承受的价格底线。

（二）己方对有关商业行情的了解程度

己方一定要比谈判对手更加了解本行业的价格现状和走势，因为谈判对手一定会使用其他企业的产品价格来谈条件。唯有胸有成竹才能以不变应万变。同时，只有清楚产品的需求情况和自己在市场竞争中所处的地位，才能制定有效的谈判策略。

二、谈判对手信息的收集

与人谋事，须知其习性，以引导之；明其目的，以劝诱之；谙其弱点，以威吓之；察其优势，以钳制之。与奸猾之人谋事，唯一刻不忘其所图，方能知其所言；说话宜少，且须出其最不当意之际。于一切艰难的谈判之中，不可有一蹴而就的想法，唯徐而周之，以待瓜熟蒂落。
——弗朗西斯·培根

对于未来的谈判对手，了解得越具体、越深入，估计得越准确、越充分，就越有利于掌握谈判的主动权。例如，M国总统在为同S联领导人进行首次会谈做准备时，曾研究了对方的全部演讲和公开声明，还收集了几乎全部可以找到的资料，甚至包括他的早餐嗜好和音乐欣赏趣味，为这场至关重要的谈判奠定了必要的基础。

谈判对手信息内容如图2-1所示。

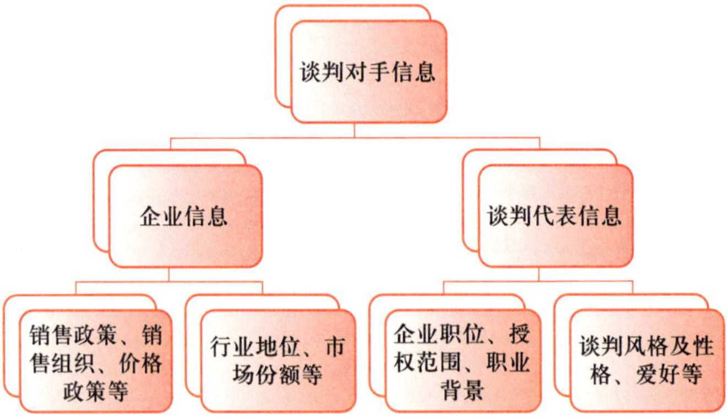

图2-1 谈判对手信息

（一）预估对方在谈判中的各项指标

（1）对方的谈判策略和最期望达到的利益以及能接受的底线。

（2）对方的第一、第二替代性方案分别是什么？

（3）对方可能做出哪些让步，幅度有多大？

（4）哪些是对方绝不会妥协的原则问题？

（5）如果在某一问题上分歧过大，导致谈判被迫终止时，对方的压力会有多大，会对他们产生何种影响？

（二）弄清对方的谈判期限

双方在谈判前一定会结合本企业的需要制定出谈判期限，谈判期限短的一方压力就更大，让步的幅度也会随之增大。很多时候在谈判结束前往往会出现一些重要让步，所以如果己方在前期调查出对方的谈判期限，会在谈判的过程中占据优势地位。在谈判桌上也可以摸清对方的期限，可以通过对方的言谈举止以及谈判的速度来判断。通常，要掩饰己方的谈判期限，避免对方以此施加压力。在己方拥有谈判的绝对优势时，也可向对方公开自己的最后期限，以增加对方的压力，这也是一种有效的谈判策略。

同步案例

A食品公司是一家主营地方特色食品的专业型企业，主营产品包括月饼、各类地方特色点心等，因为产品品质较好、口味具有浓郁的地方特色，因而深得本地居民和外地游客的喜爱。B商厦是一家著名的综合性商场，地理位置极佳且交通便利，每个重要节日都会创造极高的销售额。双方在每年的中秋节都会有愉快的合作，各自都能达到预期的销售目标。而今年B商厦提高了进店费用，这令A食品公司极为不满，因为这将增加该公司的运营成本，影响其经营利润。于是双方进行了沟通，在七月初进行了一次失败的谈判后谁也没提出第二次谈判的时间，而中秋节却越来越近了。

A公司认为他们是地方食品行业中无可争议的第一品牌，每年销售额都在上升，市民非常认可其品牌，如果在中秋节B商厦没有该产品的销售，在经营上将造成较大的损失，所以他们计划使用时间压力策略，在最后时刻等待B商厦的让步。

B商厦认为他们有众多的固定消费群体，A公司是通过自己这个良好的平台才获得了今天的业绩。另外，商厦目前和全国多家优秀的供应商合作，拥有不同档次的完整产品线，即使不销售A公司的月饼也不会造成多大的影响，所以他们也使用时间压力策略，在最后时刻等待A公司的让步。

那么，哪方处于强势地位呢？显然是B商厦，他们会更多地引进其他品牌的月饼，在销售收入上最大限度地弥补缺少A公司产品的损失，在消费者方面也不会有流失的隐患，因为顾客不会因为缺少A公司的月饼而拒绝其他品牌。所以B商厦如果能与A公司合作是锦上添花，不能合作也不会带来太多的影响。

但是中秋节的销售对A公司是至关重要的，缺少一家销售终端就意味着丧失一份销售收入，更何况缺少的是B商厦这样的大型商场。另外每年的销售高峰都出现在中秋节的前20天，所以对他们而言，时间就是金钱。因此，越临近中秋节，A公司的谈判筹码越低，而且对方的选择余地要远远超过自己，B商厦可以从容地等待，而自己已经没有时间了。

（三）对谈判对手进行信用调查

客户信用调查尤其是大客户调查是销售部门最重要的一项工作，实际工作中却被许多谈判代表所忽视，给企业长久而良性的经营带来了隐患。

例如，某集团在与美国某公司合作中，被恶意欠款高达4.8亿美元。而该公司之前已经同国内的三家企业发生过因巨额欠款而对簿公堂的先例。假如该集团在与这家美国公司合作前能够彻底调查对方的信用体系，就能发现其信用污点并坚持不予合作。

（四）明确谈判对手的权限

不要浪费时间去与没有实权的人进行谈判。有时在一场艰难的谈判后，谈判代表会突然发现对方谈判代表并没有相应的决策权，需要向他的上一级管理者汇报，自己长时间的说服工作无异于在浪费时间。为了避免这种情况的发生，在准备期间就要尽可能确定谁是真正的决策者。可以通过与对方公司员工进行非正式的接触获得信息，也可以在谈判开始前直接向对方询问："如果我们的意见达成一致，您是否有权对此做出决定？"如果对方没有相应的决定权，那么可以要求对方决策者出席，可以说："我方决策者已经出席，为了便于双方沟通、节省时间，我方希望贵公司的决策者也能够出席此次谈判。"如果对方是坦诚地面对此次谈判，相信会给出一个满意的答复。

智慧启迪

"我是A实业公司的市场代表，他是我的助手。就我们之间的商业合作，应约和贵公司的老总商谈一下，请问先生您是……"

"我是公司的行政助理，总经理因为有急事外出，他授权我先跟您谈一谈贵公司有关合作的具体细节问题。"

以"总经理外出不在公司"为理由，可以为关键时刻暂缓谈判创造条件。

三、信息资料的收集方法

怎样才能获得有关谈判对手的信息资料呢？通常情况下有以下几种途径：

（一）从有关单位或部门收集资料

这些可能提供信息资料的单位有：

（1）中华人民共和国商务部。

（2）谈判对手的公司主体及其各地的分支机构。

（3）银行的咨询机构及其他有关咨询公司。

（4）与该谈判对手有过业务往来的企业和单位。

（5）相关网站、报刊、新闻广播等。

（二）从分支机构及与本单位有联系的当地单位收集资料

这些可能提供信息资料的单位有：

（1）本行业集团或本企业在当地开设的营业分支机构。

（2）当地的网站、报刊等，往往一经获取就可得知许多信息。

（3）本公司或单位在当地的代理人。

（4）当地的商会组织等。

（三）从公共机构提供的已出版和未出版的资料中获取信息

这些公共机构可能是官方的，也可能是私营的。它们提供资料的目的，有的是作为政府的一项工作，有的则是营利，也有的是满足自身长远利益的需要。现列举几种资料来源。

（1）国家统计机关公布的统计资料，如工业普查资料、统计资料汇编、商业地图等。

（2）行业协会发布的行业资料，这些资料是同行企业资料的宝贵来源。

（3）图书馆里保存的大量商情资料，如贸易统计数字、有关市场的基本经济资料、各种产品交易情况统计资料，以及各类买卖机构的翔实资料等。

（4）出版社提供的书籍、文献、报纸、杂志等，如正式出版的工商企业名录、商业评论、统计丛书、产业研究等。

（5）研究机构和专业组织提供的调查报告。

（6）上述途径的网络版以及其他网络可用信息。现在通过互联网获取信息非常便捷，但须注意信息的真实可靠性。

（四）本企业或单位直接派人员到对方国家或地区进行考察，收集资料

如果派人员出国考察，在出国之前应尽量收集对方的有关资料，在已有资料中分析出真实、不真实、可能新增内容、尚需进一步考察等几个部分，以便带着明确的目的和问题去考察。在日程安排上，应多留些时间供自己支配，切不可让对方牵着鼻子走，并且要善于捕捉和利用各种机会，扩大调查的深度和广度，以便更多地获取第一手资料。

（五）随机获取信息

很多情况下，己方并不一定有获取信息的具体计划。很多有价值的信息都可能在不经意的时候发现。

同步案例

美国一家公司的商务代表杰特到法国进行贸易谈判，受到了法国人的热烈欢迎。法国人开车去机场迎接他，又把他安排到一家豪华宾馆。杰特有一种宾至如归的感觉，觉得法国人的服务水平真棒。待这些安排好后，法国人似乎无意地问："您是不是要准时搭飞机回国去呢？到时我们仍然安排这辆车送您去机场。"杰特表示时间紧急，必须按时赶回去，并告诉了对方自己的回程日期，以便让对方尽早安排。法国人就此巧妙地掌握了杰特谈判只有10天的最后期限。

接下来，法方先安排杰特游览法国风景区，丝毫不提谈判的事。直到第七天才安排谈判，但也只是泛泛地谈了一些无关紧要的问题。第八天重开谈判，其结果也是草草收场，无任何实质内容。第九天的谈判，依然没有什么实质性的进展。第十天，双方正在谈判关键性问题，来接杰特去机场的车便到了，主人建议剩下的问题到车里去谈。

在去机场路上的有限时间里，怎么解决这些实质性问题呢？杰特进退维谷。如不尽快做出决定，就白跑一趟，回去怎么交代呢？为了不致一无所获，只好答应对方的一切条件。

回过头看看，法方的"热情接待"与"周到安排"都是在把握时机，伺机进击。我们在商务谈判中应该借鉴，切不可像杰特那样提前泄露行程，给对方提供突破口而使自身陷入被动。

任务二
分析谈判信息

任务设计

请为以下情景进行谈判信息的整理与分析。

你准备在即将举行的房交会上购买一套某小区的商品房，已经收集了很多相关的信息，包括房地产市场的整体行情、本市多处商品房的价格走势、该处商品房的价格区间、该房产公司的规模和市场地位、该处商品房的销售优势和劣势、房产公司销售人员的谈判风格等。请整理出与日后购买谈判相关的信息，分析自己的谈判优势与劣势。

一、谈判信息的整理

在通过各种渠道收集到资料以后，必须对收集来的资料进行整理和分析。整理和分析谈判资料的意图有二：

一是鉴别资料的真实性与可靠性，即去伪存真。因为在实际情况下，由于各种各样的原因，在所收集的资料中某些资料可能比较片面、不完全，有的甚至是虚假的、伪造的，因而必须进行整理和分析。比如，某些人可能另有所图，于是提供了大量有利于谈判的信息，而将不利于谈判的信息或是掩盖或是扭曲，以达到吸引对方的目的；有些人可能自己没有识别真伪的能力，而将道听途说的信息十分“真实”地提供出来。只有经过资料的整理与分析，才能做到去粗取精、去伪存真，为己方谈判所用。

二是在资料具备真实性、可靠性的基础上，结合谈判项目的具体内容，分析各种因素与该谈判项目的关系，并根据它们对谈判的重要性和影响程度进行排列。通过分析，制定出具体的谈判方案与对策。

信息资料的整理一般分为以下四个阶段。

（一）对资料的评价

这是指确认已收集的资料的重要程度，认真区分资料的有用性。无论现在还是将来，都不会有任何用途的资料，应该毫不犹豫地舍弃。现在可以立即利用的资料，应直接让谈判人员获知。将来有可能用上的资料，应妥善保存，以备不时之需。

（二）对资料的筛选

不需要的或用处极小的资料，应及时丢弃。如果保存，就会浪费大量的空间与费用。因此，应不断地对收集的资料进行清理。资料的筛选方法大体如下：

1. 查重法

它是指对于重复出现的、完全相似的资料首先剔除重复部分的方法。而对于重复出现，但并不完全相同的资料可以保留一部分。

2. 时序法

它是指逐一分析按时间顺序排列的资料，在同一时期内取较新的，舍弃较旧的，这样可使信息资料在时效上更有价值。

3. 类比法

它是指将信息资料按产品、业务、空间或地区分类对比，接近实质的保留，其余的舍弃。

4. 评估法

它是指由专业人员或资深人员对资料进行评估，决定资料的取舍。

（三）对资料的分类

在资料整理阶段，对筛选出来的资料认真地进行分类，是最耗费时间的一项工作，但也是极其重要的环节。分类的方法大致有三种：

1. 项目分类法

它是指在分类过程中，可以根据资料的使用目的、资料的内容、资料的性质等，对现有的资料进行分类，以备不同的谈判项目所需。

2. 从大到小分类法

从设定大的分类项目开始，大项目最好不超过10项，若觉得有必要再细分时，可以把大项目再进行细分，但不要分得太细，以免出现重复。

3. ABC分类法

先按资料对谈判项目的重要性分类，如果该资料对谈判项目有着重要作用，在谈判时肯定会用上，那么将它定为A级，进行重点整理与保存；如果资料对谈判可能有作用，那么就将它定为B级，要进行较重点的整理与保存；如果资料对谈判的作用不大，但资料有一定的价值，但目前不会使用，定为C级，进行一般处理即可。

（四）对资料的保存

把分好类的资料妥善保存起来，即使经常使用的资料也要放到专门的资料夹中，以便随时查找该类资料或加放同类资料。

二、谈判信息的分析

大量枯燥的信息收集工作的最终目的是对谈判对手有更深入的了解。如果只收集而不加以分析，那么所收集的资料对于己方来讲就没有任何实际价值。

（一）谈判优劣势分析

制订营销计划时，其中一部分是分析本企业或产品的优势与劣势，而商务谈判还需要分析对方的优劣势。谈判代表可以通过列表来分析双方力量的对比。优劣势对比的最终目的是：假如己方在某一领域处于弱势时需要通过其他方面的优势来弥补，在某一领域处于强势时需要最大化地体现，即做到弱势不弱，强势更强。

（二）明确对方真正的需求

任何谈判一定是各有所需才可能促成，任何一方也必定有多种不同的需求，但需求之间必然有主次之分，要分析出哪项是对方一定要达成的目标，哪项是对方争取要达成的目标。

弄清需求间的差异后，谈判的主线就可以设定了。例如，当对方提出第一需求时，一定要顶住压力，不能有任何犹豫或让步，与此同时将己方的需求抛给对方，只有对方逐步解决己方的需求时才能够适度让步于对方的第一需求。倘若自己在关键问题上率先做出让步，令对手的主要问题得以解决，那么己方就会陷入被动。

在谈判战略上，应以双方需求的融合为指导思想；在谈判策略上，要清楚地表明自己的每一项建议是如何满足对方需要的。当然，谈判桌上永远是虚实变幻的，对手很可能掩饰真实的需求，使己方做出错误的判断，同时也在探查己方的底牌。对此没有捷径，只有认真地分析信息并不断地积累谈判经验，才能够在谈判中游刃有余。

智慧启迪

“我们提供技术服务的工程师住在离您仅有3公里的地方”与“我们提供的服务将使您每年节省3万元”这两种说法，给客户带来的感受有什么差异？

直接以对方最在意的经济利益进行劝诱，显然更能激起对方的谈判兴趣。

（三）分析对方的压力

在信息分析中，不仅要分析对方企业本身，还要了解整个企业链的各个环节，判断出如果谈判失败对方企业会受到什么程度的损失，这样的损失能否接受，是在谈判中做出重大让步还是坦然接受损失。假如判断对方在巨大压力下必然做出重大让步，那么在主要问题上一定要坚守阵地寸土不让。如果对方有很宽松的回旋余地，就要采取不同的策略来应对，但不意味着就要步步退让。

同步案例

美国一家航空公司准备在纽约建立一个分支机构——一座巨大的航空港，希望爱迪生公司按优惠价供电。但爱迪生公司自恃是当地唯一一家电力公司，态度强硬，借此抬高价格，公共事务委员会不批准，使谈判陷入了僵局。航空公司的主谈人员通过调查了解到，爱迪生公司对这次谈判其实寄希望很大，因为一旦签订了合同，就会使其摆脱破产的厄运，使经济状况起死回生，故断定它绝不会放弃这桩大买卖。于是航空公司在谈判桌上也表现出不让步的态度，言称：“既然贵方无意与我方达成一致，这次谈判是没有多大希望了。与其花那么多钱，倒不如自己建个电厂划得来。过后，我会把这个想法报告给董事会的。”这下爱迪生公司慌了，立马改变态度，反托公共事务委员会去说情，表示愿意以优惠价格供电。因为这毕竟是关系企业生死存亡的大事，不让步不行。至此，双方达成了长期合作的协议。

航空公司靠什么赢得这场谈判的成功，最终达成有利于双方的协议呢？靠的是调查研究，知彼知己；靠的是释放“烟雾弹”，说自己要建电厂，声东击西；靠的是摸清对手的压力而采取攻心战术，反客为主。总之，就是靠对调查信息的分析来妙用各种技巧。

（四）摸清对方的谈判风格

谈判归根结底是一个与人沟通的过程，所以很有必要花一些时间来研究自己所要面对的对手。一个人的性格决定了他的谈判风格，而不同的谈判风格需要相应的方法来应对。

有三种典型的谈判风格颇为普遍，即内向谨慎型、外向果断型、理性判断型。如果能将这三种性格了解透彻，就会在日后的谈判中获取相对的心理优势。

个人性格和谈判风格分析如表2–1所示。

表2–1 个人性格和谈判风格分析

<table>
<tr><th>个人性格</th><th>特点</th><th>应对方法</th></tr>
<tr><td>内向谨慎型</td><td>慎重考虑后才能够决定。他们往往是双赢谈判的支持者</td><td rowspan="2">面对这两类谈判者，切勿强迫他们做决定，可以多谈一些谈判以外的事情，留出一定时间让对方思考。切勿与他们针锋相对，要尽量让他们有赢得谈判的感觉</td></tr>
<tr><td>外向果断型</td><td>直接，果断，雷厉风行</td></tr>
</table>

续表

个人性格	特点	应对方法
理性判断型	对数字非常敏感，对所需的数据要求非常精确，绝不允许任何模糊的数字出现在谈判中	准备足够的资料与数据，引导对方共同创造谈判价值

任务三
制订谈判方案

任务设计

请模拟以下谈判情景并分析此谈判中用了怎样的谈判方案来实现自己的谈判目的。

刘某要在出国定居前将私房出售，经过几次磋商，他终于同从外地到本地经商的张某达成意向：20万元，一次付清。后来，张某看到了刘某不小心从皮包中落出来的护照等文件，他突然改变了态度，一会儿说房子结构不理想，一会儿说他的计划还没有最后确定，总之，他不太想买房子了，除非刘某愿意在价格上做大的让步。刘某看穿了对方的心思，不肯就范。双方相持不下。

刘某的行期日益逼近，另寻买主已不太可能，但他不动声色。当对方再一次上门试探时，刘某说：“现在没有心思跟你讨价还价。过半年再说吧，如果那时你还想要我的房子，你再来找我。”说着还拿出了自己的飞机票让对方看。张某沉不住气了，当场拿出了他准备好的现金，要求立即交易。

制订谈判方案是谈判准备工作的核心内容。可以说，谈判之前的所有准备都是为了制订一个最终的谈判方案。一个缺乏规划的谈判一定是盲目的，就如同写作没有提纲，文章没有中心思想一样可怕。谈判方案侧重于实用性，方案设计要具体、明确。由于每一场谈判都充满了变数，所以谈判方案又要体现出一定的灵活性。

一、确定谈判目标

（一）谈判目标的含义

谈判目标是己方与对手磋商所要解决的问题和要达到的切实的经济、技术目标，它是我们在进行经济磋商过程中的出发点和归结点。简单地说，谈判的目标实际上就是在谈判中所要争取的利益目标。任何一种谈判都应当以既定目标的实现为导向。

在谈判方案中，首先要设定最优目标、预期达到的目标及可承受的底线。预期目标不是一成不变的，事实上大部分谈判很难达到己方的理想目标，这时往往需要第二套目标组合方案。当谈判过程中已确认不能达成最优目标而被迫让步时，需要其他环节的底线目标提升到理想目标来弥补让步的损失。可承受的底线是固定的，无论在谈判中有多么大的变化，失去底线的谈判是毫无意义的。

（二）谈判目标的层次

通常谈判目标作为一种预测性和决策性的指南，它的实现还需要参加谈判的各方根据自身利益的需要、他人利益的需要和谈判桌上下各种因素来正确制定和设置。谈判目标的实现程度可用谈判的目标层次来表示。

1. 最优期望目标

它是指在谈判桌上，对谈判者最有利的一种理想目标。它在满足某方实际需求利益之外，还有一个“额外的增加值”。谈判实践中，这一目标往往很难实现，因此真正老练的谈判者在必要时可以放弃这一目标。但这并不是说这种最优期望目标在谈判桌上没有积极意义，它往往是谈判进程开始时的话题。

美国著名的谈判专家卡洛斯的实际调查表明，一个良好的谈判者必须坚持“喊价要狠”的准则。这个“狠”的尺度往往接近喊价者的最优期望目标。在讨价还价的磋商过程中，倘若卖主喊价较高，则往往能以较高的价格成交；倘若买主出价较低，则往往能以较低的价格成交。因此，在谈判桌上，卖方喊价高或买方还价低的时候，都会带来对卖方较有利的谈判结果。

例如，在资金供求谈判中，需方实际只想得到200万元，但谈判一开始，需方可能报价250万元。这250万元就是需方的最优期望目标。这个数字比它实际需要的200万元多50万元。用一简式表达就是：

$$E=Y+\Delta Y$$

式中：Y为需方的实际需求金额；

ΔY为报价增量；

E为需方的最优目标金额。

但是，供方绝不会做提供250万元资金的慷慨之事。根据供方了解的信息（如偿还能力、经济效益高低和利率等情况），他明知对方实际只需要200万元，为了使谈判深入下去，使主动权掌握在自己手中，就故意压低对方的报价，只同意提供150万元。如此这般，几经交锋，双方列举各种理由予以论证，谈判结果既不是250万元也不是150万元，可能是略低于或者略高于200万元。

如果一开始需方不提出250万元，或供方不提出150万元，谈判就无法进行。为什么在谈判中形成这种习惯，其原因极为复杂，涉及心理、信誉、利益乃至历史成见等诸多因素。需要说明的是，最优期望目标不是绝对达不到的，例如，一个信誉极高的企业和一家资金雄厚、信誉良好的银行之间的谈判，达到最优期望目标的机会是完全可能存在的。

2. 最低限度目标

它是指在谈判中对某一方而言，毫无讨价还价余地，必须达到的目标。换言之，最低限度目标即对某一方而言，宁愿离开谈判桌，放弃合作项目，也不愿接受比这更少的结果。最低限度目标就是谈判的底线。确定最低限度目标时，需要考虑到以下几点因素：

（1）价格水平。价格水平的高低是谈判双方最敏感的一个问题，是双方磋商的焦点。它直接关系到获利的多少或谈判的成败。影响价格的因素有主观与客观之分。主观因素包括营销的策略、谈判的技巧等可以由谈判方决定或受谈判方影响的因素，而影响价格的客观因素主要包括成本因素、需求因素、竞争因素、产品因素、环境因素。

（2）支付方式。不同的支付方式通过价格对谈判的预期利润会造成较大影响。现款交易与赊款交易就会存在不同的风险性；如果直接付款，可以在价格上进行适当的优惠；如果赊款，就不能在价格上有所退让，力争把由于时间带来的资金损失和风险降到最小。

特别是在进出口贸易的谈判中，卖方常常会遇到不利的支付条件。国际贸易中的跟单托收支付方式、付款交单和承兑交单支付方式对出口方的影响大不相同，除了收汇风险不同之外，还间接影响交易商品的单位价格。例如，某一售价为100万元的商品，若采用付款交单方式，售价就为100万元；若采取承兑交单支付方式，则售价为102万元。即便如此，对卖方来说前者也是更有利的货款支付方式。因为从表面看，虽然前者比后者少收2万元，但由于后者付款时间靠后，卖方会承受利息损失，并且在买方承兑交单后卖方就须交单，卖方承受的风险更大，因此承兑交单这种付款方式对卖方是不利的。

（3）交货及罚金。在货物买卖中，交货的期限对双方都有利害关系。在商务合同中，交货期限作为根本条款或重要条款而有明确的规定，一方若未按时交货，就要赔偿对方的经济损失。一般情况下，卖方总是希望迟交货，而买方总是希望卖方能早交货。按照国际惯例，卖方报价中的交货期一般为签约后两个月。倘若买方提出要在签约后一个月交货，否则卖方就须交纳迟交罚金，那么卖方就要根据买方提出的要求，对各方面因素进行综合考虑后，提出交货条件最低可接受限度为：如果不增加额外罚金的话，可以同意对方提出的提前交货要求。

（4）保证期的长短。保证期是指卖方将货物卖出后的担保期限。担保的内容主要包括货物的品质和适用性等。关于保证期限的长短，从来都是商务谈判中双方据理力争的焦点问题之一。卖方一般会尽力缩短保证期，因为保证期越长，卖方承担的风险越大，可能花费的成本也就越大；买方总是希望保证期越长越好，因为保证期越长，买方获得的保障程度就越高。但是由于保证期的长短事关卖方信誉及竞争能力，并关系到交易能否做成和怎样做成的问题，因此卖方在通常情况下是会仔细考虑保证期问题的。于是卖方会根据出现的情况，确定关于保证期的最低可接受条件：如果能保证在保证期内风险不大的话，可以答应对方延长保证期的要求。

3. 可接受目标

可接受目标是指谈判人员根据各种主要客观因素，通过考察种种情况，经过科学论证、预测和核算之后所确定的谈判目标。可接受目标介于最优期望目标与最低限度目标之间。在谈判桌上，一开始往往要价很高，提出自己的最优期望目标。实际上这是一种谈判策略，其目的完全是保护最低限度目标或可接受目标，这样做的实际效果往往超出了谈判者的最低限度要求，通过双方的讨价还价，最终选择一个介于最低与最高之间的中间值，即可接受目标。例如，在上述获得资金的例子中，需方最低限度目标如果定在100万元，那么可接受目标就是100万~200万元。

实际业务谈判中，往往双方最后的成交值是某一方的可接受目标。可接受目标能够满足谈判一方的某部分需求，实现部分利益目的。这是谈判者调动各种积极性、采取各种谈判策略、使用多种谈判手段争取达到的目标。可接受目标往往是谈判者秘而不宣的内部机密，一般只在谈判过程的某个微妙阶段挑明，因而是谈判者死守的最后防线，如果达不到这一可接受目标，谈判就可能陷入僵局或暂时中止，这时只能重新思考对策。

可接受目标的实现，往往意味着谈判的胜利。在谈判桌上，为了达到各自的可接受目标，双方都会处心积虑地施展技巧，运用各种策略。

（三）谈判的目标体系

谈判的目标层次不外乎最优期望目标、最低限度目标和可接受目标三个层次，而三者之间的关系是：最优期望目标大于可接受目标，可接受目标大于最低限度目标。以上述投资谈判为例，需方的最优期望目标为250万元，实际需求为200万元，最低限度目标为100万元。那么，在100万元与200万元之间都是可接受目标，所以可接受目标是一个弹性目标，是一个范围值，并与最优期望目标形成了谈判的目标体系。如图2-2所示。

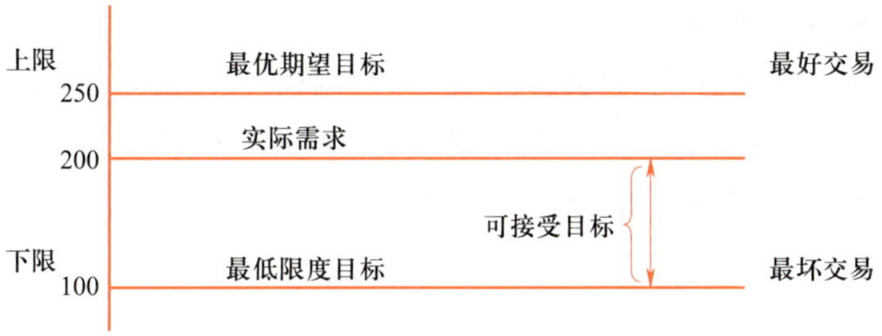

图 2-2　谈判的目标体系

二、选择谈判时间

谈判活动常常是很激烈的，可以说是人的体力、情绪和智力的一场竞争，因此最好把谈判时间安排在己方的状态高峰期。

有利的谈判时间可以使人从容客观地思考问题、冷静地做出决策，不利的时间会打乱人体本身的生物钟节奏和正常的办事方法，消耗精力，从而影响决策。

（一）时间安排的原则

（1）互利原则。按原则式谈判模式要求，谈判时间的安排应该是互利的，这也是对对方的一种尊重，是向对方表明诚意的一种方式。这种方式有利于良好人际关系的建立和双方长期良好关系的形成。谈判真正的较量应站在公平的基础上，这样即使对手最终妥协，也会心悦诚服。

（2）优势原则。优势原则的主旨在于能令自己获得最佳谈判效果的任何时间都是可选择的谈判时间。优势原则的最大弊端是易招致对手不快，不利于人际关系的建立与改善，说不定下次对方也来个“以其人之道，还治其人之身”。但对初次接触者而言，利用优势原则先给对手来个“下马威”，也许能令自己在谈判桌上获益不少。

同步案例

一家中国企业为拓展北美市场，特在美国设立了分公司，任命李经理为首席执行官，全权负责该区域的销售与生产。一天，李经理拜访当地一家著名的百货商店，希望对方能够销售自己公司的最新产品。他与百货商店的采购经理事先电话约定于中午11点整见面，当天李经理准时到达，刚进采购经理的办公室，他的秘书便说经理临时有事外出了。已到午餐时间，李经理本想先出去吃饭，再回来等候，但那位秘书传话说采购经理随时都有可能回来，因这次谈判非常重要，李经理自然不敢怠慢，无奈，只好耐心等待了。

下午2点那位采购经理才回公司，此时，李经理早已饿得斗志全无。当谈判正式开始时，对方拼命压价，李经理已无心应战，只想早早结束谈判，最终结果是这家中国企业在此次谈判中付出了很大的代价。

（二）时间禁忌

掌握好谈判的时间，对于取得谈判的胜利有着重要的作用，特别是有些时间应该避免，以防止出现不应有的损失。时间禁忌有以下几点：

（1）己方准备严重不足，仓促上阵。

（2）谈判人员身心疲惫、状态不佳且情绪低落。

（3）对方士气正高，情绪高昂，准备充足。

（4）缺乏前期准备。

（5）用餐时间。

在系列谈判时，双方须在每一阶段结束前约定下一轮谈判时间，以免对手因故拖延或中止谈判。

三、选择谈判地点

谈判地点的选择对谈判有很大的影响。

从体力上和精力上来说，首先要考虑的是地点，一个能让己方有效倾听的地点。之所以要这样做，既为自己，也为他人。如果己方对对方所讲的东西无法集中注意力，那谈判就无法进行。

如果要进行的是国与国之间的高层谈判，谈判地点的选定就是一个复杂的问题。在这种情况下，选择谈判地点常常受到当事国的政治环境影响，与会者也会展示出自己的政治立场。所以，谈判地点的选择也是复杂多变的，要根据自身的特点与不同的情况来选择主客场。

（一）主场谈判的特点

（1）可以使自己专注于谈判，而无须分心去了解和熟悉环境。

（2）可以充分利用环境优势，如会场布置、位置安排、会间休息、气氛调节等，给对方以压力。

（3）必要时可以更换谈判人员，便于实施一些特殊谈判策略，如“唱双簧”。

（4）可消除与外出谈判相关的负面影响。

（5）可节约外出谈判相关的旅行费用。

（6）己方的谈判压力大于客场谈判时。

（二）客场谈判的特点

（1）这是一种充满自信的表现，也在向对方表明某种诚意与风格。

（2）可以使己方人员全身心地投入到谈判中，不受主场接待等其他事务及家庭的拖累。

（3）“将在外，君命有所不受”，客场谈判可以减少在主场谈判时不断请示、报告的麻烦，在高层授权范围内，应充分发挥谈判人员的主观能动性。

（4）一旦处于被动境地或受到某种压力，则可借口“资料不全”“须向决策层请示”中止谈判或暂停谈判。

（5）无须准备与接待，节约主场费用。

（三）中立地谈判

在中立地谈判中，由于双方均无主场优势，运用各种谈判策略与技巧的条件均等，使双方在平静的心态下冷静思考，积极面对，对谈判的正常进行有促进作用。

中立地谈判一般适用于相互关系不融洽，参与方对对方的信任度都不高的谈判，尤以国家间的政治、军事谈判为主。

在具体地点选择中应注意的问题有以下几点：

（1）双方力量对比。力量悬殊则无所谓主客场，因力量大的一方有权任意选择。

（2）双方关系密切程度。双方关系密切则无所谓主客场，双方关系陌生的应相互商量，双方关系紧张的则选择中立地进行。

（3）对场地设施的要求。个别高规格谈判对场地设施有专门要求，就要以选择合适场地为主；有些必须在现场进行的谈判则只能在现场。

（4）热身谈判或初次磋商。一般以在对方场地进行为宜，既可了解对手情况，也为下轮正式谈判做好场地准备。

四、制定谈判策略

策略是指谈判中总体的风格和具体环节的技巧运用，是根据双方谈判优势的对比和利益的重要性来权衡制定的。不同的谈判对手会有不同的谈判风格，谈判中总体的风格是依据对方的状况决定的，而绝非按己方代表的性格或者一贯的风格。风格的确定和技巧的运用将在项目六中详尽地介绍。

五、安排谈判议程

议程即谈判的议事日程，是对谈判过程的程序编排，也可理解为为谈判制定的一项规则。正如每一项游戏都有个游戏规则一样，如果在谈判之前制定好对己方有利的游戏规则，对谈判结果的影响力是巨大的。

议程就像是一种制约的手段，它能防范对方提出令人不快的问题，增加对方提出令人不快问题的难度。即使不参加谈判会议，仅做议程安排，也将使己方占有优势。如果不想讨论某个话题，或对该话题没做好准备，都可以将之从议程中删除，并加上另一个合适的话题。

（一）制定合理议程的作用

（1）直接关系到谈判主题的展开和谈判目标的实现。谈判的目的是通过主题体现的，而主题只有通过议程才能体现出来。如在议程中不作安排或在时间安排上有所侧重，则主题的重要性也就因此而被变更。

（2）直接关系到双方态势的优劣。如先谈己方的需求，那么没满足己方需求之前，对方的需求就“理所当然”地不能被涉及。

（3）议程直接影响着谈判的氛围。至少，通过议程可以控制谈判的节奏，及至影响谈判者的心理及身体状况。如连续不间断地安排多回合谈判，会令人产生身心疲惫之感。

（二）议程的一般内容

（1）谈判的大致期限。即起始时间，中间分几次会谈，每次会谈一般间隔多长时间，具体的会谈场所安排等。

（2）谈判的中心议题。即每轮谈判的重心与时间安排。

（3）每一方参加者各为多少，谁为主谈（首席）；如邀请第三方，则谁是第三方，应具备什么身份，其权利义务如何。

（4）确定哪些事情应列入议程，哪些不应列入议程。值得重视的是，己方绝不能退让的条件不应出现在议程中。

（5）对议程的各项事宜进行先后编序，确定每项事宜应占有的计划时间。

（三）议程的制定技巧

（1）删去想谈的、想知道的但摸不清底细的内容。

（2）删去议程中不愿列出的内容。比如，从对方获取的信息资料，只能记在自己的笔记本里，绝不可以出现在谈判的每位与会者面前的议程中。

（3）当想说什么的时候，也应列出顺序。谈判应当从感情色彩较少、双方容易达成共识的议题开始，这样才能取得事半功倍的效果。

（4）议程须确保人手一份。议程可多印几份，为那些想参加会议但不能参会的或不准参会的人士准备。另外，还得多留几份作存档用。

需要说明的是，议程只是双方认可的时间表，并不是正式的公文，如果在谈判开始后发现议题安排对己方不利，可以向对方提出修改的要求，以免在不知不觉中掉入对方的陷阱。

总之，要重视议程，保证会议有序进行，并促使双方获得共同的利益，取得谈判的实效。

智慧启迪

苏格拉底曾说：“先对分歧点避而不谈，而只谈双方的共同点，让对方在对共同点无数次的认可中自然而然地同意自己的观点。”

这就是谈判议程设定的技巧。

六、组建谈判团队

（一）谈判人员的素质要求

一场完美的商务谈判里，天时、地利、人和这三个环节缺一不可。俗话说：谋事在人，成事在天。可见择人认势，委任高手，在谈判桌上便可能带来期待的成功。

有人提出，一个完美无缺的谈判家，应该心智机敏，而且有无限的耐心；能巧言掩饰，但不欺诈行骗；能取信于人，而不轻信他人；能谦恭节制，但又刚毅果敢；能施展个人魅力，不为他人所惑，不为钱财和美色所动。

杰勒德·尼伦伯格在《谈判的艺术》一书中提出，成功的谈判者必须把剑术大师的机智、速度和艺术家的敏感能力融为一体。他必须像一个剑术大师，以锐利的目光，机智地注视谈判桌那边的对手，随时准备抓住对方防线中的每一个破绽，随时洞悉对方策略上的每一个变化，随时利用每一个微小的进攻机会。同时，他又必须是一个细腻、敏感的艺术大师，善于体会、观察对方情绪或动机上的最细微的变化。他必须能抓住灵感产生的一刹那，从色彩缤纷的调色板上选出最合适的颜色，画出构图与色调完美、和谐的佳作。

以下几条是一个合格的谈判人员必须具备的素质：

（1）在思想品德方面，必须遵纪守法，廉洁奉公，维护国家及公司的利益。这一点是谈判人员必须具备的首要条件。

（2）要有强烈的事业心、进取心和高度的责任感。“全力战胜前进道路上各种困难和挑战，依靠顽强斗争打开事业发展新天地”是党的二十大报告提出的一个前进道路上必须牢牢把握的重要原则。

（3）能够分清主次、抓住重点。逻辑思维能力、判断能力都要很强，思路敏捷、开阔。

（4）应具备良好的专业知识，还必须接受过一定的商务谈判技巧的训练，抑或有过谈判的实践经验，才能被认为具备谈判所需的业务能力。

（5）既要善于倾听和把握对方意图，又要有较强的表达己方意愿的能力。谈判是双方相互交换意见，寻求矛盾解决的过程。因此就过程本身来讲，要求谈判人员具备信息有效沟通的能力，既能明确对方的完整意图，也能清晰地表达自己。

（6）要善于了解不同类型谈判人员的特点，掌握他们在谈判风格上的差别、宗教信仰方面的异同，针对这些方面的不同情况，与谈判对手和平共事。

（7）既要有善于独立作战，独当一面的能力，又要有随时与谈判伙伴进行协调、配合的本领。谈判小组是由个人组成的集体，因此，既要表达自己，又要通过自己表达集体。

（8）在言谈举止方面，要落落大方、风趣幽默；同时要有健康的体魄。谈判是既耗体力又耗脑力的活动，没有健康的身体是很难胜任谈判工作的。

以上所述，是一般谈判人员应具备的素质。如果是谈判小组的领导人员，其素质方面的要求除了必须具备以上各点外，还应注重领导与协调能力、决策能力以及是否承担风险和责任等方面的要求。

智慧启迪

我国国务院前副总理吴仪女士曾经参与一次与外商的谈判。一开始，外方就咄咄逼人，其中一人借当时轰动的“泄密案”做文章，开口就说：“你们中国人经常干盗窃的事，我们是在与小偷谈判。”吴仪女士当场反驳道：“而我们却在与强盗谈判，你们的国家曾经在中国掠夺过多少东西……”外方当即哑口无言。

据理力争，不卑不亢，这是谈判水平的显现。

（二）谈判团队的组织

团队谈判是指谈判每一方都是由两个或两个以上的人员参加协商的谈判组织形式。商务谈判并不全是由谈判代表单枪匹马完成的，团队谈判可用于大多数正式谈判，特别是内容重要、复杂的谈判。

1. 组织谈判团队的原则

为了保证商务谈判取得预期的效果，应根据以下几项原则来选派不同的人员，组成不同的谈判团队：

（1）根据项目的大小和难易程度来确定谈判团队的阵容。在确定谈判团队阵容时，应着重考虑谈判项目的大小、难易程度等因素，据此来决定选派的人员。如果是一对一的谈判，那么对于参与谈判的人来讲要求是很高的，因为当他单独谈判时，其实质是在代表一个团队和整个谈判的某一方。所以，谈判人员应注意把自己训练成为多方面的专家。至于要成为哪些方面的专家，应根据自己的职业、性格、业务需求等方面来决定，一旦谈判项目需要一人上阵，即可发挥作用。

但是当项目很大，靠一个人的力量难以完成谈判任务时，就要考虑选派一个小组来参加谈判。团队谈判的好处在于可以由不同知识背景的人参加谈判，能够集思广益，使对方感到有更多的对立面。关系重大而又比较复杂的谈判大多是团队谈判。

谈判团队的阵容可因谈判项目的不同而定。通常情况下，有关商品交易的谈判，可由主管该项目的业务人员参加；如果是重要的交易，应由总经理或直接负责领导主谈。

（2）依据项目的重要程度组织谈判团队。一些大型的、内容复杂的交易，比如大宗涉外项目等，必须组织一个坚强有力的谈判团队负责谈判。通常情况下，过多的人参加或单独谈判对于重大项目来讲都较为不利，有利的应是组成一个人数适中的团队参加谈判。因为在谈判过程中，往往要进行很多活动，每个成员承担一至两项活动，再经过内部统一协调即可完成谈判任务。

（3）依据对手的特点配备谈判人员。通常，客商的谈判成员是由雇主聘请技术咨询顾问，负责审查欲购商品的质量、性能指标并提出修改意见，以满足其特殊要求，随即聘请法律顾问洽谈商务条件，然后拟出最佳方案提交雇主裁定。己方配备的谈判人员必须与之相匹配，聘请专业工程技术人员和精通贸易的专业人员，负责处理技术、商务和法律方面的业务。专业化谈判团队的成员必须懂技术、精通贸易规则。同时，谈判团队应既有善于灵活成交的能力，又有善于巧妙地拒绝“有损我方条款”的本领，做到积极主动，运筹得当。

2. 谈判团队的结构要求

团队谈判的成功离不开所有谈判人员的出色发挥，单靠一个人的谈判不能保证取得预期的结果。这就好像一场成功的音乐会，是由每位演奏家的精湛技艺与彼此的和谐配合成就的。因此，谈判群体的配合是至关重要的。

谈判团队由不同领域的专家组建而成，一般包括营销、财务、技术、法律等专业人员。而一些大型谈判会耗费大量的精力和时间。因此，谈判团队的组建要考虑团队谈判成员的知识、能力、年龄及性别的整体结构。

（三）主谈与辅谈之间的分工与配合

在挑选出了合适的谈判人员，并且组成了谈判团队之后，就要对其内部成员的分工与配合工作加以落实。谈判中的分工是指使参与谈判的每个人都有明确的任务，并处于谈判中较合适的位置上，各自进入角色。谈判中的配合就是指谈判中成员之间的语言及动作的相互协调、相互呼应。具体地讲，就是要确定不同情况下的主谈与辅谈人选、他们的位置与责任以及他们之间的配合关系。

1. 主谈人的要求

主谈人也称首席代表，是指在谈判的某一阶段，或针对某一个或几个方面的议题，以他为主进行发言，阐述己方的观点和立场。除主谈人以外的其他团队成员即处于辅助配合的位置上，故称辅谈人或陪谈人。

主谈人可以说是谈判小组与对方进行谈判的意志、力量和素质的代表者，是谈判工作能否达到预期目标的关键性人物。主谈人一般应具备以下条件：

（1）理解党和国家的方针、政策，尤其是在国际谈判中了解对外开放政策和经济改革政策以及引进技术和设备的技贸结合政策等。

（2）对本行业的现状与长远发展规划和措施有一定的了解。

（3）对国内外经济社会的发展水平、技术先进水平和市场状况有比较全面的了解。

（4）具备专业技术知识，知识面比较宽，对相关专业技术知识有一定的了解。

（5）有一定的外事活动经验，在谈判中落落大方、彬彬有礼。

（6）思维敏捷、口齿清楚、语言简练，并具有较强的表达能力和应变能力等。

（7）能与谈判小组的其他成员团结协作，配合默契，具备领导其他成员的能力。

主谈人若能做到以上几点，将会达到最佳的谈判效果。此外，主谈人更应扮演好自己的角色，不轻易越过界限干扰别人。

2. 主谈人与辅谈人的分工

课堂活动

选择合适的机票

为了使主谈人与辅谈人之间分工明确、配合默契，在主谈人发言时，自始至终都应得到所有辅谈人的支持。这可通过口头语言或动作姿态语言来表示赞同，具体的做法可因人而异。如果主谈人发言时，辅谈人做出赞同的姿势，会大大增强主谈人说话的分量和可信度；若辅谈人看着天花板，无疑会影响主谈人的自信心，影响其说话的分量，对己方整体形象造成破坏。谈判团队内部人员之间的配合，不是一朝一夕能够协调起来的，而是需要长期的磨合。而且这种配合绝不专指谈判过程中的配合，它其实从谈判双方初次见面时就已经开始了。

案例赏析

艾柯卡拯救克莱斯勒

总之，成功的商务谈判离不开恰当的人员选择，更离不开团队内部合理的分工与协作，这是无数成功谈判的经验和结论。

“谈”出美丽人生

扫描本页二维码观看视频，学习中方谈判团队所体现的大国风范。

请结合本项目所学内容讨论，优秀的谈判团队应该具备哪些优秀的谈判素养？在谈判开始前应该开展哪些准备工作？

谈判团队的大国风范

思维训练

1. 谈判人员如何开发自己的潜质？

2. 团队谈判较个人谈判有哪些优势？

3. “我们永远也不要惧怕谈判。但是，我们永远也不要由于惧怕而谈判。”如何理解这句话？

项目实训

实训目标：

实践谈判准备工作，提高逻辑思维能力和团队精神。

实训内容：

本地某食品有限公司是当地百年老字号企业，全国非物质文化遗产保护名录。如果你即将代表该食品公司与当地某大型综合商场洽谈终端销售代理。分组讨论：你会为此次洽谈做好哪些准备工作？并写出你的谈判方案。

实训要求：

（1）写出谈判方案和谈判体会；

（2）每位同学都须承担任务，并且在模拟谈判中担当一定的角色。

实训步骤：

（1）布置好谈判场地；

（2）组建谈判团队，分工合作，积极准备；

（3）以小组为单位练习，每个小组由两位同学组成，每两个小组在一起进行模拟谈判。

考核方式：

准备工作的态度（50分）+模拟谈判中的表现（50分）。

03 Chapter

项目三

运筹帷幄——谈判开局

善战者，求之于势。

——孙武

善于作战的人，要依靠有利的形势取胜。

知识目标

- 了解谈判开局的意义。
- 熟悉谈判开局的工作内容。
- 掌握谈判中开价与还价的科学方法。

技能目标

- 能够运用谈判开局的技巧实现期望的谈判目标。
- 能够有效应对对方的谈判开局报价。

素养目标

- 营造和谐的谈判开局气氛。
- 在谈判开局的过程中践行社会主义核心价值观。

思维导图

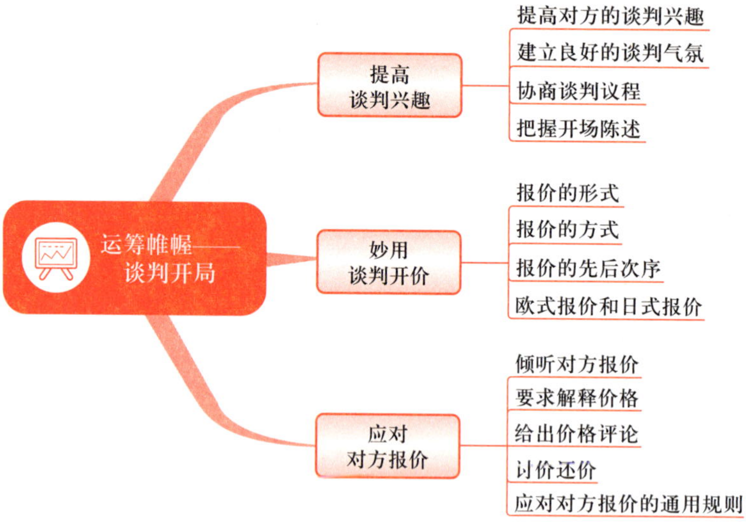

案例导读

品牌商与代理商的合作谈判

某谈判专家受邀参加一场某商场与某手机品牌商的合作合同能否续签的谈判。商场认为品牌商自恃大品牌而合作态度傲慢，多次拒绝参加商场的统一促销活动，要求的自主权过大，留给己方的管理空间和营销空间都较小，因此希望该品牌商立即撤柜，更换其他手机品牌入场。该品牌商觉得商场的规模、地方声誉和客流量等方面其实都很符合己方的要求，希望能够消除商场对己方的负面情绪，在尽可能维护己方诉求的基础上能够继续优先获得合作。

作为品牌商的代表，在互相介绍后，谈判专家令人讶异地与商场代表坐在一边。品牌商代表们十分奇怪，示意他坐错了位子，可是谈判专家装着浑然不觉，不予理会。

谈判开始后不久，商场代表们就好像忘记了谈判专家是品牌商代表的一员，他们仔细倾听谈判专家的发言和分析、意见和建议，就像是对待他们自己一方的意见和建议一样，一点也不产生抵触情绪。商场代表们对谈判专家的接纳态度，使他的意见和建议顺利地得以采纳，谈判很快获得了圆满成功。

思考：

谈判专家的意见和建议为什么能够顺利地得到商场代表们的接纳和认同？

案例分析提示：

一般谈判的座次安排是有严格的规范的，但突破常规偶尔为之，往往能取得意想不到的效果。虽然谈判双方关注的不是形式上的座次，而是实质的立场，但是求之于势、制造有利氛围，正是将兵法策略用于谈判的一个行之有效的妙法。

任务一 提高谈判兴趣

任务设计

如果你代表本地的一家食品生产公司与一家大型商场的商超部总监就销售代理合作事宜进行洽谈，对方对你的公司不是太熟悉，该如何营造谈判开局的良好气氛？

良好的开端是成功的一半，开局阶段在谈判的过程中占据非常重要的地位，不容忽视。很多人都困惑于如何能顺利地进入谈判，怎样才能营造一个良好的开局，如何提高对方的谈判兴趣？这就需要学习本任务中的技巧。

一、提高对方的谈判兴趣

谈判其实并非如想象中那样令人兴奋和充满激情，并不是所有的谈判都在豪华、气派的谈判桌前进行，对方也不一定西装革履、面带微笑地和你友好磋商议题。实际中的谈判往往由于你提出的问题对方丝毫不感兴趣而无法进行下去，对方可能认为同你谈判就是在浪费时间，因此可能予以婉言谢绝："你的产品并没有多么吸引人的卖点，很多公司的产品都比你的好"或"我们和目前的供应商合作得非常好，他们供价低、服务到位，我们没有理由更换供应商"。

如果在谈判初期遭到拒绝，谈判就会难以推进。因此，开局时必须想方设法提高对方的谈判兴趣，然后选择合适的开局方式来推动谈判进程的深入。

（一）巧妙介绍产品和服务

首先要介绍自己的产品或服务最与众不同的方面、最能够吸引人的卖点。不可替代的特质总是最能吸引客户。

（二）陈述最能满足对方需求的东西

面对持抵制态度的人，谈话时要讲究技巧，思考对方的立场，揣摩对方的心理。了解对方的需求后，把自己能带来的利益说给对方听，用合适的陈述来打动对方。

例如，己方希望和某公司共同举办联合促销，通过调查知道对方近期销售严重下滑，急需找到一些办法来扭转颓势，那么在谈判开始时不必与对方谈论提升品牌形象、扩大市场占有率等软性指标，可以向其提供促销期间的销售预估数据、提升的百分比，最好计算出对方短期内的利润回报率。这样对方很难拒绝，而且在后面的谈判中己方会占据主动地位。

（三）告诉对方如果不能合作会带来的损失

告诉对方如果不能合作会有什么损失，这将会使对方重新认识己方的价值。

同步案例

某家连锁商场是一家电视机生产企业的重要渠道商，双方已经合作了五年，在合作期间没有出现较大的分歧。年初，这家连锁商场突然大幅提高了各项管理费用。如今，家电行业已进入了微利时代，电视企业无法承担如此高的费用，无奈之下，家电企业的销售经理同连锁商场开始了谈判。

如果跟对方抱怨提高费用或讲述本企业的困难，无论销售经理多么声嘶力竭地说，对方也一定无动于衷。而销售经理做的事情就是：向连锁商场证明自己不可替代的重要性。自己公司的主要产品是目前市场上的主流产品，在相同质量的前提下，己方的售价为全市最低，同时该产品也是该连锁商场内同规格电视机中销量第一的产品。销售经理还向对方暗示，如果依此提高费用，己方将考虑全部撤柜，转为线上销售。

经过谈判，连锁商场意识到对方的价值，重新评估对方的作用，考虑谈判破裂所产生的风险，替代品牌未必能带来相同的收入，消费者的流失率等，最终做出了让步。

二、建立良好的谈判气氛

气氛影响着人们的心理、情绪、感觉和对问题的判断，虽然商务谈判不应该情绪化，但人的情绪客观存在。一种谈判气氛可以在不知不觉中把谈判引到某个方向。因此，有经验的谈判人员力求在谈判一开局，进入实质性谈判阶段之前就建立一种合作的、诚挚的谈判气氛。这样将有助于双方把谈判顺利进行下去。

谈判的开局一旦形成某种气氛，那么整个谈判基本上就是在这种气氛中进行。因此，在开局建立友好、轻松、诚挚的合作气氛，对谈判双方都具有重要意义。

（一）谈判气氛的类型

每一场商务谈判都有其独特的谈判气氛，谈判气氛没有固定的最佳模式。谈判气氛大体分为以下几种类型：

1. 冷淡、对立及紧张的谈判气氛

在该气氛下，双方见面不关心、不热情，目光不相遇，相见不抬头，交谈时语气带双关，甚至带有讥讽口吻等。这一类型的谈判气氛通常形成于法院调解和双方利益对立的情况下。

2. 松松垮垮、旷日持久的谈判气氛

在该气氛下，谈判人员进入会场时衣着随意，精神不集中，入座时左顾右盼，显出一种可谈可不谈的无所谓态度。

3. 平静、严肃和严谨的谈判气氛

通常双方已不是谈判对手，也非初次见面，双方自信且自律，平静如水而不声张，进入谈判场所速度适中，默默缓缓而行，处于一种相互提防、似有成见的气氛之中。

4. 热烈、积极和友好的谈判气氛

在该气氛下，谈判双方态度诚恳、真挚，见面时话题轻松，语气自然，情感愉悦，双方都对谈判的成功充满热情和信心，把谈判成功看成友谊的象征。

热烈、积极和友好的谈判气氛适合商务关系的深入发展。谈判究竟会在一种怎样的气氛中进行，主要由谈判人员的心态和当时的具体情况决定。

（二）谈判开局应具有的气氛

在商务谈判中，谈判开局阶段气氛的营造至为关键。这是因为这一阶段的气氛会直接影响双方是否有一个良好的开端。一般来说，开局气氛如果是冷淡的、对立的、紧张的，或者是松懈的，则不利于谈判的成功。谈判开局气氛也不大可能一下子就变成热烈的、积极的、友好的。什么样的开局气氛是比较合理的呢？根据谈判开局的性质、地位以及进一步磋商的需要，理想的开局气氛应该有以下几种：

1. 礼貌、尊重的气氛

谈判双方在开局阶段要营造出一种尊重对方、彬彬有礼的气氛。谈判人员无论是着装还是言谈举止，都应该表现出尊重和礼貌，使双方在文明礼貌、相互尊重的气氛中开始谈判。

2. 自然、轻松的气氛

谈判进入主题前的准备时间称为破冰期，它是谈判已经进入开始阶段的短

暂过渡时间。破冰期是走向正式谈判的桥梁。如何掌握好破冰的火候，也是谈判的一种艺术。谈判双方抱着各自的立场和目标坐到一起谈判，极易出现冲突和僵持。如果一开局就非常紧张，可能会过早地造成情绪激动和双方对立，使谈判陷入僵局。过分的紧张和僵持还会使谈判者的思维偏激、固执和僵化，不利于细心分析对方的观点，也不利于灵活地运用谈判策略。所以，谈判人员在开局阶段首先要营造一种平和、自然、轻松的气氛。可以随意谈一些轻松题外话，松弛一下紧绷的神经，不要过早与对方发生争论。语气要自然、平和，表情要轻松、亲切，尽量谈论中性话题，不要刺激对方。

3. 友好合作的气氛

开局阶段要使双方有一种“有缘相知”的感觉，毕竟双方都愿意友好合作，都愿意在合作中共同受益。因此谈判双方实质上不是对手，而是伙伴。基于这一点，营造友好、合作的气氛并不仅仅是出于谈判策略的需要，更重要的是双方长期合作的需要。尽管随着谈判的进行会出现激烈的争辩或者矛盾冲突，但是双方是在友好、合作的气氛中去争辩，不是越辩越远，而是越辩越近。因此，要求谈判者真诚地表达对对方的友好愿望和对合作成功的期望。

4. 积极进取的气氛

谈判不是社交沙龙，谈判者肩负着重要的使命，要付出巨大的努力去完成各项重要任务。谈判者应该在积极进取的气氛中认真工作，要准时到达谈判场所，要表现出追求进取、追求效率、追求成功的精神状态。谈判者要相信，不论有多大分歧或困难，只要努力就会有所收获。

（三）创造良好气氛的要点

实际上，当谈判人员准备谈判时，洽谈的气氛就已经形成，是热情还是冷漠，是友好还是猜忌，是轻松活泼还是严肃紧张都已基本确定。

从谈判人员步入洽谈室的那一刻起，他们的大脑运动就加快了，各方进谈判室的方式、目光、姿态、谈吐声调的变化、各种动作形式及速度等都刺激大脑接收这些信号。同时，大脑又对这些外部信号做出积极或消极的反应，从而形成各不相同的谈判气氛。因此，为了创造一个良好的谈判气氛，谈判人员应注意以下几点：

1. 气质

一个人具备什么样的气质，对其精神面貌有很大的影响。气质是指人们相当稳定的性格特点、风格和气度。良好的气质，是以人的文化素养、文明程度、思想品质和生活态度为基础的。气质似乎是无形的，它通过一个人具体的言语和行为（如举手投足、待人接物等）反映出来。一个具有良好气质的谈判者总能赢得对方的好感和尊重。良好气质的形成并非一蹴而就，作为一名谈判人员，要加强自身修养，努力塑造自己良好的气质。

2. 服饰

服饰犹如一面镜子，可以折射出一个人的思想和品位。作为商务谈判人员，要重视服饰在谈判中的作用。特别是双方第一次见面，一个人对另一个人形成怎样的印象，服饰占了很大的比重。一般来说，在谈判场合，服饰色彩不能太鲜艳，款式不能太怪异，尺码不能太大或太小。男性着装应突出稳重、成熟；女性着装应力显端庄、柔美。但由于服饰属于文化习俗范畴，不同文化背景下对商务谈判着装会有不同的要求。

3. 行为方式

建立良好的谈判气氛，关键是谈判人员要注意其言行方式。当进入会场时，要精神饱满，径直步入，以开诚布公、友好的姿态出现，给人以信服感；与对方握手时，要毫不迟疑地伸出右手；和对方第一次目光接触时，不要躲躲闪闪、目光游移，目光要坚定，表现出诚恳、可亲和自信；说话时，要吐字清楚，语速适中，避免吞吞吐吐、前后矛盾。

4. 谈话话题

谈判人员第一次见面时，不免有些拘束、紧张，这时往往需要开启某种形式的对话，让拘束的气氛得以缓和，让不熟悉的人彼此熟悉。因此，这时的话题最好是闲聊的、非业务性的。例如：① 寒暄问候，如谈及对方的身体状况、饮食状况以及业余爱好等；② 各自的经历、曾到过的一些地方、结交的人物等；③ 文体新闻，如文艺演出、体育赛事、社会新闻等，但在谈论新闻时要注意不涉及敏感的、易引起争论的有关政治、宗教的新闻；④ 对于彼此有过交往的老客户，可以回忆式地叙谈双方以往的合作经历和取得的成功，表达对对方的歉意或谢意，为本次合作创造一个良好的开端。

5. 交谈方式

在开场阶段，谈判人员可以站着说话，小组成员不必围成一个圆圈，最好把谈判双方分成若干小组，每组都有各方的一两名成员，这样会有助于双方的实际沟通。双方相互交谈所发出的嗡嗡声，使人们觉得从一开始就形成了热烈的、便于交流的友好气氛。

当然，谈判气氛不仅受开局瞬间的影响，谈判双方在洽谈以前的预先接触、谈判中双方的磋商都会对谈判气氛产生影响。谈判人员不仅要对开局的气氛给予高度重视，还要在整个谈判过程中采取适当的措施，维护已经形成的良好气氛。

三、协商谈判议程

谈判议程就是谈判将要讨论的内容清单，是谈判活动的各种事项安排和时间安排。谈判议程包括通则议程和细则议程。

通则议程是商务谈判双方共同商定正式议程的依据，由谈判双方共用。通则议程可以由双方共同商定，也可以由一方准备，双方一起确定，还可以由双方指派代表共同协商。

细则议程则是己方拟定的谈判议程，是通则议程的补充，由己方自用。细则议程通常拟定了谈判事项的内容、谈判顺序和方法等重要细节，作为己方进行谈判甚至控制谈判的行动指南。细则议程可以包含以下内容：己方发言的先后顺序，什么时间、由谁提出怎样的问题，什么时间、什么情况下暂停讨论，是否更换谈判人员等问题。

拟定谈判议程要本着对双方有利的原则，努力做到友好协商、统筹兼顾、通盘考虑。典型的谈判议程应包括以下内容：

（1）商务谈判的时间，包括总的期限、开始时间、各轮次时间、每次时间的长短，以及休会时间等。

（2）商务谈判的场地，包括具体的谈判场所、对场所的具体要求等。

（3）商务谈判的主题，包括谈判的中心议题、解决中心议题的大原则等。

（4）商务谈判的日程，包括洽谈事项的先后顺序，系列谈判的各个轮次的划分，谈判人员在每一轮次中的大致分工等。

（5）商务谈判的其他事项，包括成交签约的要求与准备，仲裁人的确定与邀请，人员食宿、交通、游览、休息、赠礼等事项的安排。

四、把握开场陈述

在报价和磋商之前，为了摸清对方的原则和态度，可作开场陈述。开场陈述就是双方分别阐明己方对有关问题的看法和原则。开场陈述是分别进行的，双方应通过此项活动了解对方的立场和意图，然后提出倡议，确定下一阶段的谈判议题。

开场陈述的重点是己方的利益，在陈述己方利益时，应采用横向铺开的方法，而不是深谈某一个问题。开场陈述一般包括以下内容：

（1）己方对问题的理解，即己方认为这次应涉及的问题；

（2）己方的利益，即己方希望通过谈判取得的利益；

（3）己方的首要利益，阐明哪些方面的利益对己方来讲是最为重要的；

（4）己方可向对方做出的让步和商谈事项；

（5）己方可以采取何种方式为双方的共同利益做出贡献；

（6）己方的原则，包括双方以前合作的结果、己方的信誉、今后双方合作中可能出现的良好机会或障碍等。

为了更好地了解彼此的谈判意图和立场，做开场陈述时应注意以下问题：

（1）进行开场陈述时，在时间上把握好度，双方应享受均等的发言机会。

发言时切忌拖泥带水、滔滔不绝，消耗太多洽谈时间；讲话要言简意赅，只要恰如其分地表达出己方的意图和原则即可。

（2）态度和用词要斟酌，尽量做到轻松愉快、诚恳可信，避免引起对方的不满甚至敌意，丧失其原来可能协助或支持自己的机会。

（3）开场陈述时，双方的注意力应放在自己利益陈述上，不要试图去猜测对方的立场，因为这种猜测只能使对方恼火，引起混乱。

下面的例子中，谈判双方的开场陈述就很好地符合了以上的要求。

同步案例

甲乙双方在进行一场土地规划谈判。

开场时，甲方这样陈述："这块地皮对我们很有吸引力。我们打算把土地上原来的建筑物拆掉而盖起新的商店。现在关键的问题是时间——我们要以最快的速度在这个问题上达成协议。为此，我们准备简化正常的法律和调查程序。以前咱们从未打过交道，不过据朋友讲，你们一向是很好合作的。这就是我们的立场——我是否说清楚了？"

乙方在弄懂了对方的陈述之后，进行了这样的回应："我们非常愿意出售这块土地。但是，我们还有些关于在地皮上保留现存建筑物的承诺，不过，这一点是灵活的。我们关心的是价格是否具有吸引力，反正我们也不急于出售。这是我们的态度，还有什么不清楚吗？"

双方分别陈述后，需要做出一种能把双方引向寻求共同利益的陈述，即倡议。倡议是对开场陈述在共同性上的延续，开场陈述已经向各自的对方表明了个别利益与合作的愿望，接下来就应该抓住寻求这一共同利益的机会提出倡议。在倡议阶段，需要双方各自提出各种设想和解决问题的方案，然后在设想与符合他们商业标准的现实之间建起一座通向最终成交的桥梁。

需要指出的是，由于倡议旨在寻求双方的共同利益，因此，最好双方共同参与，互提建议。这样，每一方都可以从另一方的倡议中得到启发，寻求共同点。另外，当对方对己方的建议提出疑义时，己方不要过多地为自己的建议辩护，也不要直接抨击对方提出的建议。这是因为最佳方案的确定需要双方的共同努力，如果过多地为自己辩护或激烈地抨击对方的建议，则会引起对方的反感或增加对方的敌意，这样会人为地给共同确定最佳方案制造障碍。双方应把前面大家提出的所有想法统统列出来，探讨每一种设想的可能性。

任务二
妙用谈判开价

任务设计

当你代表当地的一家食品生产公司与当地一家大型商场的商超部总监就销售代理合作事宜进行洽谈时，你会实施怎样的报价策略？

参考思路：两种方案选择，一是己方供货+辅助专柜管理，对方负责推销和人员管理，这种情况谈判的重点在于供货价格与货款支付；二是对方提供品牌销售展台，己方负责专柜一切销售事务，这种情况谈判的重点在于展台位置、租金以及利润分享比例。

谈判双方在结束了开局阶段的非业务性、闲聊式的交谈之后，就要转向正题，即开始报价。报价以及随后的磋商是整个谈判过程的核心和最重要的环节，决定了这次谈判是否成功。

这里所说的报价，不仅是狭义上所指的产品在价格方面的要价，还泛指谈判的一方对另一方的所有要求，包括商品的数量、质量、包装、价格、装运、保险、支付、商检、索赔、仲裁等各项交易条件。其中，价格条件具有重要的地位。

报价一般是商务谈判由横向铺开向纵向深入的转折点。在实际谈判中，一般都是由一方当事人报价，另一方当事人还价。报价是双方当事人都非常关注的利益环节。

一、报价的形式

报价有书面报价和口头报价两种形式。

（1）书面报价。书面报价通常是一方事先以文字材料、数据和图表等详尽的表述表明己方谈判中所要达成的交易条件。这种报价形式将己方的权利和义务清楚地表述，使对方有时间针对报价作充分的准备，也使谈判更为紧凑。但书面报价的白纸黑字是己方承担责任的依据，对己方有较强的约束力。

（2）口头报价。口头报价即一方以口头形式提出自己的要求和愿意承担的义务。口头报价不像书面报价那样对己方有约束感，而是具有较大的灵活性和表现力。谈判者可以根据谈判的形势灵活调整和变更自己的谈判策略，努力发挥个人的谈判艺术特长来达成交易。但是，如果没有娴熟的沟通技术和丰富的经验，口头报价就容易偏离主题。同时，口头报价对一些复杂的问题，如统计数字、计划图表等难以表述清楚。因此，实际谈判中谈判人员往往采取以书面报价为主、口头报价为补充的报价方式。

二、报价的方式

在商务谈判中，报价的高低直接关系到谈判双方的利益分配。因此，如何报价在谈判中具有至关重要的作用。

（一）调整谈判期望值

谈判中，期望值高的一方会取得较高的回报，相反，期望值低的一方会取得较低的回报。谈判期望决定谈判结局，期望值高者可以获得较高的利益，而期望值低者只能得到较低的收益。谈判者在谈判中的各种努力都是围绕着期望值进行的，谈判成功的标准是达到或接近谈判者制定的预期目标。在谈判中，设置高标准的人往往会比设置低标准的人表现得好，但期望越高，失望的可能性也就越大，谈判者自然要承担一定的风险，在前期准备时要做一个周密的评估。

期望值并不是固定不变的，它可以根据实际谈判的变化而变化。当谈判者设定的期望值与谈判的客观需求不符、严重偏离双方的平衡点时，就需要观察对方每一个细小、微妙的环节，揣摩对方的心理，在谈判桌上适度调整自己的期望值，使之从实际出发，真正切实可行。

期望值是谈判中关键的一条主线，买卖双方都会有各自的预期，在其后的报价、还盘、让步、附加条件等环节都会根据预期来进行和调整，错误的预期会带来灾难性的结果。据此，可以适时制定较高的目标，也许会带来意想不到的结果，同时会有很大的谈判空间。

（二）报价的基础和基本原则

产品的价格受企业的产品成本和市场行情的双重制约。但检验产品成本的高低和对企业发展是否有利，也要以市场行情为标准。所以谈判者报价的根本基础是市场行情。但市场行情经常处于不断的变化之中，这就要求谈判人员注意收集有关信息、资料，注意分析和预测市场动向，研究市场上有关商品的价格的变化、走势，密切关注某种商品及其替代用品的生产技术有无重大突破。只有如此，谈判人员报价时才能做到心中有数。除此之外，影响价格还会有其他一些具体因素，主要包括：

（1）利益需求。谈判者的利益需求不同，他们对价格的理解也就不同。例如，日常生活中，一件款式新颖的时装，即使价格较高，年轻人也可以接受；老年人则可能偏重考虑面料质地和做工，据此评判价格。

（2）附带条件和服务。谈判标的物的附带条件和服务，如质量保证、安装调试、免费维修、供应配件等，能为客户带来安全感和许多实际利益，往往具有相当的吸引力。人们往往宁愿“多花钱买放心”“多花钱买便利”。因此，附带条件和服务能提高谈判中对方对标的物价格水平的承受能力，减轻价格谈判的阻力。

（3）产品和企业的声誉。产品和企业的声誉对价格有重要影响。人们对优质名牌产品的价格，或对声誉卓著的企业的报价，往往有信任感。因此，人们宁肯出高价买名品，也不愿意与轻合同、不守信誉的企业打交道。

（4）支付方式。商务谈判中，货款的支付方式是网络支付、现金结算还是使用支票、信用卡结算，或以产品代偿；是一次性付款、分期付款还是延期付款等，这些都对价格有重要影响。谈判中如能提出易于被对方接受的支付方式，将会使己方在价格上占据优势。

在商品交易中，卖方希望卖价越高越好，而买方则希望买进的价格越低越好。但是不管买卖双方如何期望，只有当一个报价在被对方接受的情况下，买卖才能成交。这就是说，价格水平的高低，并不是由任何一方随心所欲决定的，它要受到市场供求和竞争以及谈判双方状况等多种因素的影响。因此，谈判一方向另一方报价时，不仅要考虑报价所能获得的利益，还要考虑报价能否被对方接受，即报价成功的概率。

因此，报价决策的基本原则是，通过反复比较和权衡，设法找出报价者所得利益与该报价被接受的成功率之间的最佳结合点。该结合点上的报价就是最理想的、最合适的报价。在现实的商务谈判中，由于谈判双方受各种因素的影响，要找到这个最佳的结合点并非易事，但作为谈判人员必须努力争取。

（三）报价起点的确立

1. 开盘价的含义

实际谈判过程中的最初报价称为开盘价。一般来说，作为卖方，在所确定的价格范围内，开盘价应该最高；作为买方，相应的开盘价应该最低。

2. 开盘价的作用

（1）开盘价为成交的价格确定了最高或最低限制。对于卖方，往往开盘价一报，己方就不能提出更高的价格了。同时，对方也绝不会接受另一个更高的价格。因此，对于卖方而言，开盘价不能太低。

（2）开盘价向对方提供了一个相应评价己方价值尺度的标准。俗话说，“一分钱一分货”，人们总是将产品的质量同价格放在一起考虑，认为质高则价高，价低则质次。因此，较高的报价是必需的。

（3）一个较高的开盘价为下一步的价格磋商留下了回旋的空间。一般来说，一方开盘报完价之后，对方不会立即接受，还要进行讨价还价。因此，开盘时报出较高的价格是从交易的全局考虑时所必须做的一件事。

开盘价绝不能过高。因为面对一个很高的开盘价，对方会要求己方做出价格解释。若价格高到讲不出道理的地步，对方就会认为己方缺乏诚意，从而终止谈判扬长而去；或以其人之道，还治其人之身，来个“漫天杀价”；或者提出质问，使己方丧失信誉。因此，在报出开盘价时一定要注意，虽然报价可以尽可能高，但一定切记报价应是合情合理的，能找出适当的理由为之辩护。

按最高价格报价是商务谈判中的一般做法，但也有特殊情况。例如，报价时，卖方先向买方说明，这是“最优惠价格”。这样说，一方面等于暗示对方，这是价格的下限，基本上没有还价的余地了；另一方面，卖方是把价格定在保本的基础上，是低水平的定价，因此，买方很难在其他交易条件上得到更多的优惠。

3. 开盘价的确定

价格虽然不是谈判的全部，但毫无疑问，有关价格的讨论是谈判的主要组成部分。据统计，在任何一次商务谈判中，价格的协商通常会占据70%以上的时间，很多没有结果的谈判也是因为双方价格上存在分歧而最终不欢而散。

价格的高低是很难客观界定的，谈判双方通常以主观意识来进行谈判。作为出售商品或服务的一方，如果提供的商品性能或服务都能满足对方的实际需要，那么对方就会认为价格合理；反之，如果提供的商品性能及其他相关条件与对方的要求相距甚远，那么对方会认为报价过高而无法接受。

简单地说，作为卖方希望以较高的价格成交，而作为买方则期盼以较低的价格合作，这是一个普遍规律，它存在于任何领域的谈判中。虽然听起来很容易，但在实际谈判中做到双方都满意，最终达到双赢的局面却不是一件简单的事情，这需要谈判技巧和胆略，尤其在第一次报价时更为关键。

（1）开价一定要高于实际想要的价格。究竟要如何掌握好第一次开价呢？一条黄金法则是：开价一定要高于实际想要的价格。

谈判中的价格期望值是不断变化的。在正式谈判前，对方的价格预期通常是希望以很低的价格成交，但此时的预期完全是出于主观上的设定，取决于信息的掌握和对局势的看法等，因为信息的掌握量不同，以至于谈判双方在价格的预期方面有很大的差异。对于卖方来说，提高报价，用客观的价格降低对方的期望值，可以改变双方谈判的地位。

在谈判过程中，双方都会试图不断地扩大自己的谈判空间，报价越高意味着谈判空间越大，也会有更多的回报。谈判是妥协的艺术，成功的谈判是在你让步的过程中得到你所需要的。一个较高的报价会使你在价格让步中保持较大的回旋余地。

（2）首次报价的要点。报价并不是一成不变的，可以根据不同的客户或渠道进行不同的报价，能够以较高的报价成交并不是没有可能，前提是了解每一位客户的接受能力。

在人的潜意识中，高价格往往等同于高价值。低价格一定代表低价值吗？不一定。商品的定价是由生产成本、人力成本、企业战略、销售渠道等诸多因素决定的，价格低的商品同样可以是名牌商品，在产品质量和售后服务上也不会逊色。

无论以何种条件成交，最重要的是让对方感觉自己赢得了谈判。很多谈判者习惯于在第一次报价时给客户最优惠的价格，希望能够尽早成交，由于价格已接近底线，在价格上则无法让步。还有一些企业管理者比较急功近利，订单量是绩效考核的唯一指标，导致销售代表谈判初期就把价格降至最低，只顾数量而不顾质量，忘记了企业的最终目的是盈利而不是报表上的数字。这好比只有一个回合的乒乓球比赛，无论输赢，对手都会感到很无趣。

其实谈判的过程与结果一样重要。对方只有通过自己的努力把价格谈下来，才会相信这是己方能承受的最低价格，否则即使谈判者有三寸不烂之舌，对方也不会相信。只有在对方心理平衡的前提下，谈判者才会有下次交易的机会，倘若谈判者寸土不让，这次也许可以成交，但下次就会十分困难了，谈判桌上没有绝对的信任。请记住，当对方猜不到己方的底牌，而谈判者又不能让价时，就很有可能错失下一次的交易机会。因此，在报价的言语上可以暗示一些弹性，但一定要强调回报，这样将有助于谈判顺利发展。

智慧启迪

“如果你能够现款提货，我可以在价格上给予5%的优惠”或“如果你提供特殊陈列面并免费提供促销场地，我会在价格上有所考虑”。这样的语言其实是给对方暗示价格谈判的弹性，激起对方的谈判兴趣。

谈判由四个主要因素组成：己方的报价和对方的还价，己方的底牌与对方的底牌。报价和还价随着谈判的深入会逐渐清晰，而整个谈判过程中双方都会揣测、推测、试探对方的底牌，是心理、智慧、技巧的综合较量。所以，无论出现何种情况都不要轻易亮出自己的底价。

通过运用开价一定要高于实际价格的原则，在谈判的开局可以起到压缩对方谈判空间的作用。当然，报价一定要维持在合理的范围之内，要想将一台普通计算机以10万元的价格销售出去，只有等待奇迹的出现了。另外，较高的报价需要有令人信服的理由支持，增加其附加价值。

同步案例

你准备出售自己的一辆汽车。

首先，基于你对谈判对手预计出价的合理判断，在谈判前你应该预判出对方能够接受的心理价位。可以从前期调查中确定，在谈判前的初步接触中可以试探出对方的主要思路，如果对方首先问你车价，说明他很在乎车的价格，不会接受高价位；如果对方首先问你车况，说明他很在意车的性能，只要此车的性能上佳，他可以承受较高的价位，在此基础上你可以适当调整第一次报价。

其次，你需要进行一个较为准确的市场调查——调查同类二手车销售的市场行情。在定价前需要搜集一些相关数据，如近三个月同品牌、同型号二手车的价格走势和新车的销售价格，以及交通管理部门近期有没有新政策出台等。总之，只有客观的报价才能使谈判按照你的思路进行下去，只有适当的报价才能使定位成为现实。

有时会出现报价不恰当的情况。当你的报价与现实脱离或者你对对方的预计出价估计错误，你的报价超出了可达成协议的空间，那么对方可能会非常不满，认为不可能与你达成交易，因为你没有谈判的诚意。要对这种情况的发生有所准备，设计应急方案，当对方对报价强烈不满而你又没有更好的买家时，你可以在其他方面给予优惠，使买家得到一定的心理平衡。你可以采取承担过户费用或分担一定的车险费用等办法促使交易顺利达成。

另外，在报价的同时，你需要准备好合适的理由来说明此报价的可行性，证明价格与价值对等。你可以说此车从没有出现碰撞情况、一些重要的零部件是近期新换的、车险期限到年底等，总之使对方确信这笔交易确实物有所值。

向对方报价的要点：

- 报价一定要高于实际想要的价格。
- 报价越高意味着谈判空间越大，也会有更多的回报。
- 报价并不是一成不变的，可以根据不同的客户或渠道采取不同的报价。
- 报价要控制在合理的范围之内。
- 价格的高低是很难客观界定的，谈判双方通常以主观意识进行判断。
- 较高的报价需要有令人信服的理由支持。
- 进行高报价时，一定要增加产品或服务的附加价值。

（四）实施报价

在提出报价时，要注意以下问题：

第一，向对方提出报价的态度应该坚定、果断，毫不犹豫。即使对方宣称手中已掌握了低于己方的报价，己方也要毫不含糊地坚持自己开出的价格。只有这样，才能使对方相信己方对谈判抱着认真和坚定的态度。

第二，报价的表述应该是准确而又清晰的，以避免对方产生误解或曲解己方意图。

第三，对所报价格不要加以解释、评论。在议价阶段，对方肯定会就报价的有关问题提出质疑。如果在对方提问之前就主动解释或评价，反而对自己不利。

三、报价的先后次序

在商务谈判中，由哪一方先报价不是固定的，报价的先后次序应视情况而定。

（1）先报价的好处。先报价实际上为谈判规定了一个框框，协议最终将在此范围内达成；先报的价格在整个谈判过程中都会持续起作用。因此，先报价对谈判的影响大。

（2）先报价的弊端。对方听到报价后，可以对自己的想法进行最后的调整。由于对方对己方的价格起点有了了解，他们就可以修改自己的报价，获得本来得不到的好处。

同步案例

从事服装批发生意的陈某到某家服装厂准备购买一批上好的女装，陈某看完样品后非常满意，准备以每件150元的价格买入。当谈判进入实质性阶段时，陈某正欲报价，却突然停住，转而要求对方先报价。结果，对方在对双方的合作前景进行展望和对自己产品的质量进行了一番赞美之后，报出了每件135元的价格。陈某大为喜悦，却又按捺住内心的激动，和对方讨价还价了一番，最后以每件130元的价格成交。

另外，先报价还会使对方集中力量对所报价格发起进攻，迫使报价方一步步降价，这时，谈判就变成了一场围绕己方报价的攻击战。

那么，在谈判中究竟是先报价还是后报价才对己方更有利呢？一般来说，通过分析谈判中双方的实力以及谈判的激烈程度，可以正确决定谁先报价的问题。

第一，如果预期谈判将会出现你争我斗、各不相让的激烈气氛，那么就可以先行报价。通过先报价来规定谈判过程的起点，并由此来影响之后的谈判过程，使交易最终在己方所规定的框架内达成。

第二，如果己方的谈判实力强于对方，或者说与对方相比，己方在谈判中处于相对有利的地位，那么，己方先报价就是有利的。尤其是在对方对本次交易的市场行情不太熟悉的情况下，先报价的好处就更大。因为这样可以为谈判划定一个基准线，同时由于己方了解行情，还可适当掌握成交的条件，对己方无疑利大于弊。

第三，如果谈判双方是老客户，双方有较长期的业务往来，在这种情况下，谁先报价谁后报价就显得无足轻重了。

同步案例

美国著名发明家爱迪生在某公司当电气技师时，他的一项发明获得了专利。公司经理向他表示愿意购买这项专利权，并问他要多少钱。当时，爱迪生想：只要能卖到5 000美元就很不错了，但他没有说出来，只是督促经理说："您一定知道我的这项发明专利权对公司的价值了，所以价钱还是请您自己说一说吧！"经理报价道："40万美元，怎么样？"还能怎么样呢？谈判当然是没费周折就顺利结束了。爱迪生因此而获得了意想不到的巨款，为日后的发明创造提供了启动资金。

四、欧式报价和日式报价

欧式报价的模式是，事先报出一个有较大回旋余地的价格，而后根据谈判双方实力对比情况与该笔交易的国际市场竞争等因素，通过不同程度的优惠政策，如价格折扣、数量折扣、支付条款上的优惠（延长其支付期限或提供信贷等）等，慢慢软化谈判对手的立场和条件，最终达到成交的目的。这种报价方式若能稳住对方，一般会有较理想的结果。

日式报价的一般模式是，报价时先报出最低价格，以吸引买主的谈判兴趣。但是，这种最低价格是以对卖方最有利的结算条件为前提的，而且这种最低报价相应的交易条件很难全部满足买方的需要。例如，当卖方报出一套技术设备的最低价格时，可能附带有不派出专家或技术人员指导，缩短免费维修期限，由卖方选择计价货币、运输方式等。若买方要求变动有关交易条件，卖方就会趁机提高价格。这种报价方式的最终成交价格，往往高于起初的报价。日式报价在面临众多的竞争对手时，是一种较有吸引力的报价方式。

与欧式报价相比，日式报价虽有利于初始的竞争，但从买方的购买心理来讲，一般人总是较习惯于物品价格由高到低，逐渐降价。

任务三 应对对方报价

任务设计

（续本项目任务二）谈判伊始，己方还没有报价，对方就说“目前我们超市没有空的专柜可以容纳新的供应商。如果诚心与我们合作，需要等到第二季度结束，个别供应商与我们的合同到期时，你方能够多出30%的租金，也就是每月每平方米6 500元，并且要通过资格审核，才有可能获得一个租位。”对方报价远超己方预期的每月每平方米5 000元，你该怎么办？

一般情况下，当一方报价后，另一方不会无条件地接受对方的报价，而会进行讨价还价。优秀的谈判者需要有足够的耐心，如何应对对方报价，通常是直接影响谈判磋商发展走势最关键、最紧张的阶段。

一、倾听对方报价

在对方报价的过程中，切忌干扰对方的报价，而应认真听取并尽力完整、准确、清楚地把握对方的报价内容。在对方报价结束后，对某些不清楚的地方可以要求对方予以解答。同时，应将己方对对方报价的理解进行归纳、总结并加以复述，以确认自己的理解是否准确无误。

二、要求解释价格

价格解释是指卖方就其商品特点及其报价的价值基础、行情依据、计算方式等所做的介绍、说明或解答。

在对方报价完毕之后，比较正确的做法是：不急于还价，而是要求对方对其价格的构成、报价依据、计算的基础以及方式方法等做出详细的解释。通过对方的价格解释，可以了解对方报价的实质、态势、意图及其诚意，以便从中找出破绽，从而动摇对方报价的基础，为己方争取重要的便利条件。

价格解释对于卖方和买方都有重要的作用。从卖方来看，可以利用价格解释，充分表述所报价格的真实性和合理性，增强其说服力，弱化买方的要求，以迫使买方接受报价或缩小买方讨价的期望值；从买方来看，可以通过对方的价格解释分析讨价还价的余地，进而确定议价的策略和方向。

在进行价格解释时，要遵循以下原则：

（1）不问不答。买方不主动问的问题，卖方不要回答。其实，对于买方未问到的一切问题，卖方都不用解释或答复，以免言多必失。

（2）有问必答。对对方提出的所有有关问题都要一一做出回答，并且要很流畅、很痛快地予以回答。经验告诉人们，既然要回答问题，就不能吞吞吐吐、欲言又止，这样极易引起对方的怀疑，甚至会提醒对方注意，从而使其穷追不舍。

（3）避虚就实。对己方报价中较实质的部分应多讲一些，对于比较“虚”的部分，或者说水分较多的部分，应该少讲一些，最好不讲。

（4）能言不书。能用口头表达和解释的就不要用文字来书写，因为当自己表达中有误时，口述和笔写的东西对自己的影响是截然不同的。有些国家或地区的商业习惯是只承认纸面上的信息而不重视口头信息。

三、给出价格评论

价格评论是指买方针对卖方所报价格及其解释的评析和论述。

价格评论对于谈判双方而言都有很大的影响。从买方来看，在于可针对卖方价格解释中的不实之处，指出其报价的不合理之处，从而在讨价还价之前先压一压虚头、挤一挤水分，为之后的价格谈判创造有利条件；从卖方来看，这其实是对报价及其解释的反馈，便于了解买方的需求、交易欲望，以及最关切的问题，以利于进一步的价格解释并对讨价还价有所准备。

价格评论的原则是：针锋相对，以理服人。其具体技巧主要有：

（一）既要猛烈，又要掌握节奏

猛烈是指准中求狠，即切中要害、猛烈攻击、着力渲染，卖方不承诺降价，买方就不松口。掌握节奏，就是评论时不要像竹筒倒豆子，一下子把所有问题都摆出来，而是要一个问题一个问题地提出，迫使卖方降价。

（二）重在说理，以理服人

对于买方的价格评论，卖方往往会以种种理由辩解，而不会轻易认同。因为，认同就意味着必须降价，甚至会有损自己的声誉。所以，买方若要卖方认同，必须充分说理，以理服人。而买方手中的价格分析材料、卖方解释中的漏洞等就是理。同时，既然是说理，评论中虽攻击猛烈，但态度、语气切忌粗暴，而应心平气和。只有在卖方死不认账、“无理搅三分”时，买方才可以以严厉的口吻对其施加压力。一般来说，卖方也要维护自己的形象，谋求长期的交易利益，不会蛮不讲理地拉开架势。相反，只要买方抓住其破绽，卖方就会借此台阶修改价格，以示诚意。而此时买方也应适可而止，不必穷追猛打，以免过早把谈判气氛搞僵。只要有理在手，就可待评论后讨价还价时再逐步达到目的。

（三）既要自由发言，又要严密组织

在价格谈判中，买方参加谈判的人员虽然都可以针对卖方的报价及解释发表意见，加以评论，但是，鉴于卖方也在窥测买方的意图，探查买方的底牌，所以绝不能每个人想怎么评论就怎么评论，而是要事先精心谋划，然后在主谈人的暗示下，其他人员适时、适度发言。这样，从表面上看大家是在自由发言，但实际上则是进行了严密的组织。“自由发言”是为了显示买方内部立场的一致，以加强对卖方的心理压力；严密组织，则是为了巩固买方自己的防线，不给卖方可乘之机。

（四）评论中再侦察，侦察后再评论

买方进行价格评论时，卖方以进一步的解释予以辩解，这是正常的现象。对此，不仅应当允许并注意倾听，而且应善于引发，以便侦察反应。实际上，谈判既需要舌头，也需要耳朵。买方通过卖方的辩解，可以了解更多的情况，便于调整进一步评论的方向和策略。如果又抓到了新的问题，则可使评论增加新意，使评论逐步向纵深发展，从而有利于赢得价格谈判的最终胜利。否则，不耐心听取卖方的辩解，往往之后的进一步评论就会缺乏针对性，搞不好还会使谈判陷入泥潭。

价格评论中，卖方的应对策略应当是：沉着解答。不论买方如何评论、怎样提问，甚至发难，都要保持沉着，始终以有理、有利、有节为原则，并注意运用回答技巧，不乱方寸。智者千虑，必有一失，对于买方抓住的明显矛盾之处，也不能死要面子，适当表现出“低姿态”，会显示卖方交易的诚意，保持价格谈判的主动地位。

四、讨价还价

在对方完成价格解释和己方做出价格评论之后，有两种行动选择：一种是要求对方改善报价，即讨价；另一种是提出自己的报价，即还价。

（一）讨价

讨价是指要求报价方改善报价的行为。谈判中，一般卖方在首先报价并进行价格解释之后，买方如果认为离自己的期望目标太远，或不符合自己的期望目标，必然在价格评论的基础上要求对方改善报价。如果说，报价后的价格解释和价格评论是价格磋商的序幕，那么讨价便是价格磋商的正式开始。

讨价要求既是实质性的，即迫使价格降低，也是策略性的。其作用是误导对方对己方的判断，改变对方的期望值，并为己方的还价做准备。进行讨价时，要注意讨价的方式与次数。

1. 讨价的方式

讨价的方式可分为全面讨价和分别讨价。全面讨价，即针对整体价格的讨价；分别讨价，即将交易内容分为不同部分再分别进行讨价。两种讨价方式分别用于不同的时机与条件。

全面讨价常常用于对方报价后的第一次讨价。由于讨价刚开始，对价格的具体情况尚欠缺了解，因而宜从总体的角度去讨价，笼统地提出要求。对方为了表示良好态度，可能调整价格。这样，再循序渐进。分别讨价常常用于对方第一次改善价格之后，或不宜采用全面讨价方式的报价，如水分较少、内容简单的报价，此时一般适用有针对性的、要求明确的讨价。分别讨价应从水分最大的那一个交易条件起讨价，然后再对水分中等的那些交易条件进行讨价，最后谈及水分较小的交易条件的讨价问题。

2. 讨价的次数

讨价要注意次数。讨价次数既是一个客观次数，又是一个心理次数。讨价次数与对对方出价的评价有关，评价是讨价的前提和依据。当对方改善的步伐很主动，接近了己方的评价程度时，那么改善的次数即为讨价的客观次数。若一次达到，讨价即为一次；两次达到，即讨价为两次。也就是说，以客观效果来判定讨价次数。

在实际谈判中，双方就价格问题的谈判大多是保持分歧地进行，即对方对己方的评价和讨价永远持保留态度，这样就产生了讨价的心理次数问题。心理次数并不反映改善后的新价格在多大程度上接近报价水平，只反映对方对己方的讨价，对己方所要求的条件是否愿意考虑。

谈判者的任务在于，如何使讨价的心理次数与客观次数趋于一致，即如何使己方的讨价奏效。从心理因素分析，一般谈判者均有保持良好形象的心理，因此，姿态性地改善报价是可能的。那么，就存在一次讨价的前提。一般地说，对于同一交易条件的讨价，会一次成功；两次，对方可以接受；三次，对方就可能反感了。因此，在讨价过程中，最好是将全面讨价方式和分别讨价方式结合使用，采用分阶段式的讨价，即将讨价过程分为三个阶段：第一阶段是全面讨价，要求对方从总体上改善报价；第二阶段进入具体内容，采用分别讨价方法，找出明显不合理、水分大的项目，要求对方改善报价；第三阶段，在水分大的项目已降价之后，再采用全面讨价方法从总体上要求对方改善价格。

讨价时要注意以下策略要点：

第一，讨价方在做出讨价表示并收到对方反应之后，必须对此进行策略性分析。若首次讨价就能收到对方改善报价的反应，就说明对方报价中的策略性虚报部分可能较大，价格中所含的水分较多，或者也可能表明对方急于成交的心理。但是一般来说，报价者开始都会固守自己的价格立场，不会轻易还价。

第二，即使报价方做出改善报价的反应，还要分析其让步是否具有实质性内容。只要没有实质性改善，讨价方就应继续抓住报价中的实质性内容或关键的谬误，并盯住不放。

第三，依据对方的权限、成交的决心、双方力量的对比及关系好坏，判定或改变讨价策略，进一步改变对方的期望。

（二）还价

还价是指谈判一方根据对方的报价和自己的谈判目标，主动或应对方要求提出自己的价格条件。还价通常是由买方一次或多次讨价后应卖方的要求而做出的。

还价是商务谈判中交易磋商的一个必备条件，是整个谈判的中心。还价既力求给对方造成较大的压力和影响或改变对方的期望，又应着眼于使对方有接受的可能，并愿意向互利性的协议靠拢。因此，还价前的策划要通过对报价内容的分析和计算，设计出各种相应的方案和对策，使谈判者在还价过程中将之贯彻，以发挥后发制人的威力。如果说报价划定了讨价还价范围的一条边界的话，那么还价将划定与其对立的另一条边界，双方将在这两条边界所圈定的区域内展开激烈的讨价还价。

1. 还价方式

还价中，谈判者要确保自己的利益和主动地位，首先就应善于根据交易内容、所报价格，以及讨价方式，采用不同的还价方式。

（1）按照谈判者中还价的依据，还价方式分为按可比价还价和按成本还价两类。① 按可比价还价。这是指己方无法准确掌握所谈商品本身的价值，而只能以相似的同类商品的价格或竞争者商品的价格作参照进行还价。这种方式的关键在于所选择的用以参照的商品的可比性及其价格的合理性，只有可比价格合理，还价才能使对方信服。② 按成本还价。这是指己方能计算出所谈商品的成本，以此为基础再加上一定比率的利润作为依据进行还价。这种还价方式的关键是所计算成本的准确性，成本计算得比较准确，还价的说服力就比较强。

（2）按照谈判中还价的项目，还价方式又可分为全面还价和具体还价两种。① 全面还价。即一揽子还价，它是与全面讨价相对应的还价方式。② 具体还价。这是分别讨价后的还价方式，是指把交易内容划分成若干类别或部分，然后按各类价格中的“含水量”或按各部分的具体情况逐一还价。

2. 还价起点的确定

还价中最关键的问题是确定还价的起点。还价起点是指第一次还价的价位。从买方来说，它是买方第一次公开报出的打算成交的条件，其高低直接关系到自己的经济利益，也影响着价格谈判的进程和成败，并且能反映出谈判者的谈判水平。还价太高有损己方的利益，还价太低则显得缺乏诚意，均不利于谈判的正常进行。

同步案例

某食品加工厂为了购买某种山野菜与某县土特产公司进行谈判。在谈判过程中，食品加工厂的期望价格是每千克山野菜15元。为了试探对方的价格底牌，土特产公司的代表开口报价每千克山野菜22元，并摆出一副非此价不谈的架势。急需山野菜的食品加工厂的代表急了："市场的情况你们都清楚，怎么能指望将山野菜卖到高于每千克18元呢？"

食品加工厂的代表在情急之中暴露了价格底牌，于是土特产公司的代表紧追不放："那么，你是希望以每千克18元的价格与我们成交？"

这时，食品加工厂的代表才恍然大悟，只得无奈地应道："可以考虑。"

最后，双方以每千克18元的价格成交，这个结果比食品加工厂原定的成交价格要高出3元钱。对于卖方来说，如果不是买方还价出问题，是很难找到一个如此合适的价位与对方成交的。

（1）还价起点确定的原则。

第一，起点要低。还价起点低，能给对方造成压力，并影响和改变对方的判断及盈余的要求，能利用其策略性虚报部分为价格磋商提供充分的回旋余地和准备必要的交易筹码，对最终达成成交价格和实现既定利益目标具有不可忽视的作用。

第二，还价起点要接近成交目标，至少要接近对方的保留价格，这样可以使对方有接受的可能性；否则，太低的话对方会失去交易兴趣而退出谈判，或者使己方因不得不重新还价而陷于被动。

（2）还价起点确定的参照因素。

第一，报价中的"含水量"。谈判中的一方在对方的讨价过程中，必须对其报价进行改善，但改善的程度是各不相同的，谈判者修改原报价或重新报价后，价格中所含水分的多少是确定还价起点的第一项因素。对于所含水分较少的报价，还价起点也应较高，使双方都感到对方的合作诚意；对于报价只作很少改善就停步不前，并千方百计地要求对方马上还价，即所含水分依然较高的报价，还价起点就应较低，使自己在讨价还价中不吃亏。同时，在对方的报价中，会存在不同部分含水量的差异，因而还价起点的高低也应有所不同，以此可增强还价的针对性并为己方争取更大的利益。

第二，成交差距。对方报价与己方准备成交的价格目标的差距，是确定还价起点的第二项因素。目标价格是指己方根据自身利益需要、他人利益需要和各种客观因素的可能性制定的，并力图经过讨价还价达到的成交价格。因此，对于对方的每一次报价，己方都应拿它与自己的目标价格相比较，然后根据差距决定自己的行动。对方报价离自己的价格目标越远，还价起点越低；对方报价离自己的价格目标越近，还价起点就越高。当然，无论还价起点高低，都要低于己方准备成交的价格，以便为以后的讨价还价留出余地。

3. 还价的基本要求

（1）做好还价前的准备。还价不是简单地压低价格的过程，它必须建立在企业的利益分析、市场调查和货比三家的基础上。

（2）明确对方报价的具体含义。己方在清楚了解了对方报价的全部内容后，就要通过其报价的内容来判断对方的意图，在此基础上可以分析出怎样能使交易既对己方有利又能满足对方的某些要求。也就是说，谈判人员要逐一比较双方的意图和要求，弄清楚双方分歧之所在，并估计出对方的谈判重点等相关内容。

（3）统筹兼顾。由于价格既涉及技术问题又涉及策略问题，包含的内容非常广泛。因此，在还价中，不能仅仅把目光集中在价格上，还应当通盘考虑，把价格与技术、服务等各个方面结合起来，统筹兼顾，这样才能使谈判更有意义，同时也可以缓和还价中存在的难度和矛盾。

4. 讨价还价的策略

在讨价还价的过程中，谈判者可以采用一些策略来影响谈判进程，给对方造成压力，或有意误导，以增加己方获益的可能性。具体可以采取以下策略：

（1）喊价要高，出价要低。在商务谈判中，报价可以由谈判任意一方首先提出。作为卖方，报价起点要高，即“开最高的价”；作为买方，报价起点要低，即“出最低的价”。这就是商务谈判中的“喊价要高，出价要低”的报价起点策略。这一策略的主要作用表现在以下几个方面：

第一，可以有效地改变谈判对方的预期，使价格比报价之前有所降低，从而使自己的谈判要求得到更多的满足。当卖方报价较高并且有理有据时，买方往往不得不重新估价对方的保留余地（即讨价还价中的临界价格）。这样，价格谈判的合理范围便会发生变化。

第二，卖方的高报价为对方提供了一个衡量和评价对方条件的尺度。因为在一般情况下，价格基本上能够反映商品的价值。人们通常认为“一分钱一分货”，所以高价总是与高档货相关联，低价自然与低档货相联系，这无疑有利于卖方实现更大的利益。

第三，策略性的虚报部分，可为下一步双方的讨价还价提供回旋的余地。因为在讨价还价阶段，谈判双方经常会出现相持不下的局面。为了打破僵局，推动谈判的进程，有时候需要谈判双方或一方根据情况适当地做出让步，来满足对方的某些要求，故而，谈判开始的“高卖价”或“低买价”就为讨价还价过程准备了有用的交易筹码。

第四，初始报价对于谈判者最终所获得的物质利益具有不可忽视的影响。较高的卖价或较低的买价倘若能够坚持到底，那么，在谈判不致破裂的情况下，往往会有所收获。

（2）固定策略。曾有人将固定策略称为“一棒子打晕谈判术”，即不论对方如何要求，进行怎样的努力，另一方都不改变自己的报价，或只做很小幅度的调整，使其固定在一个特定的水平上，通过这种方法来降低不确定性，影响对方对价格的判断。

谈判者通常不知道对方的保留价格和目标，而他自己的目标有时也部分地来自一些不确定的看法。尽管谈判者会评估自己的保留价格，但是关于“限度”（底线或者保留价格）的社会心理学实验表明，没有底线的谈判者似乎是完全真实的，尤其是在谈判的早期阶段。所以，在实践中，保留价格和目标有时候会有不小的弹性。

如果存在大量的不确定性因素，一个强硬的初始协议可以使谈判者的谈判范围和目标很快固定下来。因为，对方在谈判之前的策略和最初的讨论以及初始提议，都容易影响谈判者对保留价格的看法，使其降低自己的目标，改变其保留价格。

（3）误导。在谈判中，有些谈判者会有意识地将谈判对方往其所谓期望的方向上引导，甚至进行一些误导。

谈判中的诸多表现，如开始的准备过程、起初的声明、保留立场的备忘录、在谈判正式开始前给新闻界的消息、详细但偏颇的分析等，所有这些都会有力地帮助谈判者引导和固定对方对于谈判范围的认识。例如，一个老板急于卖掉自己的公司，但他为了不让收购方压低价格，尽力维护自己可能获得的利益，会假装对此漠不关心，甚至将一个收购提议的讨论会议整整推迟一个月。

在对谈判对手进行引导的过程中，有些时候，有的谈判者会对事实进行夸大和歪曲，以误导对方对价格的判断。如为了能将公司卖个高价，前例中那个老板可能用很乐观的评价来描述公司的发展前景。当然，这其中涉及如何把握引导的尺度和谈判中的道德选择问题。

（4）价格套餐。单一的价格很容易被双方评估，也容易让对方分析出己方的成本和保留价格。如果运用价格套餐，实行折扣、包裹价格或等级价格等策略，则可以在一定程度上混淆对方对于价格底线的判断。

包裹价格是一种整体定价。在包裹价格中，客户从一开始就获得一个价格套餐，即“全部在内的报价”。例如，意大利、法国和日本的汽车制造商曾运用价格套餐策略赢得了他们的汽车客户。其汽车的报价实现了可以舒适驾车的全部内容，包括座椅套、汽车内饰、保险，甚至全年的清洗费用。价格套餐可以给客户留下一个良好的印象，使客户感觉到他的问题得到了充分的理解。由于能够一步到位，有时可以帮卖方赢得比单独报价更高的利益。

五、应对对方报价的通用规则

（一）不要接受对方的第一次出价

当对方首次报价时，己方应对的一条黄金法则是：永远不要接受对方的第一次出价。

怎样确定对方的第一次报价就是实际想得到的价格呢？谈判经验告诉我们，对方的首次报价并不是他们所期望得到的，很多时候对方都不会相信这个价格可以成交。对方的报价常常会起到试探性的作用：一是推测己方的利润空间，二是向己方表明谈判立场。在一个令人惊讶的出价后，对方会观察己方的表情和反应，如果己方依然平静，那么可能将不会轻易还价。

人的心理是很难琢磨的，当己方欣然接受首次出价后，对方的心理会产生某些微妙的变化。他们会重新评估可信程度和产品价值，价格再低也会考虑是否还有下降的空间，这是人之常情。

同样的道理，对方也会考虑己方的产品是否有缺陷、服务是否打折扣，或者这么轻易地达成交易是不是己方的产品要急于出手。产品质量是原则性的问题，如果对方在此产生疑问，必将严重影响整个谈判议程。

在经营管理方面，很多企业倡导的是结果导向，只要有完美的执行结果，过程可以较为随意。但是在谈判的理念中，过程有时比结果更为重要。己方是否能通过价格的讨论使客户相信你方产品的价值，从而建立相互信任的关系？这是谈判最终追寻的目标，如果谈判者在不同的谈判中都能够做到并且做好，那么一定是一名出色的谈判高手。

（二）应对方法

在谈判双方对于即将交易的产品都没有清晰的价格概念，也就是不确定性处在最高点时，第一次提出了报价的一方将对另一方的心理产生影响。如果是对方先提出了报价，而己方不知道这个价格是否合适时，最佳的应对方法是不在这个价格基础上进行讨论，通过其他的信息资料来削弱对方的价格定位。

当己方认为对方的报价简直不可理喻、无法接受时，继续在价格上进行争论是不明智的。因为在对方的价格定位基础上讨论还价是不会有太大成效的，同时己方会失去谈判的主动权，成交的价格只会接近对方的理想价位而己方会付出更大的代价。所以在遇到这种情况时，己方要尽量回避对方的出价，将议题集中在其他关注方面，再提出报价，并用合理的论证予以支持。这是谈判中常用的反价格定位的方法。

同步案例

我们回到本项目任务二中销售二手汽车的例子。这回你来扮演买方并且假设只有你一个潜在买家对这笔交易感兴趣。

当你面对6万元的售价时并没有马上针对这个价位进行讨论，而是尽可能多地调查相关的销售信息，你调出了近期车市的销售统计数据并在互联网上搜寻有关的信息，在准备工作完成后你约车主进行了第一次谈判：对方依然报价6万元，并且申述了一些理由来支持这个价格。坦率地讲，这些理由确实很有说服力，但你并没有在6万元的基础上还价，你向对方展示了你所收集的数据：“在相同使用年限、相近行驶里程的同类车型中，平均售价是5.1万元，这是客观的市场行情，考虑到此车的性能良好，我可以出价5.2万元，这是我的最高出价。”

在这个例子中你忽略了对方的报价，而用你的价位重新在交易中定位，那些相关的市场信息资料使新价格更加具有权威性，也更容易将上一个定位推翻。在这次交易中，你将毫无疑问以较低的价格成交。如果对方反复强调他的报价，你可以请他解释要价6万元的合理性，必要时可暂时中止谈判以给对方施加压力。

课堂活动

服装的价格谈判

案例赏析

中国高铁的谈判

应对对方报价的要点：

- 永远不要接受对方的第一次报价。
- 对方的首次报价并不是他们所期望得到的，很多时候对方都不会相信这个价格可以成交。
- 忽略对方的报价，用己方的价位重新在交易中定位。
- 优秀的谈判者需要有足够的耐心。

“谈”出美丽人生

良好的开端促使谈判向理想的结果发展，因此出色的谈判人员一般都具备营造和谐的谈判开局气氛的能力。

请谈谈社会主义核心价值观对谈判人员职业素养和谈判开局的影响。

思维训练

1. 开局在整个谈判中的地位和作用是怎样的？
2. 谈判中你希望自己是先报价还是后报价？为什么？
3. 在讨价还价中如何控制好自己的心理？

项目实训

实训目标：

实践谈判的过程，正确使用报价策略及讨价还价策略。

实训内容：

场景设计：中国Y公司想收购国外X公司。虽然Y公司提出的收购X公司的价格为1 800万美元，但实际上它认为X公司的价值可以达到3 000万美元，并且宁可出高于3 000万美元的价格，也不愿意失去这一机会；虽然X公司宣称愿意接受的价格是3 500万美元，即愿意以3 500万美元的价格将公司卖给Y公司，但事实是X公司可以以高于2 000万美元的价格将公司卖掉，它已经不愿意再经营下去。谈判中双方都不知道对方的真实意图。

实训要求：

（1）设计谈判方案；

（2）分角色模拟谈判。

实训步骤：

（1）组建谈判小组，每组2~3人；

（2）以小组为单位进行谈判方案设计讨论；

（3）每两组组成谈判双方，进行模拟谈判。

考核方式：

根据每位同学在谈判中的表现进行点评。

04 Chapter

项目四

循循善诱——谈判磋商

夫子循循然善诱人，博我以文，约我以礼，欲罢不能。

——《论语·子罕》

老师善于一步一步地引导我，用各种典籍来丰富我的知识，又用各种礼节来约束我的言行，使我想停止学习都不可能。

知识目标

- 了解商务谈判在实质性磋商阶段的原则。
- 熟悉谈判局势的评估调整策略。
- 掌握商务谈判磋商的技巧和策略。

技能目标

- 能够化解谈判冲突，使谈判磋商顺利完成。
- 能够运用谈判策略，实现谈判目标。

素养目标

- 提升谈判人员综合素质，为谈判磋商带来积极影响。

思维导图

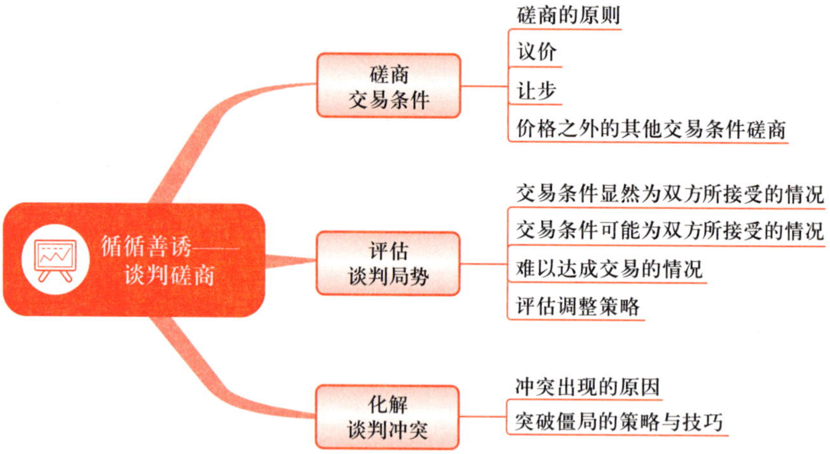

案例导读

柯南·道尔是《福尔摩斯探案集》的作者。他生性固执，在写完《福尔摩斯探案集》第四卷后，执意不肯再写，并在小说结尾让福尔摩斯与罪犯莫里亚蒂教授同坠深谷，“一了百了”了。

柯南·道尔的出版商梅斯是个精明人，知道柯南·道尔只是厌倦了这种通俗文学的写作，对于给作者带来过巨大声誉和利益的福尔摩斯这个角色，柯南·道尔还是情有独钟的。于是梅斯一面牢牢抓住版权代理不放，一面拼命做柯南·道尔的工作，不时向他透露福尔摩斯迷们的种种惋惜与不满之情，并许以一个故事1 000英镑的优厚稿酬，多管齐下。一年后终于有了成果，柯南·道尔又重新执笔，让福尔摩斯从峡谷里爬了出来，继续演绎精彩的探案故事。

思考：

梅斯是如何在谈判中实现自己利益的？

案例分析提示：

如果当时梅斯没给作者一段缓冲时间，而是心急火燎地不断催逼，恐怕侦探文学史上将会失去一颗闪亮的巨星。让步也需要技巧，既要表示自己的矜持地位，又不能让对方感觉自己是一毛不拔的“铁公鸡”。当双方谈不拢而进入僵局时，有必要放慢洽谈节奏，看看阻碍到底是什么，以便找到解决办法。

任务一
磋商交易条件

任务设计

你想到一家公司担任某一职务，且希望年薪15万元，而老板最多只能给你12万元。老板这样跟你说：“给你的薪水，我觉得是非常合理的。在这个等级里，我只能付给你这么多，你想要多少？”

请把这一谈判情景延续下去，模拟完成整场谈判。

在谈判双方做出明示并报价之后，商务谈判就进入了实质性内容的谈判阶段，也就是商务谈判的磋商阶段。磋商阶段是谈判的中心环节，往往也是在整个过程中占时比重最大的阶段。

商务谈判中关于交易条件的磋商，就是平常所说的议价。议价的内容，不单单是指商品的价格，而是指全部交易条件，包括商品的数量、质量、价格、支付条件、包装、责任条款等各方面的交易条件。磋商的过程，就是对谈判中所涉及交易条件的讨论和确定过程。

虽然价格是谈判中最重要的议题之一，但不是谈判的全部，还有许多非价格因素需要磋商或者可以作为谈判的筹码。一位只会在价格问题上争论不休的谈判者，无疑不是高水平的谈判专家。

一、磋商的原则

磋商作为一个过程，有其准则。一般而言，磋商的准则包括条理准则、客观准则、礼节准则、进取准则和重复准则。

（一）条理准则

条理准则，即磋商过程中的议题有序、表述立场有理、论证方式易于理解的原则。在磋商中除了注意内含的议题先后的客观逻辑，以及谈判目标的启动先后与谈判进展的层次外，还要表述在理、论证方式明白，以做到论者言之成理，听者感到信服。

（二）客观准则

客观准则是指磋商过程说理与要求具有一定的实际性。只有具备实际性的说理才具有说服人的效果，只有符合实际的要求才会有回报的可能。在磋商过程中，说出的道理要真实可靠，要利用一切可供运用的真实资料说明问题，任何要求都应具有合理性与可能性。

（三）礼节准则

谈判磋商既是争论也是协商，在激烈争论的同时，应相互尊重、及时谅解并妥协。这就要求谈判者要保持礼貌的行为准则，这一准则要求谈判者沉毅律己、尊重对方、收放自如，且将谈判礼仪贯穿始终。

（四）进取准则

进取准则指顽强争取于己有利的条件，千方百计地说服对方接受自己条件的精神与行为。

（五）重复准则

重复准则指在磋商中对某个议题和论据反复应用的行动准则。磋商中不要怕重复，因为重复是谈判深入的准备，是进入下一阶段的铺垫。每次谈判的内容可多次安排进议程中。反复安排议题时，其次数与时机应得当。衡量的标准为客观需要和双方态度。客观上已谈得差不多了，再重复会被认为要推翻前面的谈判结果；在对方反对或产生对抗情绪时，应暂缓重复。此外，在磋商中，也可以针对对方尚未改善的条件反复申述自己的观点，以推动对方立场的改变。这是一种“自卫策略”，因为它是对方不听、不采纳自己观点与论证材料的自然反应，也是谈判者耐心与意志的反映。如不等对方响应便轻易放弃自己的观点和论证，就等于退却与让步。

二、议价

当一方报价，另一方还价之后，由于双方在交易条件上存在分歧，需要就此进行讨论，因此谈判双方开始议价。议价时，双方必须对存在的分歧做出判断。

一般来说，谈判过程中产生的分歧大致可以分为三类，即想象的分歧、人为的分歧和真正的分歧。

（1）想象的分歧是由于一方没有很好地理解对方的要求或立场，或者不相信对方陈述准确地反映了对方的要求这一事实而造成的。这种分歧源于相互间的沟通不畅，因而解决的办法就是更好地掌握沟通的技巧。

（2）人为的分歧是由于一方为了种种目的有意设置关卡而造成的。消除人为的分歧的办法一般是多留一些时间用于磋商，并运用说服技巧来降低对方的要求。

（3）真正的分歧是由于双方利益要求存在差别等多种原因造成的，所以解决的办法也有多种选择。

在尽可能准确地分析了双方的分歧后，就要分析对方的真实意图。此时，谈判者应对以下问题做到心中有数：首先，在己方的报价（或还价）中，哪些条件可能为对方所接受，哪些条件又是对方不太可能接受的。其次，在对方对己方的报价（或还价）做出评价时，从对方流露出来的迹象和直接观察对方言行所得出的一些答案中，推断对方对其他一些问题所持反对意见的坚定性。再次，分析每一个议题上对方讨价还价的实力。最后，预测可能成交的范围，即无论对方还是己方都可以接受的最佳交易条件是什么。

一般来说，分析双方分歧和判断对方的真正意图后，如果发现双方存在很大的分歧，那么，谈判者就有三条路可走：终止谈判、全面让步、继续磋商。如果双方选择了最后一条路，互相让步并同意继续磋商，则谈判进入下一个层次。

三、让步

谈判是一种妥协的艺术，在谈判过程中的确需要不同程度的让步。只有在某个方面做出让步，才能在其他方面得到更大的利益。在每个细节上都寸土必争是很难达成双赢谈判的。

智慧启迪

谈判格言：妥协，在谈判上并非是失败的表现。

妥协，是一种行之有效的谈判策略，在一定前提下往往是谈判成功的先决条件。

谈判中双方所做的每一次让步，都是在探测对方可能成交的范围。有经验的谈判人员总是能掌握住让步的条件、时机、原则，以灵活的让步方法、微小的让步幅度换取对方较大的让步；相反，有些谈判人员即使做出较大的让步，也不能令对方满意。因此，谈判中的让步是每个谈判人员都必须面对的棘手问题。

（一）确定己方可以让步的条件

第一，列出让步磋商的清单。在详细分析了谈判形势后，确定哪些条件是必须坚持的，哪些条件是可以适当让步的，并尽可能正确地预测和计划让步的程度。

第二，考虑在某些方面让步后对方的反应。在做出让步决策时，谈判人员要结合谈判前和谈判开始后对对方的观察了解，考虑己方在某些方面的让步会引起对方怎样的反应。一般来说，对方的反应有以下三种：

（1）对方很看重己方所做出的让步，并感到心满意足，甚至会在其他方面也做出让步作为回报，这是己方最希望的结果。

（2）对方对己方所做的让步不是很在乎，因而在态度或其他方面没有任何改变或让步的表示。

（3）己方的让步使对方认为，己方的报价中有很大的水分，甚至认为只要他们再加以努力，己方还会做出新的让步。

后两种反应及结果都是己方不愿意看到的。在谈判中做出让步时考虑对方的反应是非常重要的。有些谈判人员仅从己方角度考虑，认为有些让步对自己是微小的、不足惜的，殊不知，这些对己方微小的让步却正是对方重大利益所在，是谈判中对方希望获得的重大利益。因此，在谈判中，谈判人员若能时时处处考虑己方让步后对方的反应，就能加重己方赢得对方重大让步的筹码；否则，己方的让步只会让对方装作视而不见，进而要求己方做出更多、更大的让步。

（二）让步的基本原则

每一次让步都会造成己方的一些利益损失，因此让步必须遵循以下原则：

第一，让步不要太快，不要让对方轻易得到己方的让步，以免对方得寸进尺。让步要使对方感到是艰难的，哪怕是微小的让步也一样。从心理学的角度分析，人们对轻易得到的东西往往不加珍惜。

第二，让步的幅度不能过大，否则将使对方怀疑己方最初的报价中含有太多的水分。

第三，绝不能无偿让步，即使在谈判陷入僵局的时候也不要轻言让步。谈判中无论做出何种让步，都必须从对方那里取得足够的回报。没有得到交换条件，永远不要轻易让步。如果做出让步，却得不到任何回报，那就可能给对方留下一个无须给出什么承诺就能使己方让步的印象，在接下来的谈判中对方就更不会让步了。

第四，不承诺作同等级的让步。如果对方要求让50%，己方可以考虑让30%。

第五，让步要恰如其分，以己方较小的让步换取对方较大的满足。

第六，即使是必须做出的让步，也要表现出谨慎的态度，要让对方意识到，己方的每一次让步都是艰难的。

第七，如果做出了让步后发现考虑欠妥，完全可以推倒重来，不要不好意思，因为这毕竟不是最后的决定。

第八，在对方提出降价的要求时，可以用其他让步方式来代替。

第九，不要忘记己方让步的次数，因为这关系到己方的议价力量。要保持一份完整的记录，记住全部让步的次数。

（三）学会在压力下谈判

1. 强化谈判的决心

谈判是双方不断让步而最终达到价值交换的过程。让步既需要把握时机，又需要掌握一些基本的技巧，也许一个小小的让步会改变整个战略布局，既不能草率让步，也不能寸土不让。

谈判者的性格使其在谈判中展现出一定的谈判风格。性格软弱的谈判者容易让步，但是只要强化谈判的决心，把握正常的心态，即使己方处于弱势，也依旧不会轻易让步。谈判高手即使生活中比较随和，但是在谈判桌上却雷厉风行、坚持原则。所以性格不会绝对影响谈判者。

2. 如何与顽固的对手谈判

人们总以为，如果对手比较强硬，自己也会变得强硬起来。但是当这一刻真正来临的时候，自己却又临阵退缩了。因为人们总趋向于达成协议，而又希望主动规避谈判僵局。因此，当他们面临看起来非常强硬的对手时，为了保证达成协议，往往会选择退缩。而对方也会利用这一点来展现自己强硬的谈判风格。

如果能够清楚地意识到自己在压力之下会选择退缩，那么接下来就可以采取一些特别的步骤，尽量降低顽固对手对己方施加的无形影响。

如果知道对方是真正的“杀手”，可以考虑减少与对方“对质”的时间，比如可以发电子邮件或巧妙使用电话进行谈判等。如果与己方洽谈生意的对象是一位顽固而老练的谈判者，那么借助电话，可以在谈判中获得意想不到的效果。如果认为自己无法控制局面，不如与领导或其他同事一同前往。

智慧启迪

伯克·富兰克林说过，不要害怕竞争。当你拥有毫不畏惧的勇气时，才会有较多的时间去思考，因为你的心没有被畏惧困住。为什么要害怕你的竞争对手？相反地，你可以利用他们做训练，集中心思，自我激励。

无论如何，面对难缠的对手，都要告诉自己不要退缩，更不能让对方感觉到你的畏惧。

3. 没有回报，绝不让步

有些谈判者认为善意的让步可以使得谈判简单而有效，而事实上往往恰恰相反。在没有任何要求的让步下，己方的善意不但不会感动对方，反而会使对方得寸进尺，并且还会要求己方做出更大的让步。所以要记住：谈判桌前并不是交朋友的地方。

经验不足的谈判者在压力之下通常会不知所措，很容易做出无谓的让步，结果在谈判结束后才猛然醒悟，后悔不已。解决的方法很简单，就是在即将让步前冷静思考十秒钟，如果对方希望己方在原有价格上降低10%，那么就先好好想想这10%有多难，想想己方能用这10%做多少事。

有些人认为谈判总需要有一方做出让步，否则谈判将无法进行下去。这种理念听起来有道理，但问题是为什么一定是己方先让步呢？己方的让步也许是表示诚意，但对方如果老谋深算就不会这么看，不会被这种诚意所感动，相反会认为己方软弱可欺，其谈判的态度会越发强硬起来，变本加厉地迫使己方再次让步。

所以，即使在谈判陷入僵局的时候也不要轻言让步，不要认为只有做出让步才会使谈判得以正常进行。

在买方提出降价的要求时，可以用其他让步方式来代替，比如一定范围内的退换货支持，加大宣传力度，提供人力支援等，尽量避免因价格下降给企业带来不必要的损失。从买方角度思考，只要在交易中切实获得利益，那么无论何种方式都是可以接受的。

在每一阶段的让步都要与所让步的价值相对应，任何事物都有其两面性，在一次让步中，双方需求不同、角度不同，所体现出的价值存在很大的差异性，在己方做出让步得到对方回报的过程中，双方所得到的价值是否对等是让步的关键。比如在一次交易中，己方期望对方缩短结账期限，在价格上做出让步；而对方的让步却是允许自行提货，那么此次让步对己方而言价值是不对等的。因此在某方面做出让步时，要明确要求对方给予己方所期望的回报，或者在己方让步的条款前面加上“如果”二字。假如对方不能向己方提供有价值的回报，那么己方的让步也不能成立。

（四）价格永远是让步的焦点

让步的方式有很多种，不同的让步方式会产生不同的结果。假如你作为某品牌服装的谈判代表向经销商推销衣服，其中一件衣服报价是800元，你可以将价格降至680元成交，因此你的谈判空间是120元。怎样让出这120元是有技巧的。下面是几种常见的让步方式。

1. 120元 ⟶ 0元 ⟶ 0元 ⟶ 0元

初级谈判者经常使用此方法，因缺乏实战经验，比较担心价格导致谈判破裂，在初期就把所有的空间全部让出去。如果换位思考，这种让步方法显然是极端错误的。首先对方会认为你的价格虚高，轻易让出如此大的幅度，一定还有很大的让利空间，在价格上继续步步紧逼，这时你已无路可退，即使交易达成，对方也会怀疑你的诚意，从而影响下一次的合作。其次，此方法违背了让步的原则，你的每一次让步都要换取对方相应的回报，你的价格一降到底，将主动权双手奉出，无法获得对方的任何回报。

即使是经验丰富的谈判者有时也会犯此错误。买方会使用各种方法来试探你的底价，通常会拿竞争者的价格给你施加压力，他们经常对你说："我们很欣赏这件衣服，很希望与您达成交易，但其他生产商的价格比这低多了，如果你不让价，我们只能去别家生产商买了。"很多人迫于压力会选择降价，但降价一定会促成交易吗？确实有竞品报价吗？价格是否代表产品的全部？遇到这种情况时请先找到以上问题的答案，然后再做决定。

2. 10元 ⟶ 20元 ⟶ 40元 ⟶ 50元

许多谈判者习惯于先让出一小部分价格，在观察对方的反应后做出下一个让步行动。比如在初期你先让出10元，并告诉对方这是最后的底线，如此小的幅度对方通常不会同意，要求你再次让步，于是你分两步让出了20元和40元，但仍然被对方拒绝了。为了避免谈判破裂和达成交易，你只能把最后的50元全部让给了对方。在你让出所有的谈判幅度后，你会如愿以偿地达成交易吗？实际这桩生意很难成交，道理很简单：在你每一次让步后，对方所得到的越来越多，你在不经意间使对方形成了一种期待心理，即使你让出再多，对方也不会满足。这不仅是谈判的心理，也是人类长期形成的思维定式。

这种让步方式并不是没有成交的可能，也许对方欠缺谈判经验，在前两次让步后就达成了交易，可以节省下后面90元的让步幅度。在实际操作中确实有这种可能性，但在谈判桌上不能存在任何的侥幸心理，谈判本身是一件非常严肃的事情，要用正确的方法去面对每一次交易，最终提高谈判的成功率。

3. 30元 ⟶ 30元 ⟶ 30元 ⟶ 30元

从表面上看，这是一种四平八稳的让步方式，每一次让步幅度都不大，谈判破裂的风险也比较低。实际上，在各种形式的让步中，任何两次相同幅度的让步都是不可取的。对方虽然不知道你究竟能让多少，但却了解每次让步30元的规律，在你最后一次让步后对方还会期待下一个30元的让步。

以上三种典型的让步方式都存在失败的风险，原因在于它们都会使买方产生错误的高期待。更合适的方式是：逐步缩小让步的幅度，让买方认为价格已触及底线，不可能再有任何让步了。

4. 50元 ⟶ 40元 ⟶ 20元 ⟶ 10元

第一次让步需要比较合理，要充分激起买方的谈判欲望，在谈判中期不要轻易让步，每一次让步幅度都要递减并要求买方在其他方面给予回报，最后的让步要表现出异常的艰难，必要时要使用请示上级领导的策略，引导买方顺着你的思路进行谈判，最终取得双赢的交易。

四、价格之外的其他交易条件磋商

（一）品质条件

在通常的贸易中表示商品品质的方法有凭样品、凭规格、凭标准、凭商标、凭货号、凭产地、凭说明书等。谈判中应根据商品特性、行业习惯正确选用，可以只用一种方法，也可以多种方法结合使用。对于某些品质要求比较特殊或比较复杂的商品可以同时采用两种以上的方法来表示，但就卖方来说，应防止把品质指标搞得过于烦琐，以免日后因难以兼顾而影响交货。

（二）数量条件

谈判中应注意双方在计量单位上是否有差异，有时即使是同一计量单位所表示的数量也各不相同。还应注意因习惯不同而引起的计量概念和重量计算方法上的差异等。

（三）包装条件

谈判中在一定的包装成本范围内应尽量满足对方关于包装的要求，特别是在国际贸易谈判中，应符合对方的风俗习惯和进口国家的有关规定，尽量避免因包装而引起的纠纷和索赔。

（四）商检条件

谈判中最棘手的问题之一是商品检验的地点和时间。卖方希望在运输起点检验，买方希望在运输终点检验，这就涉及风险损失由谁负责的问题，这是谈判中必须慎重对待的。由于不同的检验机构、不同的检验方法、不同的检验时间、不同的检验地点所得结果可能不同或不完全相同，所以对于商品检验的谈判必须把进行商品检验的机构、方法、时间、地点一一确定下来。

（五）产权条件

谈判中必须注意，交易的商品必须是任何第三方不能提出任何权利或请求的商品。即卖方应保证对所售货物享有合法的、完全的所有权，因而有权出售该商品，并保证买方能完全占有该商品而不受任何第三方的侵扰。

（六）交货条件

交货，是指卖方在规定的时间、地点以规定的方式将货物交付给买方的行为，同时卖方也就将其对货物的所有权转移给买方，当然还包括向买方移交与货物有关的单据。交货时间就是交货的最后期限，这对买卖双方而言都是一个重要问题，也是谈判中的主要问题之一。交货地点涉及买卖双方责任的划分。

任务二
评估谈判局势

任务设计

在一次交易谈判中，买卖双方对交易条件进行了艰苦的谈判。在谈判中，卖方对每套设备报价100万元，买方用自己合作的诚意加各种策略，让卖方降价到每套75万元。此时，卖方感觉应该可以握手成交了，而买方却突然提出“回去向上级汇报一下再确认购买”。此时，你作为卖方代表，该怎样处理这一“中止谈判”的要求？

商务谈判的磋商过程主要就是对交易条件讨论让步的过程，但一味盲目地讨价还价也不可取。在磋商过程中，还应该不断地对谈判局势进行评估，这样才能实施最有效的磋商策略。谈判局势主要是根据当时的交易条件能否被谈判双方接受来判断的。

一、交易条件显然为双方所接受的情况

在这种情况下，谈判一方提出的交易条件或者双方协商的交易条件对于谈判来说都很理想，是谈判双方都乐意接受的。此时，只要谈判双方愿意就此达成协议，谈判就可以马上进入结束阶段，双方签约。但是，同样有一些问题需要双方注意。

（一）不可过分讨价还价

无论谈判的哪一方，都希望谈判的结果尽量有利于自己，在谈判中都会争取尽可能大的利益。但是，此时再做过分的讨价还价显然是不合时宜的，因为在交易条件明显符合双方期望的情况下，过分的讨价还价会让对方认为己方在得寸进尺，容易引起对方的反感。特别是在对方已经做出一定让步的情况下，

很可能使本来已经接近成交的谈判陷入僵局甚至破裂。

此时，如果想获得更有利于己方的谈判结果，可以在一些不触及对方关键利益的条款上向对方寻求一些额外的利益，而不是一味地讨价还价。

（二）欲速则不达

很多时候，当交易条件显然能够被谈判双方接受时，有一方往往会因为想尽快结束谈判，而催促对方签订协议。这是不可取的，因为虽然谈判有了签约的条件，却仍然需要遵循原先商定的议程继续进行，直至签约。仓促结束谈判，会导致许多隐藏的问题被忽略，为将来合同的履行埋下隐患。而且如果操之过急，会让对方怀疑交易条件中有漏洞，从而要求修改交易条件，并且在谈判桌上产生一种不信任的气氛。

所以，正确的做法应该是按部就班，根据事先商定好的谈判议程一步步走向最终的签约。

同步案例

章国之有一套闲置房产，想把它卖掉换取现金，但因所处地理位置欠佳，感兴趣的买主寥寥，迟迟未能出手。某天下午，一位买家开着豪华轿车来看房，小章在闲谈中得知他的公司离此处只有10分钟的车程，这位买主近几个月一直在附近寻找合适的住房，但均因居住面积过小未能成交，而小章的房产恰好满足这位买主，并且其他方面也让他满意。很显然，这是一桩很容易成交的生意。这时小章如果急于签约是非常不明智的，至少会产生两个结果：

（1）买方会认为小章目前没有其他买主，但又急于卖掉，一定会趁机压低价格，那时任凭小章有三寸不烂之舌也不会改变对方的策略，同时很难以理想的价格成交。

（2）由于小章急于成交，过度热情，买方会对小章的房子质量产生怀疑，他会想：“这套房一定哪里有问题，即使不成交也不能上当受骗。”

二、交易条件可能为双方所接受的情况

第二种情况是交易条件可能为双方所接受，也就是说，谈判一方或者双方可能接受目前的交易条件，但是必须对交易条件做出一定的修改，否则无法使双方都接受。在现实谈判中，大多数时候处于这样一种局面，这也是谈判继续进行、双方继续磋商的原因和动力。在这种情况下，为了最终达成交易，需要遵循以下几个步骤：

（一）明确进一步磋商的范围

既然双方都愿意达成最终的交易，且有这个可能，那么，关键问题就在于如何通过进一步的磋商来获得双方都能接受的交易条件，也就是明确双方进一步磋商的范围。在明确双方进一步磋商范围的时候，需要考虑以下主要因素：

（1）沟通的障碍。在双方磋商的时候，很多分歧来自沟通的障碍，也就是双方就同一问题的表述、传达和理解上的差异。此时，明确双方沟通的障碍所在有助于双方消除一些不必要的分歧，从而更好地达成共识。

（2）讨价还价的表现。很多时候，可以通过对方在讨价还价时的表现来判断对方对交易条件的接受程度以及达成交易的意向。如果对方对一些主要问题或核心条款还抓住不放，说明对方希望目前的交易条件有较大的修改，其达成交易的意向并不明显；如果对方只是在一些细枝末节的问题上讨价还价，则说明对方对于目前交易条件的绝大部分都能够接受，其达成交易的意向也比较明显。根据对方的意向，就可以与其展开有针对性的进一步磋商，以尽快达成交易，结束谈判。

（3）真正的分歧。很多时候，谈判双方表面的分歧或冲突并不是无法达成共识的症结所在，双方需要透过表面发现彼此之间真正的分歧，也就是人们常说的“根本矛盾”。找到这个“根本矛盾”，就能据此寻求达成一致的途径，从而为双方达成交易扫清障碍。

（二）进一步磋商直到达成协议

明确双方进一步磋商的范围之后，就应该积极地开始进一步磋商的工作，以求达成双方都能够接受的交易条件。此时的磋商不应再以讨价还价为主，而是双方本着互谅互让的精神，作出一定的让步或者寻找合理的替代方案来达成一致。

三、难以达成交易的情况

还有一种情况就是双方难以达成交易，也就是说，目前的交易条件与一方或者双方的心理底线差距比较大。此时，简单的磋商或讨价还价是不足以使双方达成共识的，必须寻找其他方法，否则，谈判很可能陷入僵局或破裂。一般可以采用的方法有以下两种：

（一）修改原来的谈判计划

这是从己方入手的一种方法，即通过修改己方的谈判计划来调整己方的谈判期望，从而寻求与对方达成一致的可能。具体包括修改己方的谈判目标、谈判底线以及谈判策略等，以适应谈判局势的变化，通过一定程度的让步向对方表示己方想要达成交易的意向。但是，这种修改不是无原则的，要建立在己方的利益之上，并根据谈判组的权限来操作。

（二）争取让对方向其上级要求“扩权”

这是从对方入手的一种方法，通过说服对方，让其请示上级，对其谈判权限范围做出修改，即扩大其权限。并且，通过说服对方通过修改其谈判计划来做出一定的让步，从而为谈判双方继续谈判创造条件。但在现实谈判中，这种方法往往很难实现，因为在说服对方的工作上需要花费大量的时间和精力，并且己方也应做出相应的让步来回应。

四、评估调整策略

在谈判磋商阶段，双方发生对峙、激烈争论时，应正确驾驭谈判的议程。在谈判磋商的过程中，谈判双方各自从自身利益出发，唇枪舌剑，左右交锋，竭力使谈判向有利于自己的方向发展。因此，一定要对谈判有一个正确的评估和调整，即根据谈判的发展变化，对谈判计划、谈判方案、谈判人事安排以及谈判的其他方面进行分析、论证和重新调整。

无论前面的准备工作做得如何充分、仔细、全面，都无法穷尽实际谈判过程中的每一个细节，并适应每一种变化。谈判一旦进入实战阶段，必然会出现始料未及的新情况、新变化。要做好评估调整工作，可以从以下几个方面进行：

（1）研究对方的报价资料，判断其真假虚实，重新认识、调整己方的报价。

（2）整理谈判资料档案，把谈判中新获取的资料与信息随时收入档案，并撤出那些已被证明是虚假的、无用的信息资料。

（3）结合新情况、新问题，修改或制订新计划、新方案，并在谈判人员中进行论证，反复调整。

（4）根据报价的情况，重新评价双方是否存在谈判的协议区以及协议区的大小，以决定谈判是否应继续下去。

（5）认真总结前面的经验教训，堵塞工作漏洞，调整工作方法，确保谈判朝更有利于己方的方向进行。

（6）根据需要调换谈判人员，既要保证谈判团体的相对稳定性，又要保证谈判团体的活力。

（7）把握谈判局面，合理驾驭谈判的议程，赢得谈判中的主动地位。要对前面的工作进行回顾和总结，这可以提醒或引导对方认识所处谈判阶段，拨正双方谈判的议题。根据需要，没谈透的问题应拉回再谈，无须再谈的议题就应跳过去。

（8）把握谈判的时机，做出适当的让步，促成谈判的达成。

同步案例

小李替一家专门为服装设计师和纺织品制造商制造设计各种花样图案的画室推销草图，尽管跑得很勤，但效果不佳。比如他每周都去拜访一位著名服装设计师，“他从不拒绝我，”小李自嘲地说，“但也从不买我的东西，他总是很仔细地看我的草图，然后说，‘不行，小李，我今天无法与你谈成功了。’”

多次的失败使小李警醒和思索起来：问题在哪里呢？他需要什么样的设计呢？想到这里，他突然灵机一动，抓起6张尚未完成的草图，冲入设计师的办公室：“这是一些尚未完成的草图，我想请教一下，我们应该如何设计才能使您满意？”

设计师一一看完草图，对他说：“把这些图留在我这儿几天，回头你再来取。”

三天以后，小李再去，得到了设计师的一些建议，画室根据这些建议完成草图的设计。待他再将草图拿给设计师时，6张图竟然全被接受了。

此后，设计师订购其他许多图案。这些图案全是根据设计师的想法画成的。小李因此也赚取了大笔设计费。

任何谈判都有主要问题和次要问题，谈判者的思维要时刻保持清晰，正确评估谈判局势并调整谈判方向。

任务三
化解谈判冲突

任务设计

你在服装交易市场闲逛，忽然发现有件外套款式很新颖，而你恰好计划近期要买一件新衣服，于是你马上把样品穿在身上，的确很合身也很好看。之后你决定与店主谈谈价格：他报价500元，而你只愿意出300元。经过数个回合的较量，双方做出了一定程度的让步，店主把价格降到了380元，并对你说这是最低报价了，再低就会亏本，你说最多出价350元，而且根本不相信“再低就会亏本”这种套话。店主表示这样就没办法做成这笔生意了。

面对这样的局面，你怎么处理？请模拟完成这一谈判。

当谈判推进到一定阶段时，由于双方对各自利益的期望或对某一问题的立场和观点确实很难达成共识，甚至相去甚远，而双方又不愿再做进一步的让步，于是就形成了争执或相持局面。这样的局面往往被称为谈判僵局。僵局的发生伴随整个合作过程，随时随地可能出现。

当冲突形成以后，必须迅速处理，否则就会对谈判的顺利进行产生影响。妥善处理冲突，必须对僵局产生的原因等问题进行透彻的了解和分析，以正确地加以判断，从而采取相应的策略和技巧，选择有效的方案，使谈判双方重新回到谈判桌前。

一、冲突出现的原因

不论是谈判中的何种僵局，其形成都是有一定原因的。只要我们能够对这些原因准确地加以判断与适度地把握，突破僵局也就有的放矢了。那么，当我们认真而冷静地对僵局的成因进行分析时，就会发现其原因不外乎以下几个方面：

（一）立场争执

产生僵局的首要原因就在于双方立场不同进而观点不同，因而产生争执，陷入僵局。

在谈判过程中，如果对某一问题各持自己的看法和主张，并且谁都不愿做出让步时，往往容易产生分歧，争执不下。越是坚持自己的立场，双方之间的分歧就会越大。这时，双方真正的利益会被这种表面的立场所掩盖，而且为了维护各自的面子，双方非但不愿做出让步，反而会用顽强的意志来迫使对方改变立场。于是，谈判变成了一种意志力的较量，陷入僵局。

经验证明，谈判双方在立场上关注越多，就越不能注意调和双方利益，也就越不可能达成协议，甚至谈判双方都不想作出让步，甚至会以退出谈判相要挟，这就更增加了达成协议的困难。拖延谈判时间，容易致使谈判一方或双方丧失信心与兴趣，最终使谈判以破裂而告终。所以，纠缠于立场争执是低效率的谈判方式，它撇开了双方各自的潜在利益，不容易达成明智的协议，而且由于相持不下，还会直接损害双方的感情，谈判者要为此付出巨大代价。可惜的是，对于谈判者来讲，立场争执是他们在谈判中最容易犯的错误，由此造成的僵局也是最常见的。

（二）双方成交底线差距太大

在许多商务谈判中，即使双方都表现出十分友好、坦诚与积极的态度，如果双方谈判方案中所确定的成交底线差距太大，对各自利益的预期有很大差距，且这种差距很难弥合时，谈判就会陷入僵局。而且这种僵局难以处理，基本都会以谈判失败或关系破裂而告终。

同步案例

小郝走进一家汽车商店，看见一辆标价10万元的红色轿车，情不自禁地想买下来。但小郝手上只有8万元，并且最多只愿付这个数，于是小郝与店主开始讨价还价。小郝调用一切手段想证明自己非常渴望得到这辆车，运用各种技巧让店主相信自己的出价是合理的。小郝达到了被理解的目的，可是店主只愿打5%的折扣并明确这是他最优惠的条件了。这时谈判陷入僵局。其实谁也没有过错，从各自的角度看，双方坚持的成交条件也是合理的。只要双方都想从这桩交易中获得所期望的好处而不肯做进一步的让步，那么这桩交易就没希望成功。究其原因，就是双方成交底线差距太大。看来，小郝无法用8万元购得那辆红色轿车了。

（三）强迫手段

强迫，对于谈判来说是具有破坏性的，因为强迫意味着不平等、不合理，意味着恃强凌弱。这是与谈判的平等原则相悖的，是与“谈判不是一场竞技赛”“成功谈判最终造就两个胜利者”的思想相悖的。然而在谈判中，人们常常有意无意地由于采取强迫手段而使谈判陷入僵局。特别是在涉外商务谈判中，由于不仅存在经济利益上的相争，还有维护国家、企业及自身尊严的需要，因此某一方越是受到逼迫，就越不会退让，谈判的僵局也就越容易出现。

（四）人员素质

俗话说事在人为，人的素质永远是引发变化的重要因素。谈判也是如此。谈判人员素质不仅始终是影响谈判能否成功的重要因素，而且当双方合作的客观条件良好、共同利益较为一致时，谈判人员的素质高低往往是起决定性作用的因素。

事实上，仅就导致谈判僵局的因素而言，不论是何种原因，在某种程度上都可归结为人员素质方面的原因。但有些僵局的产生，很明显是由于谈判人员的素质欠佳，在使用一些策略时，时机掌握不好或运用不当。因此，无论是谈判人员作风方面的原因，还是知识经验、策略技术方面的不足或失误，都有可能导致谈判出现僵局乃至败局。这也是反复强调谈判人员素质重要性的原因所在。

（五）信息沟通的障碍

有时商务谈判进行了很长时间却无甚进展，甚至双方争论了半天感到很不愉快，使谈判陷入了僵局。然而，双方冷静地回顾了争论的各个方面，结果却发现彼此争论的根本不是一回事，此种谈判僵局就是由沟通障碍引起的。

沟通障碍，就是指谈判双方在交流彼此情况、地点，洽商合作意向、交易条件的过程中，可能遇到的由于主观与客观的原因所造成的理解障碍。

第一种沟通障碍，是由于双方文化背景差异，一方语言或肢体语言中某些含义被另一方误解而造成的。尤其是在国际商务谈判中，因文化理解的差异较大，更容易产生沟通障碍。

第二种沟通障碍，是由于一方虽已知悉却未能理解另一方所提供的信息内容。这是因为接收信息者对信息的理解受其职业习惯、受教育程度以及某些领域内的专业知识所制约。

第三种沟通障碍，是由于一方的认知错位或心理偏差所导致的。因为一方是否能够接受现实，往往受其心理因素的影响，这些心理因素包括对方的态度、与对方以往打交道的经历以及个人的成见等。

同步案例

我国曾获得过一笔来自某国际金融组织的贷款，用以建造一条公路。按理说，这对于我国现有筑路工艺技术和管理水平来说是一件比较简单的事情。然而，负责这个项目的某国际金融组织的官员却坚持要求我方聘请外国专家参与管理，这就意味着我方要大大增加在这个项目上的开支，于是我方表示不能同意。我方在谈判中向该官员详细介绍了我国的筑路水平并提供了有关资料，这位官员虽然提不出什么疑义，但由于以往对中国缺乏了解，或是受偏见支配，他不愿意放弃原来的要求，这时谈判似乎已陷入僵局。为此，我方特地做了安排，请他去实地察看了我国自行设计并建造的几条高水准公路并由有关专家做了详细的介绍和说明。正所谓“百闻不如一见”，心存疑虑的某国际金融组织官员这才算彻底信服，僵局也由此打破，谈判得以顺利完成。

此外，谈判中的信息沟通不仅要求真实、准确，还要及时、迅速。

（六）外部环境发生变化

谈判中因环境变化，谈判者对已方做出的承诺不好食言，又无意签约，于是会采取不了了之的拖延策略，造成僵局。比如，市场价格突然变化，若按双方洽谈的价格签约，必然会给一方造成较大的损失，若违背承诺又担心对方不接受，便会故意拖延，形成僵局。

以上是造成谈判僵局的几种因素。在谈判实践中，很多谈判人员害怕僵局的出现，担心由于僵局而导致谈判暂停乃至最终破裂。其实大可不必如此，谈判经验告诉我们，这种暂停乃至破裂并不绝对是坏事。因为，谈判暂停可以使双方都有机会重新审慎地回顾各自谈判的出发点，既能维护各自的合理利益，又能注意挖掘双方的共同利益。如果双方都逐渐认识到弥补现存的差距是值得的，并愿意采取相应的措施，包括做出必要的妥协，那么这样的谈判结果也符合谈判原本的目的，即便导致了谈判破裂，却可以避免非理性的合作。因为不能同时给双方都带来利益上的满足的谈判违背了双赢的原则。因此，僵局的出现并不可怕，关键是要正确地对待和认识它，并且能够认真分析导致僵局的原因，以便对症下药，打破僵局，使谈判得以顺利进行。

二、突破僵局的策略与技巧

谈判中出现僵局并不可怕，关键在于找到办法突破僵局。突破僵局，不仅要分析原因，而且要搞清分歧的所在环节及其具体内容，比如是价格条款问题还是法律合同问题，抑或是责任分担问题等。在分清这些问题的基础上，进一步估计目前谈判所面临的形势，检查一下己方曾经做出了哪些许诺和可能存在的不当之处，进而认真分析对方为什么在这些问题上不愿意让步，困难之所在等。特别是要想方设法找出造成僵局的关键问题和关键人物，然后认真分析在谈判中受哪些因素的制约，如时间制约、资金制约、相关政策规定制约等，并积极主动地做好与有关方面的疏通工作，寻求理解、帮助和支持。通过内部协调，我们可以对自己的进退方针、分寸做出大致的选择。然后，就要认真研究突破僵局的具体策略和技巧，以便确定整体行动方案并予以实施，最终突破僵局。常见的用以突破僵局的策略和技巧主要有以下几种：

（一）客观对待

在某些谈判中，尽管在主要方面双方有共同利益，但在一些具体问题上双方存在利益冲突，而又都不肯让步。这种争执对于谈判全局而言可能是无足轻重的，但处理不当，会成为导火线，而使整个合作事宜陷入泥潭。由于谈判双方可能固执己见，因此不找到一个超越双方利益的方案，就难以打破这种僵局。这时，设法建立一项客观的，让双方都认为是公平的，既不伤到任何一方的面子，又易于施行的办事原则、程序或衡量事物的标准——这往往是一种“一解百解”的枢纽型策略。

（二）准备替代方案

准备替代方案是谈判中非常重要的因素，但为大部分人所忽视。很多失败的商务谈判，究其原因多是替代方案不利或没有备选方案，在双方争执不下的时候，没有其他的解决方案，从而使谈判陷入僵局或最终走向单赢。

事实上，所有谈判都不可能是一帆风顺的，双方之间磕磕绊绊是很正常的事情。一旦一种方案遇到障碍，就应提供其他备用方案供对方选择，使“山重水复疑无路”的局面转变成“柳暗花明又一村”的好形势。这时，谁能够创造性地提出可供选择的方案，谁就能掌握谈判中的主动权。当然，这种替代方案一定既能有效地维护自身的利益，又能兼顾对方的利益要求。不要试图在谈判开始时就确定一个唯一的最佳方案，因为这往往阻止了许多其他可作选择的方案。相反，在谈判准备期间就能够构思出对彼此有利的更多方案，往往会使谈判顺风顺水，一旦遇到障碍，只要及时调拨船头，就能顺畅无误地到达目的地。

最佳替代方案应在正式谈判前确定，需要充分分析和反复测算，列出具体量化指标，并且需要谈判双方都能接受。从交易效果来讲，最佳替代方案不应该逊于主选方案。

一个绝佳的替代方案可以提升谈判者的谈判地位，因为有了足够的选择余地，在一些敏感问题上面谈判者可以坚持己方的主选方案，若双方仍未能达成共识，谈判者也可以选择替代方案，对己方不会造成实质性的影响。相反，如果替代方案较弱，谈判者的谈判地位也会随之降低，其很难有勇气拒绝对方的要求；对方一旦推断出己方的替代方案较弱，那么谈判者将失去平等对话的机会。

强化替代方案是谈判中较重要的环节。在实际运用中它并不是一成不变的，可以根据对方的状况进行调整。

同步案例

一家知名企业准备请某策划公司为其制定市场战略，双方就整体价格展开了谈判。谈判伊始，策划公司报价10万元，但遭到了企业的拒绝。策划公司认为这一报价符合市场行情，任何一家正规公司在同等标准下的出价都不会低于10万元；企业方认为这一费用已经超过了他们年初制定的预算，市场行情对他们没有实际意义，双方谈判陷入了僵局。这时，策划公司提出了替代方案，具体是：策划公司在原项目中增加培训服务，报价增加1万元。

相同类型的培训市场平均价格是3万元，而本方案中策划公司有自己的培训讲师，培训成本会很低，策划公司只是少挣些钱而已，但11万元的整体价格就变得很有竞争力；企业方很满意这个替代方案，虽然他们认为策划费用偏高，但是低廉的培训费用又为公司省下了一笔开支，在这次交易中的培训服务的价值明显超过了价格，欣然签下了合约。

（三）运用休会策略

谈判出现僵局，双方情绪都比较激动、紧张，会谈一时也难以继续进行。这时，提出休会是一个较好的缓和办法，东道主可征得客人的同意，宣布休会。休会以后，双方情绪平稳下来，可以冷静地思考一下双方的差距究竟是什么性质的，对前一阶段谈判进行总结，考虑一下僵局会给己方带来什么利益或损失，环境因素有哪些发展变化，谈判的紧迫性如何，等等。另外也可以在休会期间向上级领导做汇报，请示一下高层领导对处理僵局的指导意见，高层领导应该将某些让步策略的实施权授予谈判者，以便谈判者采取下一步的行动。再有，可以在休会期间让双方高层领导进行接触，融洽一下双方僵持对立的关系；或者组织双方谈判人员进行参观游览，或参加其他娱乐活动。在活动中双方可以在轻松愉快的气氛中进行无拘无束的交流，进一步交换意见，重新营造友好合作、积极进取的谈判气氛。经过一段时间的休会调整，当大家再一次坐到谈判桌前的时候，原来僵持对立的问题会比较容易沟通和解决，僵局也就随之被打破了。

经验表明，双方推心置腹的诚恳交谈对缓和僵局也十分有效。如强调双方成功合作的重要性、双方之间的共同利益、以往合作的愉快经历、友好的交往，以促进对方态度的转化。在必要时，双方会谈的负责人也可以单独磋商。

（四）改变谈判环境

有时即使是做了很大努力，采取了许多办法、措施，谈判僵局还是难以打破，这时可以考虑改变一下谈判环境。

谈判室是正式的工作场所，容易形成一种严肃而又紧张的气氛。当双方就某一问题发生争执，各持己见，互不相让，甚至话不投机、横眉冷对时，这种环境更容易使人产生一种压抑、沉闷的感觉。在这种情况下，谈判一方可以建议暂时停止会谈或双方人员更换到轻松愉快的环境中交流，大家的心情自然也就放松了。更主要的是，可以借此进一步熟悉、了解对方，清除彼此间的隔阂，也可以不拘形式地就僵持的问题继续交换意见，寓严肃的讨论和谈判于轻松活泼、融洽愉快的气氛之中。这时，彼此间心情愉快，人也变得慷慨大方。谈判桌上争论了几个小时无法解决的问题，在这儿也许会迎刃而解。

（五）利用调节人

当出现了比较严重的僵持局面时，彼此间的感情可能都受到了伤害。因此，即使一方提出缓和建议，另一方在感情上也难以接受。在这种情况下，最好寻找一个双方都能够接受的中间人作为调节人或仲裁人。因为在尴尬的处境中，有人出面调解，谈判双方都不会觉得有失颜面，谈判也不至弄僵，有时候仲裁甚至是打破僵局的唯一方法。

在这里，调节人或仲裁人可以起到提出符合实际的解决办法，出面邀请对立的双方继续会谈，刺激、启发双方提出有创造性的建议，不带偏见地倾听和采纳双方的意见，综合双方观点，提出妥协的方案，促进交易达成等作用。

调节人可以是公司内的人，也可以是公司外的人。最合适的仲裁人往往是和谈判双方都没有直接关系的第三者。一般要具有足够的社会经验、较高的社会地位、渊博的学识和愉快的人格及公正的品格，如律师、教授和顾问等比较适合担当仲裁人。总之，调节人员的威望越高，越能获得双方的信任，越能缓和双方的矛盾，达成谅解。

下面的例子就很清楚地表明了调节人化解谈判冲突的作用。

同步案例

一位商人想向房产商购买一栋房产。

房产商说："我的房子要卖230万元。"

商人说："这个价格太高了，我最多出150万元。"

房产商说："我坚持这个价格，不想讨价还价。"

商人想尽办法，房产商就是不肯让步。

商人只好说："好吧，我们可不可以找个中间人来估价，他估多少，我就付多少。"

房产商说"好，不过要让我来找人估价。"

商人说："为公平起见，你找一个，我找一个，再让他们去选一个。"

房产商答应了。公推估价者在众人面前当场写下190万元这个数字，于是双方以此价格成交。

（六）更换谈判人员

如果僵局是因为谈判人员失职或因其素质欠缺造成的，如随便许诺、随意践约以及对专业问题缺乏认识，这时不调换这些人就不能维护自身利益，不调换他们就不能打破僵局，甚至有可能损害与对方的友好合作关系。然而，有时在谈判陷入僵局时调换谈判人员倒并非出于他们的失职，而可以是一种自我否定的策略，用调换人员来表示：以前己方提出的某些条件不能作数，原来谈判人员的主张欠妥。在这种情况下调换人员也常蕴含了向谈判对方致歉的意思。

不仅如此，这种策略还含有准备与对手握手言和的暗示，成为己方调整、改变谈判条件的一种标志，同时这也向对方发出新的邀请信号：己方已做好了妥协、退让的准备，对方是否也能做出相应的灵活表示呢？谈判双方通过谈判暂停期间的冷静思考，若发现双方合作的潜在利益要远大于既有的立场差距，那么调换人员就成了不失体面、重新谈判的有效策略，而且在新的谈判氛围中，双方都会更积极、更迅速地找到一致点，消除分歧，甚至做出必要的、灵活的妥协，僵局由此而可能得到突破。但是，必须注意两点：第一，换人要向对方作婉转的说明，使对方能够理解；第二，不要随便换人，即使出于迫不得已，事后也要向换下来的谈判人员做一番思想工作，不要挫伤他们的积极性。

（七）有效退让

对于谈判的任何一方而言，坐到谈判桌前的目的是成功达成协议，而绝没有抱着失败的目的前来谈判的。因此，当谈判陷入僵局时，己方应清醒地认识到，如果促使合作成功所带来的利益要大于坚守原有立场而让谈判破裂带来的好处，那么有效退让也是己方应该采取的“潇洒一策”。

实际谈判中，达到谈判目的的途径往往是多种多样的，谈判结果所体现的利益也是多方面的。当谈判双方对某一方面的利益分割僵持不下时，往往容易使谈判破裂。其实，这是一种不明智的举动，之所以会出现这样的结果，原因就在于没有掌握辩证地思考问题的方法。如果是一个成熟的谈判者，这时他应该明智地考虑在某些问题上稍做让步，而在另一些方面争取更好的条件。例如，在引进设备谈判中，有些谈判人员常常会因为价格上存在分歧而使谈判不欢而散，设备功能、交货时间、运输条件、付款方式等方面却尚未涉及。作为购货的一方，有时完全可以考虑接受稍高的价格，而在购货条件方面向对方提出更多的要求，如增加相关的功能，缩短交货期限，或在规定的年限内提供免费维修，同时争取在更长的时间内免费提供易耗品或分期付款。这样做要比匆匆而散的做法经济得多。

在商务谈判中，当谈判陷入僵局时，如果对情况有全面了解，对双方的利益所在又把握得恰当、准确，那么就应以灵活的方式在某些方面采取退让的策略去换取另外一些方面的利益，以挽回本已失败的谈判，达成双方都能接受的协议。

（八）以硬碰硬

当谈判陷入僵局时，己方认为自己的条件是合理的，无法再做让步，而且没有其他可以选择的方案，这时可以采用孤注一掷、背水一战的策略。将己方条件摆在谈判桌上，明确表示自己已无退路，希望对方能做出让步，否则情愿接受谈判破裂的结局。当谈判陷入僵局而又没有其他方法解决的情况下，这个策略往往是最后一个可供选择的策略。在做出这一选择时，己方必须做好最坏的打算，做好谈判破裂的心理准备。因为一旦对方不能接受己方条件，就有可能导致谈判破裂。在己方没有做好充分的准备，没有多次努力尝试其他方法打破僵局时，不能贸然采用这一方法。这种策略使用的前提条件是己方的要求是合理的，而且没有退让的余地，因为再退让就会损害己方的根本利益。另一前提条件是己方不怕谈判破裂，不会用牺牲企业利益的手段去防止谈判破裂。如果对方珍惜这次谈判和合作机会，在己方做出最后摊牌之后，有可能选择退让的方案，使僵局被打破，达成一致的协议。

同步案例

在一次引进设备的谈判中，我们选择了两家外商——A公司和B公司作为可能的合作伙伴。根据两家公司报来的资料与价格，我们同两家公司分别进行了初步接触，发现A公司名气较响，设备质量较好，报价也较高，达630万美元；B公司虽名气不及A公司，但设备质量毫不逊色，功能要多，报价却更便宜，为580万美元。

根据对各方面情况的综合考虑，我们决定把B公司的设备作为首选对象。然而，这个价格仍然偏高，谈判的关键是把价格降下来。于是我们邀请B公司派代表来华洽谈，通过几轮谈判，B公司几次降价，最后报出价格为520万美元，并声明再降1美元，他们就不干了。然而事实上据我们得到的情报，按照这个价格B公司可获得可观的利润，这个价格似乎仍高了些。

因此我们在与B公司谈判的同时，也保持着与A公司的联系，这显然对B公司造成了一些压力。这时，我们就对B公司采用了釜底抽薪的计策。我们坦率地告诉B公司谈判代表："虽然贵公司作了很大让步，但我们在该项目上的顶价是500万美元，超过这一限度，我们要另向上级申请，能否批准，我们心里也没底。我们希望贵公司再作一次最后的报价，否则，我们虽然非常希望购买贵公司的设备，但看来也只能另择伙伴了。"

B公司谈判代表虽然不太乐意，但眼看就要到手的合同有可能告吹，只得再紧急与公司本部磋商，最后终于以497万美元同我方达成了协议。

（九）据理力争

谈判陷入僵局时并不只有客客气气地商议，平平和和地谅解才是解决问题的唯一方式。有时对于对方提出的不合理要求，特别是在一些原则问题上所表现出的蛮横无理，要做出明确而又坚决的反应。

遇到对方明显理屈的情况，己方一定要据理力争。任何其他替代方案都将意味着无原则的妥协，因为这样做只会吊高对方日后的"胃口"，对自身来讲，却要承受难以弥补的损害。而同对方展开必要的斗争，让他们自知观点站不住脚，就可能使他们清醒地权衡得失，做出相应让步。

当然，面对对方的无理要求和无理指责，采取一些机智的办法应付，往往比鲁莽的正面交锋更为有效，而且同样具有针锋相对的作用，自己也可以在留有余地的同时，将对方置于尴尬的境地。

（十）角色移位

角色移位，简单地讲就是要设身处地地从对方角度来观察问题。这是谈判双方实现有效沟通的重要方式。如果谈判人员多一些从对方角度来思考问题，或设法引导对方站到己方的立场上来思考问题，就能多一些彼此的理解。这对消除误解与分歧，找到更多的共同点，构筑双方都能接受的方案有积极的推动作用。这种换位思考是很有效的，一方面可以使自己保持心平气和，在谈判中以通情达理的口吻表达己方的观点；另一方面可以从对方的角度提出解决僵局的方案，这些方案有时确实是对方所忽视的。因此，这些方案一旦提出，就很容易为对方所接受，使谈判顺利地进行下去。

以上列举了一些突破谈判僵局的策略与技巧，谈判实践中还有许多策略。其实，有些策略是要让谈判人员自己去感知的，是难以用文字来表达清楚的。但不管怎样，要想突破谈判僵局，就应对僵局的前因后果作周密的研究，然后在分析、比较了各种可能的选择之后，确定实施某种策略或几种策略的组合。从这种意义上讲，僵局突破是谈判的科学性与艺术性结合的产物：在分析、研究及策略的制定方面，谈判的科学成分大一些；在具体运用上，谈判的艺术成分大一些。需要指出的是，在具体谈判中，最终采用何种策略应该由谈判人员根据当时当地的谈判背景与形势来决定。一些策略可以有效地运用于不同的谈判僵局之中，但这些策略在某次僵局突破中运用成功，并不一定就适用于其他同样的起因、同种形式的谈判僵局。只要谈判僵局构成因素稍有差异，各种策略的使用效果就有可能迥然不同。谈判人员本人和己方团队的谈判实力，以及实际谈判中的个人及小组的力量发挥都会影响谈判僵局的突破。如果谈判人员应变能力和谈判实力强，谈判策略多变，那么他对于应付各种谈判僵局都是很占优势的。

课堂活动
让步的原则

案例赏析
开辟商业帝国的谈判之道

“谈”出美丽人生

你的家乡有什么地方特色文化产品？如果你想借助某种销售渠道把家乡的地方特色文化产品推向全国，那么你在与该销售渠道洽谈合作时，应该怎样运用地方特色文化作为谈判的有利筹码？

请同学们互相分享家乡的地方特色文化产品，运用所学知识进行谈判磋商练习，为家乡的产品推广做出贡献。

思维训练

1. 谈判中如果对方表现出非常强硬的态度拒绝让步，己方该怎样应对？
2. 商务谈判中为什么会出现冲突？

3. 谈判交易条件的磋商是否就是以价格磋商为磋商主线？

项目实训

实训目标：

实践谈判磋商的过程，学会正确使用让步策略实现交易的达成。

实训内容：

场景设计：在一次买卖设备的交易谈判中，卖方提出每套设备100万元人民币，并始终坚持这一价格不放松。买方根据自己的调查，已对这类产品的各生产厂家情况、该类产品的性价比以及市场上的销售行情了如指掌，判断出其价格蕴含的虚价成分。因此在谈判中，买方提出较合适的价格是75万元。双方根据各自掌握的信息及准备的资料，进行了艰难的磋商。最终握手成交。

实训要求：

（1）写出谈判方案和谈判体会；

（2）每位同学都必须承担任务，并且在模拟谈判中担当一定的角色。

实训步骤：

（1）布置好谈判场地；

（2）组建谈判团队，分工合作，积极准备；

（3）以小组为单位练习，每个小组由两位同学组成，每两个小组在一起进行买卖模拟谈判。

考核方式：

准备工作的态度（50分）+模拟谈判中的表现（50分）。

05 Chapter

项目五

求同存异——谈判成交

善战者，见利不失，遇时不疑。

——《太公六韬》

善于用兵的人，看到有利的条件绝不放过，遇到有利的战机绝不迟疑。

知识目标

- 了解谈判成交时机的判定方式。
- 熟悉合同签订中的风险和陷阱。
- 掌握合同条款的构成内容。

技能目标

- 能够运用谈判经验策略及时促成谈判成交。
- 能够规范熟练地拟定、签订和变更谈判合同。

素养目标

- 提高对谈判合同合规性的严谨认知。
- 在谈判成交与合同签订的过程中增强法治意识。

思维导图

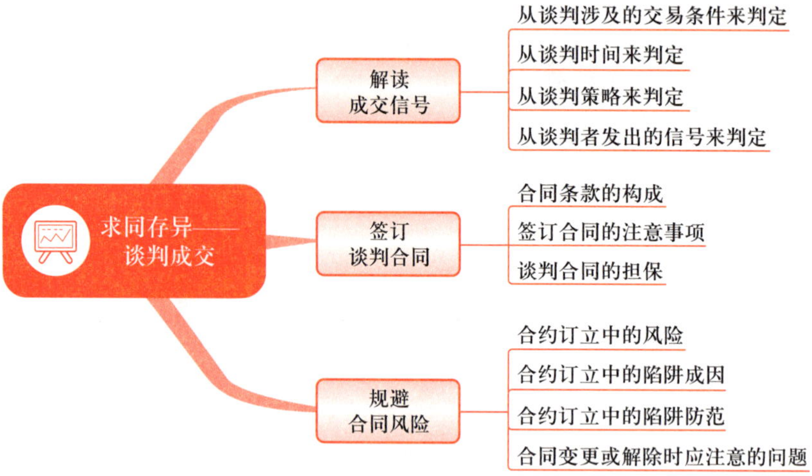

案例导读

错过机会的代价

中国A公司与韩国B公司在上一年度已经有过某种橡胶的交易，当时A公司出口该种橡胶的价格为1 025美元/吨。在新的谈判中，A公司主动将价格调整为980美元/吨，其他交易条件不变。B公司同意A公司的新卖价，并邀请A公司派人去韩国谈判签约事宜。A公司人员到韩国后，B公司认为该价格还比较高，请卖方看看其国内市场，先提出一个改善价格后再谈。

A公司代表经过认真分析后认为，自己的产品竞争力强，比其他竞争对手（如南非、哥伦比亚等国产品）占的市场份额大，并且竞争对手的市场价格比自己还高。同时，中方采用了科学的量化分析，得出的从买方角度预测的可接受价格为999.6美元/吨，比己方的原报价还高2%。根据上述预测，A公司在经过考虑后向对方提出："三天前的报价已无效，我们今天的报价需上调2%。"

B公司对自己的要求感到后悔，在谈判中先回顾了过去成功的合作，再提出为了今后合作关系的顺利发展，愿意接受该价格。最终中国A公司同意了韩国B公司的意见，顺利签约。

思考：

A公司已提出报价，后又否定是否合适？

案例分析提示：

报价本来是对B公司有利的，但他们没有抓住机会及时成交，反而想要获取更大的利益，结果A公司通过分析发现自己的报价不但不高，反而报低了，于是利用B公司否定原报价的机会重新报价，这也是促进成交的一种策略。但这样做也是有风险的，处理不好有可能造成合作的破裂。

任务一 解读成交信号

任务设计

某市机械进出口公司欲向国外订购一台专用设备，在收到了报价单并经过估价之后，决定邀请拥有该设备先进生产技术的某国客商来华进一步洽谈。在谈判中，双方集中讨论了价格问题。前四个回合双方出价及让步幅度如表5-1所示。到第四个回合结束时，双方出价已离各自的期望值不远，即接近协议点了。

表5-1　双方出价及让步幅度　　单位：万元

次序	买方报价	卖方报价	买方递增额	卖方递减额
第1回合	10.0	20.0		
第2回合	11.4	17.5	1.4	2.5
第3回合	12.7	16.0	1.3	1.5
第4回合	13.5	14.7	0.8	1.3

此时，如果你是买方的谈判代表，该如何向对方释放出谈判将要结束的信号？请模拟完成谈判过程。

商务谈判何时终结？成交的时机是否已到？一场谈判经过预先确定的议程，完成了所有需要洽商的议题，并全面达成了一致意见的时候，就开始进入谈判的合同签订阶段。当谈判人员意识到由于自己的艰辛努力，交易即将成为现实时，双方的情绪都会重新亢奋起来。但是，在双方没有正式签约前，过分乐观则为时过早。谈判者必须正确判定谈判成交的时机，才能运用好结束阶段的策略。错误的判定可能使谈判变成一锅“夹生饭”，使已付出的大量劳动付诸东流；错误的判定也可能导致毫无意义地拖延谈判，使谈判者丧失成交机遇。

一、从谈判涉及的交易条件来判定

这个方法是指从谈判所涉及的交易条件解决状况来分析、判定整个谈判是否进入终结阶段。谈判的中心任务是交易条件的洽谈，在磋商阶段双方进行多轮讨价还价，临近终结阶段要考察交易条件经过多轮谈判之后是否达到以下三条标准，如果已经达到，那么就可判定谈判终结。

（一）考察交易条件中余留的分歧

首先，从数量上看，如果双方已达成一致的交易条件占据绝大多数，所剩的分歧数量仅占极小部分，就可以判定谈判已进入终结阶段。因为量变会导致质变，当达到共识的问题数量已经大大超过分歧数量时，谈判性质已经从磋商阶段转变为终结阶段，或者说成交阶段。其次，从质量上看，如果商务谈判中最关键、最重要的问题都已经达成一致，仅余留一些非实质性的无关大局的分歧点，就可以判定谈判已进入终结阶段。谈判中关键性问题常常会起决定性作用，也常常需要耗费大量的时间和精力。谈判是否即将成功，主要看关键问题是否达成共识。如果仅仅在一些次要问题上达成共识，而关键问题还存在很大差距，是不能判定谈判进入终结阶段的。

（二）考察谈判对手交易条件是否进入己方成交线

成交线是指己方可以接受的最低交易条件，是达成合同的下限。如果对方认同的交易条件已经进入己方成交线范围之内，谈判自然进入终结阶段。因为双方已经出现最低限度达成交易的可能性，只有紧紧抓住这个时机，继续努力维护或改善这种状态，才能实现谈判的成功。虽然己方还想争取到更好一些的交易条件，但是己方已经看到可以接受的成果，这无疑是值得珍惜的，也是不能轻易放弃的。如果能争取到更优惠的条件当然更好，但是考虑到各方面因素，此时不可强求最佳成果而重新形成双方对立的局面，使有利的时机丢掉。因此，谈判交易条件已进入己方成交线范围内时，就意味着终结阶段的开始。

（三）考察双方在交易条件上的一致性

谈判双方在交易条件上全部或基本达成一致，而且就个别问题如何做技术处理也达成共识，可以判定终结阶段的到来。首先，双方在交易条件达成一致，不仅指价格，而且包括对其他相关问题所持的观点、态度、做法、原则都有了共识。其次，个别问题的技术处理也应使双方认可。因为个别问题的技术处理如果不恰当、不严密，或者有缺陷和分歧，就会使谈判者在合同达成后提出异议，甚至使已达成的合同被推翻。因此，在交易条件基本达成一致的基础上，个别问题的技术处理也达成一致意见，才能判定谈判终结阶段的到来。

二、从谈判时间来判定

谈判的过程必须在一定时间内终结，当谈判时间即将结束，自然就进入终结阶段。受时间的影响，谈判者调整各自的战术方针，抓紧最后的时间争取有效的成果。时间判定有以下三种标准：

（一）双方约定的谈判时间

在谈判之初，双方一起确定整个谈判所需要的时间，谈判进程完全按约定的时间安排。当谈判已接近规定的时间时，自然进入谈判终结阶段。双方约定多长时间要看谈判规模大小、谈判内容多少、谈判所处环境与形势以及双方政治、经济、市场的需要和本企业利益。如果双方实力不是差距很大，有较好的合作意愿，配合紧密，利益差异较少，就容易在约定时间内达成合同，否则就比较困难。按约定时间终结谈判对双方都有紧迫感，促使双方提高工作效率，避免长时间地纠缠一些枝节问题而争辩不休。如果在约定时间内不能达成合同，一般也应该遵守约定的时间使谈判告一段落，或者另约时间继续谈判，或者宣布谈判破裂，双方重新寻找合作伙伴。

（二）单方限定的谈判时间

由谈判一方限定谈判时间，随着时间的终结，谈判随之终结。在谈判中占有优势的一方，或是出于对己方利益的考虑需要在一定时间内结束谈判；或是还有其他可选择的合作者，因此请求或通告对方在己方希望的时限内终结谈判。单方限定谈判时间无疑会对被限定方施加某种压力，被限定方可以听从，也可以不听从，关键要看交易条件是否符合己方谈判目标。如果认为条件合适，又不希望失去这次交易机会，可以听从，但要防止对方以时间限定向己方提出不合理要求。另外，也可利用对方对时间限定的重视性，向对方争取更优惠的条件，以对方优惠条件来换取己方在时间限定上的配合。如果以限定谈判时间为手段向对方施加不合理要求，会引起对方的抵触情绪，破坏平等合作的谈判气氛，从而造成谈判破裂。

（三）形势突变的谈判时间

本来双方已经约定好谈判时间，但在谈判进行过程中形势发生突然变化，如市场行情突变、外汇行情大起或大落、公司内部发生重大事件等，谈判者突然改变原有计划，比如要求提前终结谈判。这是由于谈判的外部环境的不断发展变化而对谈判进程造成的影响。

三、从谈判策略来判定

谈判过程中有多种多样的策略，如果某种谈判策略实施后谈判必然进入终结阶段，这种策略就叫终结策略，它是促进成交的一种技巧。终结策略对谈判终结有特殊的导向作用和影响力，它表现出一种最终的冲击力量，具有终结的信号作用。常见的终结策略有以下几种：

（一）最后立场策略

谈判者经过多次磋商之后仍无结果，一方阐明自身最后的立场，讲清只能让步到某种条件，如果对方不接受，谈判即宣布破裂；如果对方接受该条件，那么谈判成交。这种最后立场策略可以作为谈判终结的判定。双方阐明自己最后立场，成败在此一举，如果对方不想使谈判破裂，只能让步接受该条件。如果双方并没有经过充分的磋商，还不具备进入终结阶段的条件，一方提出最后立场就含有恫吓的意味，以使对方妥协，这样并不能达到预期目标，反而过早地暴露己方最低限度条件，使己方陷入被动局面，这是不可取的。

（二）折中进退策略

折中进退策略是指取双方条件差距之和的中间条件，将其作为双方共同前进或妥协的策略。例如，谈判双方经过多次磋商互有让步，但还存在残余问题，而谈判时间已消耗很多，为了尽快达成一致实现合作，一方提出一个简单易行的方案，即双方都以同样的幅度妥协退让，如果对方接受此建议，即可判定谈判终结。

折中进退策略虽然不够科学，但在双方很难说服对方，各自坚持己方条件的情况下，也是尽快解决分歧的一种方法。其目的就是化解双方矛盾，比较公平地让双方分别承担相同的义务，避免在剩余问题上过多地耗费时间和精力。

同步案例

某出口商曾就某项高级技术设备的交货地点与国外买方争执。出口商要求在自己一方的工厂交货，买方则坚持只有在货物交到买方工地后方可接受谈判条件，这包括三个遥远的工地。最后，出口商建议先在他的工厂做临时交接，然后在买方的中心仓库做最后交货。买方有权按出口商的检验程序和规格复验。如果设备到达买方中心仓库后30天内未能进行复验，应视同交接完毕。这个建议最后被买方接受了。虽然买方明知无法进行复验，因为这样做需要另行购置价格昂贵的试验设备，但这个建议在下列几方面满足了买方希望达到的要求：

（1）从字面上看，比出口商原来的条款有所改进。

（2）它维护了这样一个原则，即设备只有在运抵买方国家后才被视为最后交货。

（3）不会引起买方法律部门的异议，因为它基本符合过去其他合同的先例。

（三）总体条件交换策略

总体条件交换策略是指双方谈判临近预定谈判结束时间或阶段时，以各自的条件做整体一揽子的进退交换以求达成协议。双方谈判内容涉及许多项目，在每一个项目上都进行了多次磋商和讨价还价。经过多个回合的谈判后，双方可以将全部条件通盘考虑，做一揽子交易。例如，涉及多个内容的成套项目交易谈判、多种技术服务谈判、多种货物买卖谈判，可以统筹全局，总体一次性进行条件交换。这种策略从总体上展开了一场全局性磋商，使谈判进入终结阶段。

（四）主动暗示策略

在条件基本成熟时，欲定局的一方可以主动向对方做出间接的暗示，然后再做一些诱导式的提问，促使对方签约。例如："请不要错过这次机会，现在订货，我们可能在本月内交货。您需要多少数量的货物？""今年春节来得早，对吗？如果您现在做决定，我们可在3个月内把冷冻设备安装好，您需要多大的冷冻面积？"

另外，想要定局的一方也可以运用直接暗示的技巧，如可以使用这样一些短语："接受还是不接受"或"这是我最后一次提出的不可更改的价格"。这一类语言会直接告诉对方定局的信息，防止对方再做还盘。当然，这必须选定最恰当的时机，而且应该知道在你做出这种定局表示时，对方确定是急需做成交易的。

四、从谈判者发出的信号来判定

收尾在很大程度上是一种掌握火候的艺术。通常会发现，一场谈判旷日持久却进展甚微，之后由于某种原因大量的问题会神速地得到解决，双方都会做一些让步，而最后的细节在几分钟内即可拍板。一项交易将要明确时，双方会处于一种即将完成的激活状态。这种激活状态的出现，往往是己方发出成交信号所致。有时，在商务谈判中也会出现这样一些情况：到了谈判后期，己方认为可以收场了，也向对方发出了信号，可对方却认为时机未到，坚持不打出最后一张牌，使己方处于被动的局面。因此，在必要的时候，己方也可以放一些"气球"，直接试探对方，促使对方尽早结束谈判。

谈判者使用的成交信号是不相同的，常见的有以下几种。

（1）谈判者用最少的言辞阐明自己的立场，在谈判中表达出一定的承诺意愿。比如，"好，这是我方最后的立场，现在就看你方的了"。

（2）谈判者所提出的建议是完整的、绝对的，没有不明确之处。这时，如果他们的提议被接受，就可以结束谈判。

（3）谈判者在阐述自己的立场时，完全是一种最后决定的语调。如坐直身体，文件放在一边，两眼紧盯对方，不卑不亢，没有任何紧张的表现。

（4）回答对方的任何问题尽可能简单，常常只回答一个"是"或"否"。使用的论据表明确实没有折中的余地。

（5）向对方保证，现在结束谈判对其有利并阐述理由。

发出这些信号，目的是使对方行动起来，促成谈判达成一致并签下合同。立即成交，对卖方来讲什么时候都不是一件坏事。这时应注意，不要过分地使用高压政策，否则有些谈判对手就会看出己方过分希望成交的热情，而抓住机会寸步不让，向己方进攻。

总的来说，当对方神色逐渐变得轻松，表现了善意的关注，对己方的观点比较认同时，这就表明对方的兴趣已经被调动起来了，出现了成交意向，此时是提出成交的最佳时机。

任务二 签订谈判合同

任务设计

你近期打算装修新房子，与一家装修公司谈判之后，双方达成了合作意向，接下来进入签订装修合同的事项。装修公司提供的合同比较笼统，你要求自己设计一份合同，双方确认无异议后再签字。装修公司答应了你的要求。

你准备如何设计、起草一份合格的装修合同呢？

谈判的目的是谋求一个良好的结果，一项成功的商务谈判其内容最终要以合同的形式加以确认，并且通过合同的法律效力来保证谈判方案的实施。

一、合同条款的构成

在日常谈判中不难发现，有时因谈判者不同，即使是同类合同，其谈判过程也不一样，而同类交易合同的格式也会因国别、地区、厂商不同而各异。应该承认，这种相异性是客观存在的。然而，谈判者不能因为存在相异性而破坏合同的基本原则。因此，合同条款的构成不是随意性的，而是有一定规律的。

具体来说，商务合同条款包括以下几点。

（一）标的

表面看来，标的是交易中客观存在的，并不属于谈判的问题。可是不少事实告诫人们，虽然标的只是陈述交易的内容，但存在“货真价实”的标准问题，因而标的条款一定要拟得明确、完整和确切。标的条款应包括完整且通行的名称、数量、质量、产地与出厂时间。以下详述后三者。

1. 数量

合同条款中所采用的数量单位不能使用中间性的名称，如套、批、某月的需求量等中间性单位名称。因为中间性名称容易引起纠纷，卖方用这种方法作价，可使买方处在被动地位，在发生货物短缺时难以索赔。

2. 质量

合同条款中的质量在描述时通常应该包括“过去、现在、将来”所做工作的结果。若是货物，过去即指设计、造型、用材的要求；现在即指性能、外观；将来即指寿命、潜在缺陷等。若是工程或服务，过去即为设计或工作态度；现在即为工程的性能与效果；将来即有关的隐患或者可能产生的副作用等。

3. 产地与出厂时间

如果合同不明确产地，供货人可以多方收集同类产品以保证大宗买卖的成交，可以从二三流生产商那里以较低收购价获取超额利润，而作为买者有可能花“正宗”的价格买并非“正宗”的货物。此外，在合同中还应注明生产时间，无论是机械、食品、化学品、药品还是其他各类日用品，产品出厂时间是其新旧、性能、寿命等质量指标的一个重要组成部分，在标的条款中也应予以明确，否则买方会在交易中吃亏，或陷于长时间的纠纷困扰中。

（二）价格条款

价格条款是合同条款中最重要的组成部分。在条款谈判与草拟时要立足准确描述价格全貌，这样对签约双方都有利。

第一，应实事求是地罗列各种开支的性质，便于执行现行的《中华人民共和国企业所得税法》，避免在征税时重复或遗漏。

第二，应按双方承认的贸易术语以及与此一致的认识描述定价的性质。

第三，合同上应列明是固定价还是可调价，有的合同没有注明就常会有麻烦。例如，价格风险没有注明是否已经计入，这样在发生不可预见的风险时，卖方可以强调合同没有计入而借机要求加价，买方则强调已予以计入而不予加价，以致纠纷。当合同文字注明是固定价时，还要明确是承包性质还是原价不变的情况下允许数量调整。如果属于固定价，则在合同执行过程中，无论经济形势如何变化，价格不得改变，风险由当事方自己承担；当合同文字明确为浮动价时，就要明确浮动的前提，即在何种经济条件下可以浮动，按什么方式浮动，浮动是有限的还是无限的，等等。

第四，履约的费用也要明确由谁负担，银行的费用和税费是否由各自承担等。否则，在日后的履约过程中，双方会凭自己的理解而产生种种分歧与纠纷，那时再作谈判和调整就会十分被动。

（三）违约责任条款

对买方而言，对所获技术、资料有保密的责任，有不向第三者泄露或转让的义务，违约要赔偿。赔偿的计算方法可参照买方出售这些技术、资料的作价，因为这种“泄露”和“转让”可视为“又一次出售”。合同中还可以规定，买方在违约时，卖方可以收回这些技术、资料等。对于卖方承担不按时交货的违约责任，应该规定其支付罚款的详细内容，若交货拖延时间太长，买方有撤销合同的权利。对交货不符合同有关数量、质量、产地或出厂时间的违约，要规定卖方承担免费补充、更换或修理甚至降价赔偿的责任，以及买方撤销合同的权利、卖方退款还息的义务。当然，对其质量的判定在合同中应有明确的检验标准及检验办法。如果在技术附件中已经有描述，合同条文则应明确这些规定的原则或明确肯定引证。

为了对经济活动中常见的纠纷有所预防，除了法定的基本条款外，还应拟定一些较常用的预防性条款作补充，如免权、免责、不可预见、不可抗拒、财产清理、仲裁等条款，用以处理伪造、剽窃等引起的纠纷，发生意外事件的责任，经济形势发生变化后双方的责任、义务的变化，破产时的债务清偿等问题。

（四）产权条款

从法律角度来看，人们只能就拥有合法产权的物品进行交易，否则合同就属于不合法的、不能成立的合同。如果不注意交易中的产权问题，在履约过程中就会发生意想不到的纠纷。

产权条款还要求在合同中对工业产权作明确的说明。例如，卖方应申明其对标的所涉及的工业产权的合法性，即不是伪造别人的产品，没有侵权行为，同时保证对自己的申明应负的经济和法律责任。买方对该条款只承担在第三方向卖方提出起诉时保持中立的义务。产权条款无平衡可言，主要由卖方予以保证，不管卖方提何种条件，此条的基本精神不能变。

（五）仲裁条款

合同中仲裁条款是十分重要的，它是仲裁庭受理契约双方纠纷的依据。在无仲裁条款的情况下，双方需重新谈判处理纠纷的方式，如需通过仲裁解决，则要另立仲裁合同，仲裁庭方能受理。但等到发生纠纷再协商合同就不太容易了，因为双方感情已经破裂，条件会十分苛刻，所以在合同条款中应一并考虑。

仲裁条款应明确表明双方通过仲裁方式解决纠纷，而不是诉诸司法机关。对于是采用现有的仲裁庭还是临时组建仲裁庭，仲裁程序的选择，仲裁的地点选取被诉方还是第三方的所在地，仲裁费用由败诉方付、仲裁庭判决还是由双方平摊，都要明确规定。应优先选择平等、公正、简单、快速、费用低，以及自己熟悉的仲裁方法。

二、签订合同的注意事项

关于合同问题，要坚持这样一个辩证的观点：一方面，合同要尽可能完善与全面；另一方面，也确实没有一个合同能够包容项目所涉及的所有事项。

（1）在合同的起草过程中，要组织各方面专家一起参与。特别由于缺乏精通多专业的人才，组织群体力量参与对于完善合同来说就相当重要。

（2）没有一个合同能够包罗万象。事实上，任何合同都难以写得完整无缺。此外，在商务合同执行过程中，总还会有一些无法预测的事情发生。这样，在合同的执行过程中，仍要不断就某些双方需要协调的事宜进行谈判，谈判将贯穿于合同的磋商乃至履行的整个过程，所以谈判双方要真正有合作诚意，才可使彼此利益与矛盾得以迅速协调。

一般来说，签订合同应注意以下几个方面。

（一）合同文本的起草

当谈判双方就交易的主要条款达成一致意见后，就进入合同签约阶段，这时就有了由谁起草合同文本的问题。一般来讲，合同文本由谁起草，谁就掌握主动。起草一方的主动性在于可以根据双方协商的内容，认真考虑写入合同中的每一条款。而对方则毫无思想准备，有些时候，即使认真审议了合同中的各项条款，但由于文化上的差异，对词义的理解也会不同，难以发现于己不利之处。所以，己方在谈判中，应重视合同文本的起草，尽量争取起草合同文本，即使做不到这一点，也要与对方共同起草合同文本。

（二）明确合同双方当事人的签约资格

合同是具有法律效力的文件。因此，要求签订合同的双方都必须具有签约资格。否则，即使签订合同，也是无效的合同。在签约时，要调查对方的资信情况，应该要求当事人相互提供有关法律文件，证明其合法资格。一般来讲，对于重要的谈判，签约人应是董事长或总经理。有时虽然是具体业务谈判，签约的不是上述人员，也要审查签约人的资格。如了解对方提交的法人开具的正式书面授权证明，常见的有授权书、委托书等；了解对方的合法身份和权限范围，以保证合同的合法性和有效性。

审查对方当事人的签约资格，一定要严肃认真，切不能草率从事。有些单位急于达成协议，不进行任何资信调查，仅凭熟人介绍就签订金额巨大的合同，结果反而给企业和国家造成重大损失。所以，进行资信调查，了解对方的企业信誉及其行为能力和责任能力是十分重要的。此外，不要轻易相信对方的名片，名片不能代替证书。还有，与外国公司打交道时，不要只看母公司的信誉和资产情况，实际上母公司对子公司往往是不负连带责任的。

（三）起草合同要字斟句酌

在合同的总体框架确定以后，就要逐字逐句推敲每个条文了。

第一，撰写的合同语句要简明扼要，用字要准确，应力图消除任何误会的可能。

第二，当涉及较多术语时，应注意由双方共同确认其含义，使每个词都能准确表达双方的意愿。

第三，合同条款用词要一致。无论合同条款的多寡、技术附件的繁简，对同一事件、同一术语要表述一致。

（四）合同要明确规定双方应承担的义务、违约的责任

许多合同只规定双方交易的主要条款，却忽略了双方各自应尽的责任和义务，特别是违约应承担的责任。这样，无形中等于为双方解除了应负的责任，削减或架空了合同的约束力。还有一种情况是，有些合同条款写得十分含糊、笼统，即使是规定了双方各自的责任、义务，但因为合同条款不明确，也无法追究违约者的责任。

例如，某一合同中有这样一条规定："合同生效后不得超过45天，乙方应向甲方缴纳××万美元的履约保证金……超过两个月如未能如期缴纳，则合同自动失效。""两个月"究竟从哪天算起，是从生效之日算起还是合同生效45天以后算起？此条就写得很不明确。

（五）合同中的条款具体详细、协调一致且前后呼应

合同条款太笼统也不利于合同的履行。例如，某化肥厂从日本引进一套化肥生产设备，合同中有这样一条："某管线采用不锈钢材料。"没有具体指明管线包括阀门、弯管、接头等。结果，在合同履行中，日方认为管线只指管子，我方则认为还包括上述其他配件，但由于合同中未能写明，无从交涉。

做到前后呼应是合同条款谈判和撰写的一项基本功。前后呼应是指条款的行文与相关的条款、与合同附件中所列条件、与价格谈判的条件相呼应，与整体谈判的进程相呼应。通常这种呼应体现为一致性、互补性和协调性。

（1）一致性，是指在相关联的条款或技术附件的描述中，对多次提到的规定前后必须一致。

（2）互补性，是指从合同撰写的角度来看，条款之间本身是相互补充的。

（3）协调性，是指条款谈判的进度应与价格谈判和技术附件的谈判相协调。合同条款的主条款是对价格、技术附件的主体精神的集中反映，具有更大的法律效力。在某一条款的谈判对价格和技术附件的谈判有保护作用时，应等到价格和技术附件谈判结束后再结束该条款的谈判。

（六）争取在己方所在地举行合同的缔约或签字仪式

对于比较重要的谈判，双方达成协议后举行的合同缔约或签字仪式，要尽量争取在己方所在地举行。

三、谈判合同的担保

谈判合同的担保是保证合同切实履行的一种法律关系。担保是指在谈判时，一方或双方请保证人以其他的方式来保证其切实履行合同的一种形式。担保是由国家法律规定的或由双方当事人协商确定的。谈判合同的担保主要有以下几种形式：

（一）保证担保

保证人以自己的名义担保被保证人履行合同，当被保证人不履行合同或不完全履行合同时，由保证人连带承担赔偿损失的责任。保证的作用，一是监督被保证人认真履行合同；二是在被保证人不履行合同时，由保证人连带承担赔偿损失的责任。被保证人不履行合同或不完全履行合同时，另一方当事人有权请求保证人连带承担赔偿损失的责任，同时，有权请求被保证人继续按约履行合同。连带承担赔偿损失的责任，即保证人和被保证人都负有承担赔偿另一方当事人经济损失的义务。保证人赔偿被保证人违约造成另一方当事人的经济损失后，有权向被保证人请求偿还所赔偿的损失。

（二）定金担保

定金是签订经济合同的一方当事人，为证明合同的成立和保证合同的完全履行，在标的物价款或酬金的数额内，预先给付对方当事人一定数额的货币。定金的作用：一是证明合同的成立。一方当事人在签订合同时，因担心对方当事人悔约而给付定金，只要对方当事人接受定金，这就是经济合同成立的法律依据。二是担保形式。它是在没有第三人参加的情况下，双方当事人为了保证合同的切实履行而协商约定的法律关系。因此，如果接受定金一方不履行合同，则应当双倍返还定金；如果给付定金的一方不履行合同，则无权请求返还定金。所以，定金既有担保作用，又可以补偿不履行合同所造成的经济损失。

（三）留置担保

留置是合同担保的一种法律手段。它是指由于一方不履行合同，另一方对于对方的财产采取的一种扣留措施。这种担保形式常常用于来料加工、保管和工程项目的合同关系。例如，在加工承揽合同中，定做方把一定的原料交给承揽方加工，如果超过领取的期限仍不领取，承揽方有权将定做物变卖，所得价款在扣除报酬、保管费用之后，以定做方的名义存入银行。承揽方的这种权利，叫作留置权。

（四）抵押担保

抵押也属于一种担保形式。它是指合同当事人一方或第三人为履行合同向对方提供的财产保证。提供抵押的一方当事人或第三人称抵押人，接受抵押财产的当事人称抵押权人。抵押人不履行合同，抵押权人有权依法变卖抵押物，从所得价款中优先得到清偿。

（五）违约金担保

违约金担保也是保证合同履行的一种形式。它是指一方当事人不按标的履行或者不适当地履行合同时，按法律或双方约定向对方支付的金额。这是经济合同的主要担保形式。它的作用有两个方面：一是带有惩罚性质，起经济制裁作用；二是带有补偿性质，起补偿损失的作用。违约一方不履行合同时，不论是否给对方造成损失，都应支付违约金。违约金与赔偿金有所区别，赔偿金是指给对方造成损失后支付的补偿金。

任务三
规避合同风险

任务设计

北京某公司与香港某公司签订一份钢材买卖合同，合同中没有仲裁条款。在履行期间，因香港某公司对钢材质量提出异议，双方协商将价格下调15%，但香港某公司仍不付款。北京某公司申明将提出仲裁。香港某公司在接到传真后复称：不管采取何种方式解决争议，公司将奉陪到底。北京某公司最终向中华人民共和国国家经济贸易委员会提请仲裁，香港某公司认为该委员会没有仲裁权。但是按照仲裁规则，被申请人同意表示“不管采取何种方式解决争议，公司将奉陪到底”表明被申请人同意将争议交付仲裁，所以，该委员会具有管辖权。

试分析这一合同履行时出现纠纷的原因。

谈判的成功以签订合同作为标志，合同的履行就是交易的实施。不论是在合同的签订还是合同的履行中，都可能发生一些原来难以预料的事情。因此，当谈判进入成交阶段时，就要注意规避合同风险。

一、合约订立中的风险

下面以实例对合约订立中常见的风险加以说明，谈判人员应保持风险防控意识，时刻警惕。

（一）假借合同，恶意进行磋商

市场上空调行情看涨，A公司为独占市场，假意与同行B公司联系，称自己有空调器存货若干欲出手，诱使B公司与自己谈判。同时，A公司与几大空调器生产商签订了空调销售协议，取得了这几个品牌在这一地区的独家经销权。然后，再制造事端，造成与B公司谈判破裂。待到酷暑来临，A公司空调器热销，大发其财；B公司则丧失商机，望洋兴叹。

（二）故意隐瞒与订立合同有关的重要事实或者提供虚假情报

A农资公司找到B化工厂询问该厂是否生产磷肥，若可以生产则欲购买50吨。B化工厂本来根本无磷肥生产许可证，也无相应生产条件，但为取得这份合同，B化工厂谎称自己有生产能力，诱使A农资公司与自己签订了磷肥购销合同。此后，B化工厂在无专业设备和技术人员的情况下，使用土方法制造出几十吨质量低劣、无法使用的磷肥，使许多农民在购买这批磷肥后生产遭受了巨大损失，A农资公司也因此声誉扫地。

（三）借订立合同之名行窃取商业秘密之实

A电子研究所开发出新型电子稳压器，并申请了专利。B公司为不劳而获地取得这项新技术，假意与A电子研究所进行这项专利技术转让协议的谈判。在谈判中却将专利的有关图纸、数据私自复印并自己进行仿制生产，然后借口这项技术已落后而退出谈判。

二、合约订立中的陷阱成因

（一）麻痹大意，未能洞察对方真实用意

许多合同当事人在订立合同时，为对方的花言巧语所蒙蔽，轻信对方所宣称的实力、条件、优势，便贸然订立合同。往往在订立合同后才发现上当受骗，但已为时晚矣。在实践中，许多合同欺诈方也正是利用对方当事人的粗心，精心编织一套谎言，诱骗对方上当的。

（二）疏于调查了解，轻信对方吹嘘、炫耀

许多合同当事人在合同订立前，都没有严格按照订立合同应遵循的步骤进行实地调查、了解，而是根据对方的一番吹嘘或不能说明资质、实力的所谓“文件”“证明”就盲目轻信并草率地签订了合同，导致上当受骗，蒙受损失。

（三）防范意识淡薄，无意之中泄露商机

现代社会中，商业秘密是商战中克敌制胜的关键，许多企业对其倍加珍视、严加防范。也正因为如此，商业秘密成为不少商战中欺诈者的觊觎对象，被不择手段地掠取。如果作为商业秘密持有人的企业不重视对商业秘密的保护，为一纸合同“遮住了眼”，中了“明修栈道，暗度陈仓”的圈套，就会丧失商业秘密，在商战中处于被动。

三、合约订立中的陷阱防范

（一）细心、谨慎，了解对方真实用意

由于经济生活中许多合同当事人是将合同作为谋求其他目的的幌子，因此，订立合同时一定要察言观色、仔细慎重。通过对方的言谈举止、关注重点、旁敲侧击，了解对方是以订立合同为目的还是另有所图。

（二）腿勤、眼勤，百闻不如一见

订立合同时一定要多走动，多实地考察、了解，眼见为实，将对方隐瞒重要事实真相或虚构夸张事实的可能性降至最低，尽可能地防患于未然。

（三）增强商业秘密防范意识，加强对企业商业秘密的保护

当事人在订立合同过程中，应注意处理好保护商业秘密与向对方透露自身实力和优势之间的关系，做到既向对方展示了自己的实力，使对方感到与自己合作的广阔前景，又有效地防止了商业秘密的泄露。若涉及在合同中不可避免地向对方透露自己的商业秘密时，则应事先让对方做出不得泄露或不正当使用

的书面保证，并视该商业秘密的市场价值要求对方提供一定数额的保证金，最大限度地防止商业秘密泄露的损失。

四、合同变更或解除时应注意的问题

合同变更，是指对原协议的修改和补充；合同解除，是对原协议宣布无效。签订协议是非常严肃认真的事情，因此修改变更和解除协议也必须严肃认真，不能草率从事，必须有法律依据，并通过一定的程序进行。不能单方面随意变更或解除，否则视为违法行为，应负法律责任。允许变更或解除协议主要有以下几种情况：

第一，协议中的一方由于内部原因出现了一些必须修改合同的因素，在不影响、不损害国家利益和对方利益的前提下，经双方协商同意，并通过一定的法律程序，允许变更协议。

第二，由于签订协议时的客观条件发生了变化，如协议订立所依据的国家计划的修改或取消，相应地，所订协议也可以变更或解除。

课堂活动

谈判成交的妨碍与促成

第三，协议一方的企业或公司，由于停产、倒闭等原因无法继续履行协议，也允许协议变更或解除。

第四，由于不可抗力，或一方当事人虽无过失但由于无法防止的外因致使合同履行不成的，也允许协议变更或解除。

第五，由于协议一方违约，使对方受到严重损失。

案例赏析

捍卫祖国的尊严

一般来讲，只要具备上述情况之一者，即可变更或解除协议。但同时应当指出，如果原来参与签订协议的承办人或法人代表发生变更时，则不能作为变更或解除协议的理由。根据有关法律，法人原有的权利和义务关系不能因人员变更而消失，应由变更后的新法人来承担。

“谈”出美丽人生

每位同学在未来的商务工作中都需要增强谈判合同的法律意识。可扫描二维码或采用其他方式，阅读学习《中华人民共和国民法典》合同编，谈一谈自己的学习心得。

思维训练

《中华人民共和国民法典》合同编

1. 如何准确识别谈判成交的信号？
2. 合同的起草原则有哪些？

3. 分析一个完整的合同应包含哪些内容。

项目实训

实训目标：

练习合同纠纷的处理方法，提高合同变更的谈判能力。

实训内容：

在本实训中，给出如下场景：一位顾客在某商场买了一部手机，回去后发现手机有问题，回来要求退货，但销售人员以超过事先申明的一天的退货期限为由不予退货。同学分为两人一组，一人扮演销售人员，一人扮演顾客，模拟上述场景进行谈判。

实训要求：

每位同学都要完成模拟谈判的任务。

实训步骤：

（1）选择谈判对手；

（2）每两个小组在一起进行买卖模拟谈判。

考核方式：

谈判的策略（50分）+模拟谈判中的说服力（50分）。

06 Chapter

项目六

兵家之道——谈判策略

兵者，诡道也。

——孙武

指挥军事行动是充满了各种策略的，要灵活运用策略，兵不厌诈。

知识目标

- 了解商务谈判策略的含义和作用。
- 熟悉谈判策略的选择方式。
- 掌握谈判策略的灵活运用方法。

技能目标

- 能够正确运用谈判策略解决谈判冲突，实现谈判目标。

素养目标

- 理解谈判策略运用与遵纪守法的辩证关系，尊重谈判对手，实现互利共赢。

思维导图

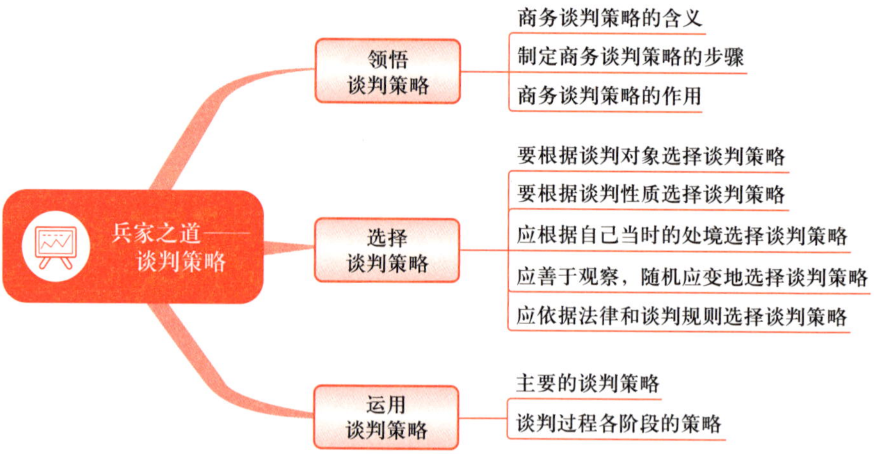

案例导读

让步策略化解营销危机

很多商场在部分昂贵商品的退换规则中都规定“不可退货，只可调换，调换后的商品实际价格如与原商品价格不同，须补差价”，并且通常会把这一规则提前告知顾客。然而在现实中，顾客在调换商品时往往会找不到满意的替代品，或者替代品的价格低于原商品的价格，因不能得到差价退款而跟商场发生争执。

即便出于保护昂贵商品的目的而制定这一规则具有一定的合理性，但如果商场坚持这一退换规则而不让步，将带来两种可能结果：一，永远失去这位顾客；二，顾客把经历向消费者协会投诉或者曝光在网络。聪明的商家在可能的情况下都会采用“让步策略”来化解与顾客之间的矛盾。

思考：

为什么在商场能够接受的范围内，“让步策略”是经常被采用的策略？

案例分析提示：

在买卖双方的谈判矛盾中，商品的经济价值和品牌形象价值都是卖方的核心利益点，出让经济利益换取形象价值也是一种“妥协的艺术”。

任务一 领悟谈判策略

任务设计

模拟以下的谈判情景并思考：为什么两个采购员得到了完全不同的结果？

苹果熟了，两位采购员来到果园，以下是他们与果农之间的对话。

采购员甲："苹果多少钱一斤？"

果农："5元。"

采购员甲："3.5元行吗？"

果农："少一分都不卖。"

不久，采购员乙来到果园。

采购员乙："苹果多少钱一斤？"

果农："5元。"

采购员乙："能否便宜些？"

果农："少一分都不卖。"

此时，乙不再急于还价，而是拿起一个苹果端详着说："这苹果不够红，这样卖不上价啊！"

过了一会儿，又摸出一个带伤的苹果说："看，这里还有虫咬，您这苹果勉强算个二级就不错了。"

这时，果农沉不住气了，于是说："您真的想要，还个价吧。"

双方最终以每斤苹果3.6元的价格成交了。

谈判策略的运用，对于谈判的成功与否关系重大。领悟谈判策略的含义，才能在谈判各个阶段正确运用谈判策略。

一、商务谈判策略的含义

关于商务谈判策略的含义，从不同的角度，有不同的解释。

从语言学的角度讲，商务谈判策略是根据形势发展而制定的行动方针和斗争方式。

从企业经营的角度看，商务谈判策略是企业为了实现其经营目标，对企业外部环境变化与竞争力消长趋势所做的对策。

从商务谈判人员的认识来分析，商务谈判策略可以理解为根据商务谈判战略目标的要求和情况变化，灵活地贯彻实施商务谈判战略所采取的措施的总和。简而言之，商务谈判策略是在可以预见和可能发生的情况下采取的相应行动和对策。

二、制定商务谈判策略的步骤

制定商务谈判策略的步骤是指制定策略所应遵循的逻辑顺序。其主要步骤如下：

第一步，了解影响谈判的因素。

这是制定策略的关键性起点。影响谈判的因素包括谈判中的问题、分歧、事件或情况以及谈判的趋势等。这些因素构成了一套谈判组合。谈判人员必须把这个谈判组合分解成不同的部分，并找出每一部分的意义。在这之后，谈判人员应重新安排，找出最有利于自己的方式。对谈判组合的分解要求是科学观察，科学分析，运用信息收集、整理与判断的技巧。

第二步，寻找关键问题。

在进行现象分解和科学分析之后，就要求有目的地寻找关键问题并对该问题做出明确的界定和陈述，同时弄清该问题对整个谈判的成功有怎样的影响。

第三步，确定目标。

目标是根据现象分解和关键问题分析得出的结论。确定目标关系到谈判策略的制定，以及将来整个谈判的方向、价值和行动。确定目标实际上是根据己方条件和谈判环境要求，对各种可能的目标进行动态分析、判断的过程。

第四步，形成假设性解决方法。

这是制定策略的一个核心与关键步骤。对假设性解决方法的要求是既能满足目标，又能解决问题。方法是否有效，要经过比较才能鉴别，所以提出假设性解决方法时要打破常规，想常人所不敢想，力求有所创新。

第五步，对假设性解决方法进行深度分析。

对各种假设性解决方法根据“可能”与“有效”的原则进行排列和选择。对少数可行性策略进行深入研究，为最终选择打下基础。

第六步，形成具体的谈判策略。

在深度分析得出结果的基础上，对拟定的谈判策略进行评价，得出最终结论。

第七步，拟定行动计划草案。

有了具体的策略，还要考虑策略的实施。要从一般到具体地列出每位谈判人员必须做的事项，把它们从时间、空间上安排好，并进行反馈控制和追踪决策。

三、商务谈判策略的作用

（一）能为谈判的顺利进行奠定良好的基础

前面已大致了解了谈判前应做哪些准备工作，这些准备工作往往体现了谈判准备阶段的种种策略，如调查研究、收集情报、了解对手、布置环境等。这些谈判准备阶段的策略运用得好坏，直接关系到谈判能否有一个好的开端，关系到谈判能否顺利进行和达到预期的目的。适宜、充分地运用好这些策略，便能为谈判的正式进行奠定一个良好的基础。

同步案例

1972年尼克松在访华前，不仅请了一些著名的“中国通”给他介绍情况，阅读了大量有关中国的书籍，还熟记了不少毛主席诗词，甚至还学会了用筷子进餐。中方在周恩来总理的亲自指挥下，在客人拟去的各个地方清除了街上的一些标语，恢复了店铺的老字号名称，甚至对宴会上要演奏的中美两国民间乐曲都进行了精心挑选。这些都为会谈的顺利进行奠定了良好基础。例如，在国宴上，当军乐队演奏周总理选定的《美丽的亚美利加》时，尼克松非常高兴，因为这是他最喜欢并曾指定为就任总统典礼上演奏的乐曲。敬酒时，他特地来到乐队面前表示感谢，并要给他们发奖。

在商务谈判前，“调查研究、收集情报”这一策略也显得非常重要。有时，它不仅能为谈判奠定一个良好的基础，而且决定着谈判的成败。

（二）能为谈判的顺利进行起到一定的导向作用

“良好的开端是成功的一半。”谈判开局的好坏在很大程度上决定着整个谈判的前途，对谈判的结局有着举足轻重的影响。谈判的任何一个阶段都存在着成功和失败的可能，而在开局运用好谈判策略便能起到一定的成功导向作用。

谈判开局中运用的策略常有烘托气氛、放试探气球、开诚布公、模棱两可和激将等。在谈判开局中有针对性地运用这些策略，有助于使谈判一开局就有一个好的导向和乐观的前景。

1. 烘托气氛策略

烘托气氛这一策略在任何谈判开局中都应采用。1971年9月，基辛格为尼克松总统访华一事前来谈判。当时中美关系冷冻了20多年，刚开始有些微妙变化。美国代表时时猜测着周总理会以什么样的态度对待他们。当周总理出现在美国代表团面前时，美国人都不免有些紧张。周总理会意地微笑着，伸手与基辛格握手，并友好地说：“这是中美两国高级官员20多年来第一次握手。”基辛格将自己的随访人员一一介绍给周总理。周总理根据事先了解的背景材料，对美方随访人员分别做了恰如其分的嘉许，烘托、调解了气氛，美国人紧张的心情随之而放松，隔阂被打破了，使谈判在融洽的气氛中开始进行。

烘托气氛这一策略如在开局中不被采用，就有可能导致谈判因不好的开端而达不到理想的效果。例如，我国某地进出口公司在对外经济交流中涉及一桩小的索赔案，适逢对方代表来我国走访用户，因此公司领导指示我方某业务员负责接待。本来这笔索赔案金额很小，经友好协商完全可以圆满解决，但由于我方人员急于求成，在外商刚刚抵达时，就要求外商赔偿我方损失，高兴而来的外商被迎头泼了一盆冷水，因此，讲话也很不客气。谈判的气氛马上紧张起来。双方针锋相对、寸利必争，会谈效果很不理想。其原因是谈判开局的策略选择不当，没有采用烘托气氛的策略，在未形成融洽、友好的气氛前就短兵相接。

2. 放试探气球策略

放试探气球策略体现在开局发言的巧妙试探上。它对谈判有不容忽视的影响。如1945年国共谈判时，毛泽东接见刘斐先生。毛泽东与刘斐谈起共同关心的和谈问题时，刘斐对于和谈的前途尚有疑问，就放试探气球式地问：“你会打麻将吗？”毛泽东回答：“晓得些，晓得些。”“您爱打清一色呢，还是喜欢打平和？”毛泽东听出了刘斐的话中之意，就笑言道：“平和，平和，只要和了就行。”寓意深长的一番话，终使刘斐先生疑虑顿释。刘斐先生借“打麻将”为“试探气球”，一语双关地探询到了共产党人对和平谈判的诚意。

3. 开诚布公策略

在开局中采用开诚布公策略也容易收到较好的效果。如果一方言辞恳切、举止坦诚，毫不掩饰自己的希望与担忧，表明自己的目的，一般情况下就能引起对方的共鸣。当然，坦率有时也会给别有用心的人以可乘之机，所以对此策略，无论是实施一方还是接受一方，都应视其谈判对象而实施或接受。

4. 模棱两可策略

模棱两可是谈判开局中经常采用的一种策略。在谈判中，对于对方提出的一些不好回答或不便马上回答的问题，用一些模棱两可的语言回复，能起到维系和稳定对方的心态、使谈判的局势趋于平稳发展的作用。如常用的“我理解你的感情”“我再考虑一下”等话语，会让对方摸不透己方是赞成还是反对，同意还是不同意，让对方抱有期待和希望。

5. 激将策略

在开局中运用激将策略也能使谈判很好地打开局面（该策略的详细内容请

见本项目任务三）。

（三）能对谈判的顺利进行起到调整和促进作用

谈判开局的导入阶段之后，就会先后进入明示、交锋、相持、妥协等各个阶段。而在谈判进行中恰当地运用谈判策略，便能对谈判局势起到一定的调节作用，对谈判双方的心境起到一定的调解作用，对谈判的顺利进行起到一定的促进作用。

从某种程度上看，适时、灵活地运用谈判策略，能在谈判顺利时使其进程加速，能在谈判出现分歧混乱时“快刀斩乱麻”或理出头绪，能在谈判中打破僵局。

谈判进程中的各个阶段都可适当选用相应的策略。经常用到的谈判策略数不胜数，这些策略在谈判进程中可以根据具体情况灵活地运用。正确、适宜地运用好这些策略，不但能在谈判进程中起到调整和促进作用，而且很可能在双方势均力敌的情况下最终获取较大的利益，甚至在处于弱势的情况下以弱胜强。

任务二
选择谈判策略

任务设计

面对如下的谈判情景，你如何分析自己所处的谈判地位？会选择怎样的谈判策略？

你所在的公司生产的吹风机是国家质量免检产品，价格比同类的品牌低很多，所以销量一直不错。但你与A超市进行的关于进场费的谈判一直没有进展，原因是A超市认为该产品牌子没有名气，故将进场费用开得很高。

谈判策略的作用是通过恰当选择和灵活运用而显现出来的。接下来探讨怎样选择谈判策略。

一、要根据谈判对象选择谈判策略

应根据不同的谈判对象选择不同的谈判策略，具体地说，应根据谈判对象的身份、性别、经验、年龄、态度、性格等因素选择不同的策略。

（一）应根据谈判对手的不同身份选择不同的谈判策略

从谈判对手的身份看，主谈人可能是国家各级机关的官员、国有企业的企业家、个体户的老板、一般业务员等。与以上各种身份的对手谈判，其谈判策略的选择会各有差异。针对有的对手可以采取“以退为进”“开诚布公”等策略，而面对有些对手应多采用“以柔克刚”“以刚克柔”或“声东击西”“旁敲侧击”等多种策略。

（二）应根据谈判对手的不同性别来选择谈判策略

从谈判对手的性别看，对男性和女性的谈判对手所采用的策略也大不相同。在对方是一位年轻貌美的女士的时候，其谈判策略与对同性对手的谈判策略相比应有很大差别。例如，怎样应对女性谈判高手？其一，可配备一名年轻貌美、风度与谈吐优于对手的女性副手；其二，让谈判经验丰富，颇具男性魅力的人员出任主谈代表；其三，培养自己的女性谈判高手。

（三）应根据谈判对手的经验程度来选择谈判策略

从谈判对手的经验差异看，其谈判策略的选择也大不相同。例如，与久经“沙场”的富有谈判经验的高手的谈判，和与初到谈判桌旁，没有经过谈判较量的新手的谈判相比，其策略的选择有很大区别。对于前者，选用策略要迅速、多变，甚至是全方位策略的运用，令其防不胜防；对于后者，就应像对乒坛新手那样，不能“打快板”，应“发慢球”或“回慢球”，使其思维跟得上。当然，所用策略也不能太复杂，否则会使其领会不了，应以诚相待地用一招一式的策略一步一步地与其谈判。

（四）应根据谈判对手的年龄差异来选择谈判策略

从年龄上看，谈判双方年龄差异大和相差无几的谈判策略也有很大的不同。因为双方年龄大小的差异是影响谈判结果的因素之一，所以，善于根据年龄差异“做文章”对谈判工作是有益无害的。如果对方是一位明显大于己方谈判人员年龄的长者，就应多运用谦和的谈判语言，时时体现出对长者的尊重，以柔克刚。倘若对方的年龄比己方谈判人员小许多，那么，己方谈判人员的知识和经验就应在谈判中显示出优势。假如对方与己方谈判人员几乎同龄，那么，己方谈判人员应发挥与其不同的优势，如知识、见识、经验等，以此去征服对方，或利用同龄人彼此间有共同语言、思想易沟通的特点，使其放松戒备而争取达成有利于己方的协议。

（五）应根据谈判对手的态度选择相应的谈判策略

在各种谈判中，谈判对手的态度往往是不一样的。谈判时，应根据这些谈判对手的态度选择不同的谈判策略。如果对方开诚布公，我方就应以诚相待；如果对方狡诈油滑，我方就应巧妙周旋；如果对方积极主动，我方就应顺势而为，因情而动地采用相应的策略；如果对方对谈判结果满不在乎，我方就应适当地采用以柔制柔或激将法等策略；如果对方消极或固执，我方就应多采用以柔克刚、以刚克刚或抑制激怒法等策略。

（六）应根据谈判对手的性格选择相应的谈判策略

根据谈判对手的性格选择相应的谈判策略，首先应判断谈判对手是什么性格的人。但对其性格不要过早下定论。

具体分析与策略选择如图 6–1 所示。

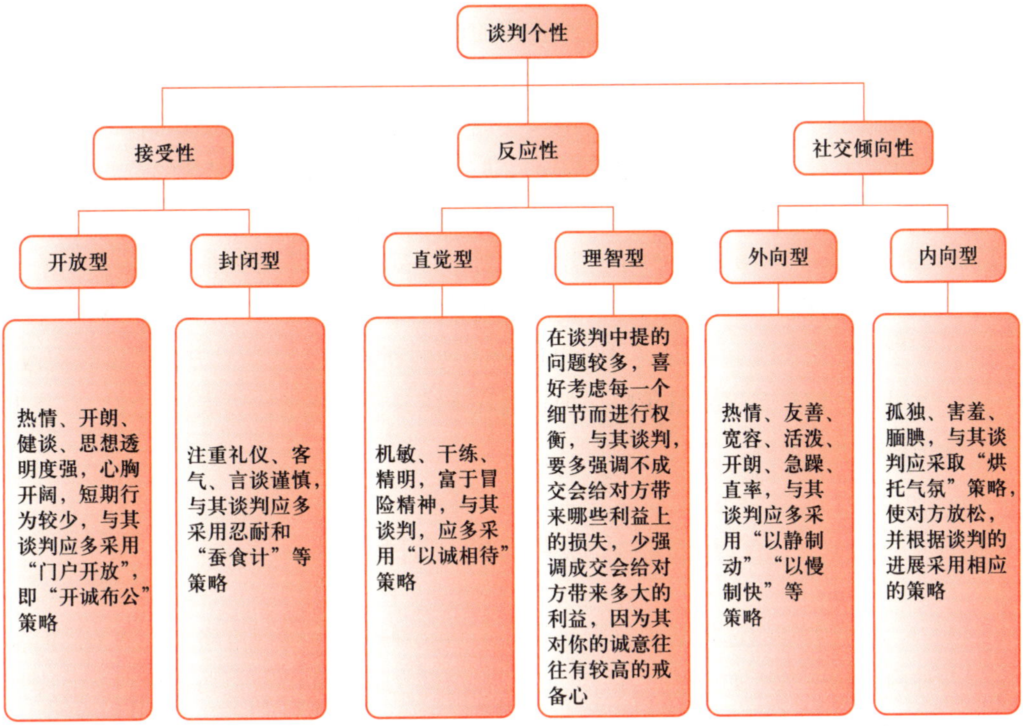

图 6–1　根据谈判对手的性格选择相应的谈判策略

二、要根据谈判性质选择谈判策略

不同性质的谈判，应该选择不同的谈判策略。例如，对合作性的谈判，就应多采用类似商讨式的策略；对互利性的谈判，就应多选择类似讨价还价的策略；对对抗性的谈判，就应多采用类似针锋相对、以静制动、以牙还牙、有理有据等策略。

三、应根据自己当时的处境选择谈判策略

谈判进程中，自己处境的不同，所选策略也应有所不同。当己方处于较强的谈判地位，并涉及谈判的一些重大原则问题时，就需采用强硬的对抗性策略，即坚持己方原先的立场，决不妥协，迫使对方让步。相反，若是己方处于弱势，又要与对方建立和保持一定的关系，就应多采用灵活策略。如采用顺应策略，心平气和地倾听对方的意见，耐心地与其交换意见，循循善诱地充分说理，或采用真心求助、以长补短等策略。

四、应善于观察，随机应变地选择谈判策略

谈判进行的各个阶段有多种多样的谈判策略可以采用，而如何恰当地选择和运用谈判策略，需要谈判者善于观察谈判对手的言论、表情，揣摩对方的用意和期望，从而灵活机动、随机应变地运筹自己的对策，进而达到“你有什么高招，我就能拿出什么策略来应对，进退自如”的目的。如果你的策略很奏效，就应坚持和辅以另外的对策；反之，就应及时更换。

另外，当对方在谈判中使用诡计时，应及时识破对方的伎俩，以适当的策略及时揭穿，使其无法得逞。但所施策略应委婉、含蓄一些，不要使对方感到难堪和不安。通过揭穿诡计，可以使谈判顺利进行。如果对方仍然不思悔改，就可以采取转身就走的策略，理直气壮地离开谈判现场，以表示抗议，甚至拒绝继续进行谈判。

五、应依据法律和谈判规则选择谈判策略

谈判策略的选择必须符合法律规定和谈判规则。谈判策略不计其数，但各种内容的谈判（如政治、军事、商务、文化、求职等谈判）和各种范围的谈判（如国际、国家内部等谈判）于策略上的法律约束和规则约束不尽相同，所以，谈判策略的选择既要有利于己方和尊重对方，也要以不违反相关法律和谈判规则为前提。

任务三 运用谈判策略

任务设计

如果你是一名汽车销售商，在你的店里有两种车型销售：一款配置较低，价格也适中，它几乎不会给你带来多少利润，要不是厂家强烈要求的话，它是绝对不会在你的店里出现的；另外一款可以说是顶级配置，既舒适又安全，你希望所有人都买后者，因为它利润更高，尽管它的售价很高。价格低总会吸引很多消费者的注意，这是一条世界通行的商业规律。不错，来你店里买车的客户大部分都是看上低价格的那款，经济实惠的产品谁不喜欢呢？可是好像有人就不喜欢——老板。他认为："如果天天全卖这款车，不久我就会关门歇业了！"

那么，你应该如何制定和运用巧妙的谈判策略，来引导顾客去关注高价格的那款汽车呢？

商务谈判形势错综复杂、瞬息万变。在复杂的形势下保证谈判顺利进行并实现既定的目标，就需要谈判者审时度势，运用相应的谈判策略。在长期的实践中，人们总结出许多有关谈判的策略。我们在谈判中不仅要能够巧妙运用谈判策略，而且要能够识别并小心对手用来对付自己的策略。

一、主要的谈判策略

不同的策略适用于不同的问题，据此，可以将谈判策略分为以下几大类：

（一）与时间、空间有关的策略

时间、空间是物质存在的形式。在商务谈判中，既可以运用一些策略，巧妙地利用时间的时效性、延续性、瞬间性等特点来达到自己的目的，也可以运用一些策略，利用空间概念上谈判地点、谈判双方距离远近、谈判权利、谈判实力与地位等的改变对谈判局势产生影响，使谈判形势朝着有利于己方的方向发展。与时间有关的策略包括最后通牒策略、规定时限策略、疲劳战策略、踢皮球策略等；与空间有关的策略有红白脸策略、货比三家策略、针锋相对策略、虚张声势策略、场外交易策略等。以下简要介绍最后通牒策略、规定时限策略、红白脸策略和货比三家策略。

1. 最后通牒策略

当谈判进入最后阶段，谈判双方争执不下，对方不愿做出让步来接受己方的交易条件时，为了逼迫对方让步，己方可以向对方表示，如果对方在某个期限内不接受己方的条件，己方将宣布谈判破裂并退出谈判。这就是最后通牒策略。

在谈判过程中，谈判人员总是寄希望于未来能有更多的利益，因而不愿放弃讨价还价。此策略的运用可以打破对方的幻想，迫使正在犹豫的谈判对手尽快下决心。运用最后通牒策略时必须注意以下几点：

第一，谈判人员处于强有力的地位，特别是该笔交易对对方的重要性超过了己方。

第二，只有在谈判的最后阶段或最后关键时刻才宜运用最后通牒策略。经过旷日持久的谈判，对方已花费大量人力、物力、财力和时间，一旦拒绝己方的要求，这些成本将付诸东流，对方会因考虑失去这笔交易造成的损失而被迫达成协议。

第三，最后通牒的提出必须非常坚定、明确，毫不含糊，不得让对方存有任何幻想。己方也要做好对方真的不让步而退出谈判的思想准备，不至于到时候惊慌失措。

2. 规定时限策略

这一策略表现为谈判一方向对方提出达成协议的时间期限，超过这一期限，提出者将退出谈判，以此给对方施加压力，使其无可拖延，尽快做出决断，解决问题。

当谈判中出现下列情况时，可以使用这一策略：对方急于求成时，如急需采购生产用的原辅料等时；对方存在众多竞争者，且竞争达到一定的激烈程度时；己方不存在众多竞争者，竞争不激烈时；己方最能满足对方某一特别重要的交易条件时；对方谈判小组成员存在意见分歧时；发现与对方因交易条件分歧差距过大，达成协议的可能性不大时。

3. 红白脸策略

红白脸策略也被称为演双簧。它是这样运用的：当谈判气氛明显充满敌意，对方死守一点而不让步时，己方的“白脸人”就要出场。他大发雷霆，尽力指责和诋毁对手，把气氛搞得十分紧张。而其余成员则一言不发或者不知所措。然后“红脸人”出来试图缓和气氛，他在劝阻自己同伴的同时会平静而明确地指出，这种场面完全是对方的态度所引起的。当“白脸人”发怒后，对方一般会被激怒，而后又会感到自己的做法有失情理，在这种心理下，会对所坚持的条件做出让步，在不知不觉中使运用策略一方实现了预期的目的。

在使用此策略时要注意：使用之前，应进行仔细的策划和排练。“白脸人”

要使人望而生畏并易于被激怒；“红脸人”必须善于“逢场作戏”，既要灵活也要理智。该策略的运用，要注意谈判气氛，只有当谈判气氛因对方的死守不让步到了剑拔弩张时，运用此策略才能收到较好的效果。

4. 货比三家策略

即在谈判某笔交易时，同时与几个供应商或采购商进行谈判，以选出其中最优一家的做法。货比三家策略的运用，应注意如下几个问题：

第一，所选择的对象要势均力敌，比起来才有意义。

第二，时间安排要便于分组穿插谈判，且可及时将各组谈判结果汇总。包括日程、方式和人员的安排。

第三，对比的内容要科学。货比三家策略工作量大，评比工作复杂，因此应有快捷、统一的评比方法和内容，以减少重复、不准确的工作，避免个人情感的影响。

第四，平等对待参与竞争的各位对手，但在谈判的组织上应尽量突破重点。

第五，慎守承诺。对于评选出的结果应慎守承诺。

第六，统一对外。在多家采购者联合向多家卖者谈判时，应由有权威的单位统一起来，形成联合的机构，做到统一对外。同时，应有严格的纪律，以保守机密，各尽其职。

（二）与物质有关的策略

物质是谈判的实质性内容，它包括产品质量、包装、运输、数量、种类等。如谈判中的吹毛求疵策略就是与物质有关的策略。

谈判讨价还价时，对方的目标越高，对己方越不利。因为这时对方的要价往往居高不下，成交价格也就很难降低。吹毛求疵策略就是给对方的商品挑出许许多多毛病，使该种商品在对方心目中失去了原有的价值，从而降低对方的目标。

吹毛求疵策略中提出的一大堆问题和要求，有的是真实的，有的是虚张声势，但他们都可以成为讨价还价的理由，达到以攻为守的目的。同时，从心理角度分析，买方运用这种技巧讨价还价，促成卖方重视买方，认识到买方的懂行和精明强干，从而提高买方的谈判效果。

在运用吹毛求疵策略时要注意，买方恰到好处地提出挑剔性问题是运用此策略的关键所在。只有掌握了商品的有关技术知识，才有助于对商品进行正确的估价，才能将毛病挑到点子上，使对方泄气。一般来说，买方的挑剔范围是在商品性能等使用价值和成本价格、运输等方面。如果在吹毛求疵时面面俱到，抓不住重点，击不中要害，不但不足以说明问题，还会引起对方的怀疑，以为是故意刁难。这样，谈判就很难进行下去了。另外，对一些优质产品、名牌产品，不能一味贬低，这样可能会激怒对方。

（三）与信息有关的策略

当今社会是信息社会，信息既是商务活动的先导，也是商务谈判取得成功的钥匙。因此，在商务谈判之前和商务谈判活动中，谈判人员都不会放弃获取信息的努力。在谈判中，与信息有关的策略有投石问路策略和沉默寡言策略等。

1. 投石问路策略

当谈判进行到一定程度时，卖方可能首先要价，而对方不是马上还价，却向卖方提出了一连串问题，买方在卖方的回答中寻找可能出现的机会，为讨价还价做准备，这就是投石问路策略。一般来说，买方所提出的反问大多数是与杀价有关的问题，譬如：

（1）如果我方提供一些你方急需的原料、工具或其他机器设备呢？

（2）如果我方加大订货量或减少订货量呢？

（3）如果我方对你方这几种产品都订购呢？

（4）如果我方买下你方的全部产品呢？

（5）如果我方向你方长年订货呢？

（6）如果我方以现金支付、迟付或分期付款呢？

（7）如果我方在淡季仍然向你方下订单呢？

（8）如果我方向你方提供技术力量呢？

诸如此类的任何一个问题都可能使卖方暴露意图或查清卖方对价格的态度。所以，卖方应慎重对待他们的每一个问题，不能随便答复对方，以免使自己陷于被动地位。

运用投石问路策略要掌握好时机，其主要目的是更好地了解对方的要求和意向。如果谈判已进展得十分深入，再使用此策略只会引起分歧，扰乱正常的谈判秩序。

2. 沉默寡言策略

沉默寡言策略是在谈判中先不开口，让对方尽情表演，或多向对方提问并设法促使对方继续沿着正题谈论下去，以此暴露其真实的动机和最低的谈判目标，然后根据对方的动机和目标并结合己方的意图采取有针对性的回答。

沉默寡言策略的运用要注意审时度势，灵活处理；否则，会适得其反。例如，还价中的沉默，对方会认为是默认。又如，沉默的时间较长，对方会认为己方是慑服于其恐吓策略，反而增强了对方的谈判力量。

有效地发挥沉默寡言策略的作用，应注意以下三个方面的问题：

第一，事先准备。首先，要明确在什么时机运用。比较恰当的时机是报价阶段。此时，对方的态度咄咄逼人，双方的要求差距很大，适时运用沉默寡言策略可缩小差距。其次，约束自己的反应。在沉默中，行为语言是唯一的反应信号，是对方十分关注的内容，所以事先要准备好使用哪些行为语言。如果是多人参加的谈判，还要统一谈判人员的行为语言口径。

第二，耐心等待。只有耐心等待，才可能使对方失去冷静并产生压力。为了忍耐，可以做些记录。记录在这里可起到双重作用：可以帮助己方掌握对方没讲什么，对方为什么不讲这些而讲那些。静心听，加之冷静思考会掌握重要资料，致使沉默超出了本身的作用。

第三，利用行为语言，搅乱对方的谈判思维。沉默寡言的灵活性的真正含义是对方需要对己方的沉默做出推测，而己方又可以任意否认这些推测，因而己方可从需要出发，有意识地巧用行为语言，搅乱对方的谈判思维，最终控制对方以致整个谈判的局面。

（四）与人有关的策略

谈判本质上是人际关系的一种特殊表现，谈判成败主要取决于人的行为能力。实际上，一个谈判班子不同成员的组合搭配已包含某些策略上的考虑。在谈判中，直接针对谈判人员的策略有权力有限策略、谈判升格策略等。

1. 权力有限策略

权力有限策略是指谈判者为了达到降低对方条件、迫使对方让步的目的，采取转移矛盾，假借其上司或委托人等第三者之名，故意暂停谈判工作，让对方无助地等待，再趁机反攻的一种策略。

从某种意义上说，受了限制的权力才会成为真正的力量，一个受了限制的谈判者比大权独揽的谈判者处于更有利的地位。当己方代表告诉对方自己未经授权时，往往使对方大伤脑筋，迫使对方只能根据己方代表所拥有的来考虑问题。如果对方急于求成，虽然明知会有某种损失，也不得不妥协；否则，就会冒谈判失败的风险。

权力有限作为一种策略，有些是真正的权力有限，有些则不完全属实。有时谈判者本来有做出让步的权力，反而宣称没有被授予这种权力。这实际上是一种对抗对方的“盾牌”。对于这一盾牌，对方难辨真伪，只好凭自己的底牌来决定是否改变要求，做出让步。

2. 谈判升格策略

谈判升格策略是指在谈判中，当双方主谈者已无法解决分歧时，请双方的上级或高级领导出场来定夺。此策略常用于谈判僵局或最终定局时。

在运用此策略时应注意：必须是在谈判出现僵局或终局时使用，不应滥用。领导出场次数太多，反而会削弱其威力，还会降低主谈者的地位。在准备升格前，应营造好气氛，只有在经过激战，谈判已经无法再深入时，升格策略才更有实效。

（五）与需要有关的策略

需要和对需要的满足是谈判的基础。在谈判中，满足对方的需要能达到己方的目的，而有时冒犯对方的需要也能实现自己的预期。有关需要的策略有设身处地策略和激将策略等。

1. 设身处地策略

在谈判中，考虑对方的承受能力不仅可以使己方获得主动，而且可以避免谈判破裂。谈判是要达成各取所需的目的。不顾别人的需要，是一种不明智的商谈谋略。

在考虑自身利益的同时能考虑对方的利益，这就是设身处地。设身处地策略就是在谈判中，注意站在对方的角度考虑问题，对对方的合理要求尽量予以满足，而己方提出的一些条件也充分考虑到对方的承受能力。使用此策略的目的是让对方感受到己方时时处处都在为他们着想，从而调动起对方在谈判中配合己方的积极性。这样，不仅有助于达到己方的目的，也可以实现谈判的双赢。

同步案例

英国有一个学校请一个谈判小组去处理他们和部分家长之间的纠纷，纠纷主要是一群耳聋的学龄前儿童在操场上没有得到有效的监护而引起的。使家长们感到尤为气愤的是，学校只是忙着收集事实以证明自己没做错，却对家长们真正关注的事情不闻不问。为了使谈判便于进行，谈判小组先让家长们陈述他们的不满，为此谈判小组一直听了两个小时。等他们说完之后，该小组组长说的第一句话："我们也有孩子，我们完全理解你们为何对这件事感到不安。"听到这样说，家长们回答："如果事后有人像你们一样听我们诉说的话，事情就不会搞得这么复杂了。"结果接下来的谈判进行得非常顺利。

在这个案例中，谈判小组从对方的角度出发，充分考虑了家长们的利益，调动起家长们与之配合，使谈判变得轻松、顺利。

2. 激将策略

激将策略就是以话语刺激对方的主谈人或其重要助手，使其感到坚持自己的观点和立场已直接损害自己的形象、自尊心与荣誉，从而动摇或改变其所持的态度。

在商务谈判中运用激将策略需要较高的技巧，在运用时要注意以下几个方面：

第一，激将的对象一定要有所选择。一般来说，商务谈判中适用此策略的对象有两种：第一种是不够成熟，缺乏谈判经验的谈判对手。这样的对手往往有自我实现的强烈愿望，总想在众人面前证明自己，容易为言语所动，这恰恰是使用激将策略的理想突破口。第二种是个性特征非常鲜明的谈判者。他们自尊心强、虚荣心强且好面子、爱拿主意，这些都是使用激将策略的突破口。例如，当一方对一些交易条件犹豫不决时，另一方故意说：“我看，你是没有决断权吧，我不想再和你谈下去了，我要同有决断权的人谈判。”对方若是一位急于表现自己拥有谈判决断权的代表，这些话语会激起他的决心，同意对方的提议。

第二，运用激将策略应在尊重对方人格尊严的前提下，切忌以隐私、生理缺陷为内容贬低谈判对手。

第三，使用激将策略要掌握一个度，超过一定的度，激将策略不仅不能使谈判朝预期的方向发展，反而可能产生消极后果。

第四，“激而无形、不露声色”往往能使对方不知不觉地朝己方的预期方向发展。如果激将策略运用得太露骨，被谈判对手识破，不仅达不到预期的效果，反而会陷己方于被动地位。

第五，激将是用语言，而不是态度。态度蛮横不能达到激将的目的，只能激怒对方。

（六）与价格有关的策略

价格是商务谈判的核心。从某种意义上说，整个商务谈判的过程就是讨价还价的过程。因此，有关价格谈判的策略历来为谈判人员所重视。价格谈判策略包括价格分割策略、抬价策略、价格陷阱策略等。我们将在后面作详细的讲述。

二、谈判过程各阶段的策略

每一次成功的商务谈判都是多种策略综合运用的过程，但谈判从开局到最后的成交的每一阶段又会使一些策略具有明显的主导性。下面将就谈判的不同阶段来探讨谈判策略。

（一）开局阶段的谈判策略

开局阶段的谈判策略，是谈判者为了谋求谈判开局中的有利地位和实现对谈判开局的控制而采取的行动方式或手段。

1. 一致式开局策略

现代心理学研究表明，人通常会对那些与其想法一致的人产生好感，并愿意将自己的想法按照那些人的观点进行调整。一致式开局策略正是利用了这一点，使对方在谈判开始时对己方产生好感，建立起对谈判“一致”的感觉，从而使谈判在愉快、友好的气氛中不断走向深入。

2. 保留式开局策略

这种策略也叫留有余地策略。它要求谈判人员对所陈述的内容应留有余地，对对方提出的关键性问题不做确切的回答，以备讨价还价之用。

采用此策略要注意不得违反商务谈判的道德原则，即以诚信为本，向对方传递的可以是模糊信息，但不能是虚假信息；否则，将会陷己方于非常难堪的境地。同时，此策略如何运用要因人而异。一般地说，在不了解对方情况下或开诚布公失效之际运用。其他情况下切忌运用，以免造成失信。

3. 进攻式开局策略

进攻式开局策略是指通过语言或行为来表达己方强硬的态度，从而获得对方必要的尊重，并借以制造心理优势，使得谈判顺利地进行下去。进攻式开局策略只在以下情况运用：发现对方在故意制造低调气氛，这种气氛对己方的讨价还价十分不利，如果不把这种气氛扭转过来，将损害己方的切身利益。

4. 坦诚式开局策略

坦诚式开局策略是以开诚布公的方式向谈判对手陈述自己的观点或意见，尽快打开谈判局面。坦诚式开局策略比较适用于双方有长期的业务往来关系，对合作的经历比较满意，相互比较了解的情形。在此情形下，双方会很自然地将这种友好关系作为谈判的基础。在陈述中可以真诚地指出对方拥有良好信誉的优点，同时由于双方的密切关系可以省略一些谈判辞令，坦率提出己方的观点以及对谈判的期望，使对方产生信任感。

有时，坦诚式开局策略也可用于实力不如对方的谈判者。当己方的实力为双方所共知时，坦率地表明己方的弱点，可以使对方理智地考虑谈判目标。

同步案例

一位教师创办职场英语培训班，经过一段时间的发展后，她希望扩大办学规模，于是便请来一位投资人进行考察。看完之后，教师察觉到投资人有些失望，于是，在接下来的谈判中，教师这样开场道：“您看了我的培训班，肯定不太满意。正如您所看到的，我们的规模不大，场所简陋，但我认为，办教育重要的是教学质量和教学水平，一年来我们学员已增加了一倍，说明我们的教学已得到了大家的认可。我相信，有了您的投资，我们的规模将越来越大，而您也将得到丰厚的回报。”一段情真意切、开诚布公的发言，一下子打消了对方的顾虑，创造了一个良好的开局。

5. 察言观色策略

在开局阶段显然极难洞悉谈判对手各方面的情况，但不能因此而忽略这一阶段对方谈判人员的表现。谈判对手的性格、风格以及经验等情况往往借助其言谈举止来体现。如果在开局之初谈判对手就瞻前顾后、优柔寡断，或锋芒毕露、赤膊上阵，这显然是位新手。但如果对方在开局期间就显得从从容容，或设法调动起己方的谈判兴趣，或是巧妙地探测己方的实力、谈判人员的爱好，那么他肯定深谙其道。仔细地了解、观察谈判对手，对制定应对策略有很大的现实意义。

（二）报价阶段策略

1. 提出价格的时机策略

不管一方提出的价格是多么合理，价格本身不能使对方产生成交欲望，只有当对方对产品的价值有所了解之后，才会关注价格。因此，报价时应先谈产品的价值，等对方对产品的价值有所了解之后再谈价格问题。

为了让对方了解产品的价值，在报价之前己方应做好这些工作：激发对方的需求欲望，设法使其相信己方所提供的产品正是他们所需要的；使对方的注意力集中在产品的有用性上。

提出价格问题的最恰当时机是对方已对产品的使用价值产生了兴趣并开始询问价格，这时再水到渠成地提出价格，可以减少谈判的阻力。

有时，在谈判的开始阶段对方就询问价格，此时最好回避报价，因为对方还未听到项目介绍，一般说，对方对项目的兴趣不强。因此当对方过早要求了解价格时，己方可以把话题岔开，待介绍完项目的优势后再作回答。但是对方坚持要马上答复价格的问题，就不能拖延了，否则对方可能会怀疑己方在价格问题上有所隐瞒。这反而会使对方愈发关注价格问题。

2. 价格分割策略

价格分割策略也称低价策略，即为防止对方杀价，卖方力图使对方相信自己提出的价格低廉、合理。这种策略利用了对方的求廉心理，卖方报价时，采用这种策略能造成买方心理上的价格便宜感。它通过以下途径实现：

（1）用较小单位的价格报价。不管洽谈的交易数量有多大，卖方都应尽量以小的计价单位报价，这样对方容易接受。采用这种报价技巧，可以使对方感到价格比较低。如“油漆1平方米仅仅花费15元”“请使用我们的挖土机，每挖1立方米只需20元”等。

（2）价格比较。用较高的产品价格与所谈的产品价格做比较，所谈的产品价格就显得低了些。运用这一策略，卖方手中要掌握一种或几种较高价格的同类产品。

（3）采用示范方法。如果对方觉得产品的价格高，难以接受，卖方可以把所推销产品与一些劣质的竞争产品放在一起比较，来强调所推销产品的优点。

（4）从另一个角度讨论价格。把产品的价格与产品的使用周期结合起来，是讨论价格的一种有效方法。这种方法是把价格分解到使用周期内的每一个月或每一天中去，从而使价格变得很小。例如，某地毯推销员对顾客说：“每天只花1.6元钱就可以使您的卧室铺上地毯。”顾客对此感到惊奇，推销员接着说道：“您的卧室12平方米，我厂地毯价格每平方米248元，这样需要2 976元。地毯平均可用5年，每年365天，这样平均每天的花费大约只有1.6元。”

（三）磋商阶段策略

1. 抬价策略

在磋商过程中，运用抬价策略是抵制对方进一步要求的好办法。

谈判时，双方都知道谈判的时间越久，对有耐力的一方就越有利。因此，不论是卖主还是买主，倘若想要让对方了解己方的价格那只能到此为止，不能再作进一步要求了，抬价便是一种很好而且很值得采用的策略。

抬价策略是一项有争议的策略，因为它在使用过程中有时会出现违背契约精神的不合道德情形。例如，当买主和卖主已经讲好价钱，第二天卖主却又把它提高了；买主虽然非常生气，也只好和卖主重新讨价还价，然后终于以较高的价格成交；有的人甚至在合同签订之后，也会运用这个策略。

2. 不开先例策略

在磋商阶段，一方为了坚持和实现己方提出的交易条件，而采取对己方有用的先例来约束对方，从而使对方就范，接受己方交易条件，这就是不开先例策略。商务谈判中采用的先例主要有三种：与对方过去谈判的先例、与他人过去谈判的先例、外界通行的谈判先例。

不开先例策略是一种保护卖方利益，强化卖方谈判地位的有效方法。人们能遵从先例，主要是因为人们的习惯心理，即人们处理问题时，习惯了面对同样的事情，以前怎么做，现在就怎么做。而先例能够奏效，则得益于先例本身的类比性。先例的类比性是指谈判者所采用的先例与本次谈判在交易条件、市场行情、竞争对手等方面的相似程度。如果谈判者所采用的先例和本次谈判没有类比性，先例就起不到约束对方的作用。因此，在谈判中，要注意强调本次交易与先例在许多方面的相似性，使得先例的力量得以充分发挥。

3. 价格诱导策略

价格诱导策略表现为卖方利用价格预期上涨的信息，诱导对方，达成交易。其实质是利用价格上涨的时机和人们对之普遍担心的心理，把谈判对手的注意力吸引到价格问题上来，使其忽略对其他重要条款的讨价还价。

为增强该策略在使用中的成功性，可以把它与前述的规定时限策略结合起来使用。

需要注意的是：价格诱导策略是基于价格预期上涨而促进当下交易快速达成的谋略，不是无中生有地释放虚假信息去欺骗买方。

4. 蚕食策略

尼伦伯格在《谈判的艺术》一书中这样界定“蚕食”：“意欲取其尺利，则每次谋其毫厘，一口一口，最后全部到手。”蚕食策略是指谈判中一方针对某个谈判条件，一点一点向对方施加压力，迫使对方一点一点做出让步，最终得到很大实惠的策略。蚕食策略利用了人们心理上对微小让步的承受能力，步步为营，在对方不经意间，取得了对方的较大让步。有时，运用策略一方往往突破了自己的预想，获得出人意料的结果。

（四）成交阶段策略

成交阶段的主要目标是尽量保证己方取得的利益不丧失，争取最后的利益收获，并力求尽快达成协议。

1. 场外交易策略

当谈判进入成交阶段时，双方已经在绝大多数的议题上取得一致意见，仅在某一两个问题上存在分歧、相持不下而影响成交时，即可考虑采取场外交易，如酒宴上或娱乐场所等。因为这时仍把问题摆到谈判桌上来商讨，往往难以达成协议，毕竟经过长时间的谈判，人们已感到很厌烦，继续严肃地谈下去不仅影响谈判人员的情绪，而且会影响谈判协商的结果。而场外轻松、友好、融洽的气氛和情绪则很容易缓和双方剑拔弩张的紧张局面。双方轻松自在地谈论自己感兴趣的话题、交流私人感情，有助于化解谈判桌上激烈交锋带来的不快，双方往往会相互做出让步而促成协议。

需要指出的是，场外交易的运用一定要注意谈判对手的不同习惯。有的商人忌讳在酒席上谈生意，所以必须事先调查清楚，以防弄巧成拙。

2. 结束谈判策略

经过报价和磋商阶段，双方克服了一个又一个分歧后，都会采用不同的方式向对方发出签约的信号。比如，一方向另一方询问付款方式、保养维修等问题；一方对质量和加工提出具体要求；一方要求实地试用产品等。在谈判中，双方应善于捕捉这些信号，采取结束谈判策略。

以下具体措施可以用于说服对方达成协议：

（1）在开始时就对结束谈判、达成协议持肯定的态度，以实事求是的态度敦促对方达成协议。要表现的主要意思是：“不是现在，那么在什么时候达成协议？该谈的已经谈完了，要了解的也都已经了解了。”

（2）结束谈判时不要长篇大论。长篇大论就会对对方的反应充耳不闻，对方也可能认为你急于求成。

（3）向对方追问不结束谈判的问题所在。给对方一个机会，对方就很可能做出解释。

（4）重复告诉对方结束谈判、达成协议是明智之举，给出充分的理由。

（5）要敢于认定协议已经基本达成。如果己方是买方，这时候就该写下协议备忘录或者问对方应该如何写支票的抬头。如果己方是卖方，这时候就该问对方把货物运至何地。

（6）通过谈细节问题，如某一条款的文字表达或运输要求的写法，把对方引向结束谈判，表现出在主要问题上和价格上协议已经达成的样子。

（7）以具体行动把谈判推向结尾。卖方可以开始动手开出卖单，买方可以把买单的号码给卖方，双方可以握手成交了。有关某一想法的具体行动能够增强双方结束谈判的信心。

（8）强调不立即达成协议可能引起双方的利益损失。有的人不会被多取得利益打动，但对利益损失十分敏感。此时，买方应该指出，做出这样大的让步已经达到了授权极限，谈判再不结束上司就会取消这桩买卖。买方也可以向对方表明其他卖主正在跃跃欲试等待机会，证明他们是能够满足自己的要求的。卖方也可以敦促对方尽快结束谈判、达成协议，如客气地指出如果拖得太久，己方的库存就可能满足不了交易的要求等。

（9）向对方提供一个结束谈判的优惠条件，并且说明该条件不可能被再次提供。优惠条件的形式可以是价格折扣、分期付款、设备保障或者特殊的服务项目。

（10）不到反复拒绝时就不会彻底放弃。

3. 最后获利策略

通常，在双方将交易的内容、条件大致确定，即将签约的时候，精明的谈判人员往往还会利用最后的机会，争取最后的一点利益。他们总是这样做：在签约之前，突然提出一个小小的请求，要求对方再让出一点。由于谈判已到了签约阶段，谈判人员已付出很大的代价，一般没有人愿为这一点小利而伤了友谊，更不愿为这点小利重新回到磋商阶段，因此往往会很快答应这个请求，尽快签约。

同步案例

小田即将拿到一笔超大订单——银行系统团购，他大致算了一下，这个月的奖金会比经理的还高，这的确是一件激动人心的大事。小田备齐了所要的产品，急匆匆地拿着合同找客户盖章确认，还好一切顺利，就在盖章前的一刻，客户忽然对小田说：“你需要把货送到各个分理处，没错吧？”这一句平淡无奇的话惊出小田一身冷汗，此银行有40多家分理处，分布在市内的各个区域，挨个配送恐怕需要两个整天，这还需要公司全部内勤人员协助才能完成。但不答应的话，这笔交易恐将告吹，小田很清楚自己公司的产品并不是强势品牌，无奈，小田最终还是做出了妥协。

对方利用小田的心理变化做足了文章。小田刚刚做成一笔生意，可能心情不错。一般而言，当谈判者心情好的时候很容易把原来不愿意给予别人的东西给予他们。另外，任何谈判都是紧张和艰苦的，每一项议题的达成都很不容易，因此谈判者不愿意因小失大，不想冒险从头再来，重新讨论所有的问题，否则就有丢掉整笔生意的危险，这也是谈判者在最后让步的原因。

因此，为防止对方运用该策略，己方应该有的准备包括：把所有的细节在事先都谈好，并且形成文字由双方签字确认。要坦诚地面对对方，把关键问题谈清楚，千万不要存在侥幸心理，也不要认为回避一个问题会有助于谈判的成功。事先判断出对方可能提出的额外要求，重新评估这些附加条件，确定一旦让步后自己所付出的代价，以及会给本企业带来的损失。

课堂活动

比萨店的谈判成交

案例赏析

在和谐中达成一致

“谈”出美丽人生

谈判需要谋略，但是谈判场不是战场。战场要分敌我与胜负，而高境界的谈判本质是互利共赢，营造良好的合作关系。

请讨论，怎样才能做到既有谋略又遵守法律法规，同时还尊重对手。

思维训练

1. 什么是最后通牒策略？
2. 解释吹毛求疵策略。
3. 运用激将策略时应注意哪些问题？
4. 在谈判报价阶段采用哪些策略可以使对方更容易接受己方报价？
5. 在磋商阶段卖方使用何种策略可以阻挡对方的进一步要求？

项目实训

实训目标：

实践在谈判中运用谈判策略，化解谈判冲突，提高谈判能力和技巧。

实训内容：

请同学们自己设计一个模拟销售某种商品的场景，两人一组，分别扮演谈判的双方，要求双方在谈判过程中用到最后通牒、权力有限、吹毛求疵等至少三种策略，选出几组进行谈判示范。

实训要求：

（1）进行谈判方案准备和心理调整。

（2）两人一组进行演练。

实训步骤：

（1）组建谈判团队，积极准备；

（2）每个小组两位同学进行演练，每组有5分钟时间。

考核方式：

同学做评委，评价示范的几组同学的表现。

07

Chapter

项目七

开诚布公——谈判沟通

不战而屈人之兵，善之善者也。

——孙武

不通过战争而使敌人屈服，才是最高明的。

知识目标

- 了解商务谈判中沟通的重要性。
- 熟悉商务谈判语言沟通与非语言沟通的原则。
- 掌握商务谈判中倾听、提问和回答的技巧。

技能目标

- 能够灵活运用谈判沟通技巧，增强谈判说服力，实现谈判目标。

素养目标

- 塑造良好的谈判者形象，积极沟通，以获得对方的信任。
- 在谈判沟通中培养倾听的优秀素养，正确理解倾听的重要性。

思维导图

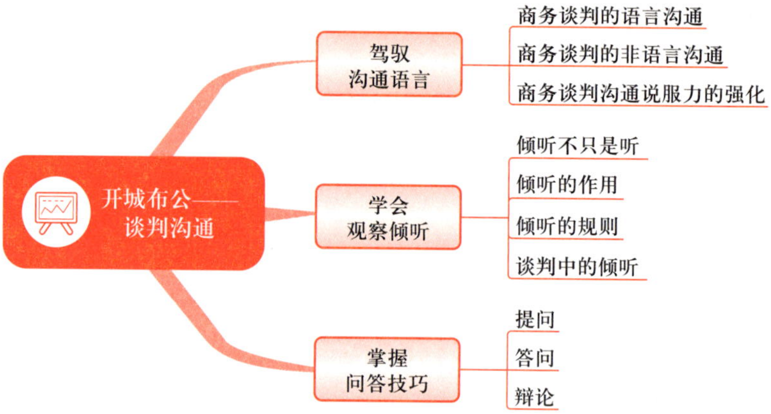

案例导读

使用“肥皂水”的哲学

有一次，戴尔·卡耐基在纽约租下一家饭店的大厅，准备在这里做为期一个月的短期培训。就在他把所有的通知都发出去的时候，饭店通知他必须付出3倍的价钱。他自然不愿付增加的费用，两天后，他直接去见饭店的经理。

“接到你的来信，我感到十分震惊，”他说道，“但我不责怪你们，换了我，或许也会这样做。你是经理，当然要为饭店着想，如果不这样做，你或许会被开除。现在让我们写下这件事对你们的利与弊。”

卡耐基在一张纸上画出两栏，一栏写上“利”，一栏写上“弊”。在“利”的下面这样写：① 大厅可以空下来或作他用。② 可租给人跳舞或开会，收入会比租给我做培训用的收入高。③ 我占用一个月，你们可能会失去更大的生意。在“弊”的下面写道：① 我付不起你们的费用，会另选地址，你们将会失去这份收入。② 我的培训会吸引很多受过教育的文化人，你们将会失去极好的广告机会。③ 你们每次花一万块钱在报纸上做广告，也不一定会有那么多人来参观。“这对你们来说不是很值得吗？请你们仔细考虑一下，尽快通知我。”说完，卡耐基把纸条留给经理就走了。

第二天，卡耐基便收到回信，租金只涨50%，而不是原来的3倍了。

思考：

饭店为什么最终租金只涨了50%而不是原来的3倍？

案例分析提示：

以前，理发师给人刮胡子，为了刮起来使人不疼，要先给人涂肥皂水。“涂肥皂水”寓意为让人在温情的语言和情绪中接受他人的建议。

任务一
驾驭沟通语言

任务设计

一位经理把员工召集到办公室。讲了一大堆话，告诉他们最近要解决的问题。然后，由于要解决的问题比较急迫，下面有些人在窃窃私语。他想要弄清楚他们是否已经明白。下面有两种表述，请讨论：他会选择哪一种？这两种表述为何会产生不同的结果？

（1）他发现他们在窃窃私语，便大声地用带有呵斥性的语气问："你们都听明白了没有？你们听进去了吗？"大家一齐回答："听进去了！"

（2）他顿了顿，用眼光向他们扫了一遍说："我不确定我说清楚了没有，你们对我所说的问题了解得怎么样？有没有问题？"于是有一个人开始发问了……

在谈判中，熟练驾驭沟通语言的能力至关重要。谈判沟通过程中的信息符号，依其性质可分为语言沟通和非语言沟通两种状态。语言沟通是指以语言为传播符号的谈判沟通过程。在谈判沟通过程中，谈判者的信息传播、交换一般是通过语言进行的。谈判过程可以说就是谈判者语言交换、交流的过程。语言沟通对谈判沟通效果有着重要的影响。

如果谈判者能够展现语言的艺术，通过叙事清晰、论据充分的语言表达，往往能有力地说服对方，达成相互之间的谅解，发现双方的共同目标和利益，取得谈判的成功。英国历史上著名的外交家欧内斯特·梅森·萨道义认为，谈判技巧的最大秘诀之一，就是善于将自己要说服对方的观点一点一滴地渗透到对方的头脑中去。也就是说，运用有说服力的语言，从不同的角度向对方说明自己的观点和意见，阐明双方的利益，使对方明白这些观点和建议对双方都是有益的。

一、商务谈判的语言沟通

（一）商务谈判语言的特征

1. 客观性

谈判语言的客观性，是指谈判过程中的语言表述要尊重事实，反映实情。就供方而言，谈判语言的客观性主要表现在：介绍本企业情况要真实；介绍商品性能、质量要恰如其分，可以出示样品或进行演示，还可以客观介绍一下用户对该商品的评价；报价要适当可行，既要努力谋取己方利益，又要不损害对方利益；确定支付方式要充分考虑到双方都能接受，以达到双方都比较满意的结果。从需方来说，谈判语言的客观性主要表现在：介绍自己的购买力不要夸大失实；评价对方商品的质量、性能要中肯，不可任意褒贬；还价要充满诚意，如要进行压价，其理由要有充分根据。

谈判语言具有客观性，能使双方自然而然产生以诚相待的印象，从而促使双方的立场、观点相互接近，为下一步取得谈判成功奠定基础。

2. 针对性

谈判语言的针对性，是指谈判语言始终都要围绕主题，针对谈判的具体类型、具体内容，不同的谈判对象和谈判对象的不同要求，做到有的放矢。

商务谈判包括商务交易谈判，劳务买卖谈判，投资、信托谈判，租赁保险谈判等。同一种谈判类型中，具体的谈判过程也有很大差别。在进行相关的资料信息搜集的过程中，应充分考虑到谈判中要使用的相关语言和行话，保证谈判活动的顺利进行。不同的谈判内容和场合都有差异很大的谈判对象。谈判对象由于性别、年龄、文化程度、职业、性格、兴趣等的不同，接受语言的能力和习惯使用的谈话方式也完全不同。在商务谈判中，双方各自的语言都是表达自己的愿望和要求的。因此，谈判语言的针对性要强，模糊、啰唆的语言，会成为谈判的障碍，使对方疑惑、反感，降低己方的威信。

总之，谈判语言要针对重点，言简意赅。

3. 逻辑性

谈判语言的逻辑性是指谈判者的语言要符合思维的规律，表达概念要明确，判断要准确，推理要严密，要充分体现其客观性、具体性和历史性，论证要有说服力。

谈判者在谈判前收集的大量资料经过分析、整理后，只有通过符合逻辑规律的语言表达出来，才能为谈判对手所认识和理解。在谈判过程中，无论是叙述问题，撰写备忘录，还是提出各种意见、设想或要求，都要注意语言的逻辑性，这是说服谈判对象的基本前提。

4. 规范性

谈判语言的规范性，是指谈判过程中的语言表述要文明礼貌、清晰易懂、严谨和精确。

首先，谈判语言必须坚持文明礼貌的原则，符合商业特点和职业道德要求。无论出现何种情况，都不能使用粗鲁、污秽或带有攻击性、辱骂性的语言，在国际谈判中还要注意避免使用意识形态分歧大的语言。其次，谈判所用语言必须清晰易懂。口音应当标准化，不应使用地方方言或者俗语之类与他人交谈。同时，语调应当注意抑扬顿挫，避免音调过高或过低。最后，谈判语言还应当严谨和精确。只有认真思索，谨慎发言，用准确、严谨的语言表述自己的观点和意见，才能通过商务谈判维护和争取自己的利益。

在谈判中，谈判者经常会出于表达策略上的需要，故意运用一种模糊语言，但是使用模糊语言时，也要求它具有准确性。因为模糊语言反映了谈判者对某一个客观事物的认识程度，而这种程度的表现必须是相对准确的。换句话说，使用模糊语言正是为了更准确地传递复杂信息，表达错综的思想。模糊语言规定了一定的理解范围，如果抛开了准确性原则，超出了它的理解范围，模糊语言就变成糊涂语言了。

5. 灵活性

谈判不能由一个人或一方独立进行，至少有两个人或两方来共同参与。谈判过程中谈判双方你问我答，你一言我一语，口耳相传，当面沟通，很难有从容酝酿、仔细斟酌语言的时间。尽管谈判双方在事先都尽最大努力进行了充分的准备，制定了相应的对策，但是具体的言语应对仍然需要谈判者临场组织，随机应变。

谈判者要密切注意信息的输出和反馈情况，在自己说完话以后，认真观察对方的反应。除了要仔细倾听对方的话，从话里分析反馈情况，还要察言观色，从对方的眼神、姿态、动作、表情来揣测对方的感受，考察对方是否对正在进行的话题感兴趣，是否正确理解了得到的信息，是否能够接受自己的说法。然后，根据考察的结果，谈判者要及时、灵活地对自己的语言进行调整、转移或继续话题，重新设定说话的内容和方式，甚至终止谈判，以保证语言能更好地为实现谈判目的服务。

（二）商务谈判语言的类型

商务谈判中使用的语言从说话者的态度、目的和语言本身的作用来看，可以主要划分为五种类型：礼节性的交际语言、专业性的交易语言、留有余地的弹性语言、幽默诙谐的语言和威胁劝诱性的语言。对一个谈判者来讲，要想掌握谈判语言的运用艺术，就必须了解和研究不同类型语言在谈判中的功能和特征。

1. 礼节性的交际语言

在商务谈判中，融洽友好的气氛是商务谈判顺利进行的重要条件。

礼节性的交际语言的特征在于语言表达中的礼貌、温和、中性和圆滑，带有较强的装饰性。在一般情况下，这类语言不涉及具体的实质性问题。此种语言的主要作用是缓和与消除谈判双方的陌生感和戒备、敌对的心理，联络双方的感情，创造轻松、自然、和谐的气氛。

2. 专业性的交易语言

专业性的交易语言是商务谈判中的主体语言，不同的谈判业务有不同的谈判语言。在商品买卖谈判中，会涉及交易的标的、商品的品质、信用证、交货期等专业性的交易语言。此外，为了避免麻烦和争议，在谈判中还可能需要使用业内通用的交易语言和规则，特别是国际谈判，专业性体现在国际惯例、贸易术语等方面，以使双方更好地达成共识，进行交易。该语言的特征表现为：专业性、规范性、严谨性。

3. 留有余地的弹性语言

辩证法告诉我们，世界上没有绝对不变的事物。因此，在谈判中运用留有余地的弹性语言能使谈判者进退有余地，并且可以避免过早地暴露己方的意愿和实力。在谈判中，常因谈话的余地留得不够或弹性不足而过早地暴露底牌。由此可见，留有余地的弹性语言在谈判过程中的合理运用，可以使我们避开直接的压力而使我们的谈判变得主动。

4. 幽默诙谐的语言

在日常生活中，具有幽默感的人几乎毫无例外地会受到欢迎，在谈判桌上也是一样。幽默诙谐的语言是用一种愉悦的方式让谈判双方获得精神上的愉悦，从而使人际关系更加和谐，消除双方忧虑和紧张的心理。在谈判中，当双方正激烈争论，相持不下，充满火药味时，一句幽默的话语会使双方相视而笑，顷刻间缓和气氛。

5. 威胁劝诱性的语言

商务谈判始终围绕着利益的得与失进行。谈判的某一方如果失去了其内在平衡，就容易产生急躁情绪，甚至表现出粗暴的行为，这样就促使威胁性语言进入谈判领域。威胁性语言主要是起强化态度，从心理上打击对方的作用，也用于振奋谈判人员的工作精神和意志。但是，这种语言如果使用不当，会使对方产生敌对心理，使谈判破裂。从另一个角度而言，即使使用成功，对双方的关系建立也没有好处，因此在商务谈判中一般不使用该类语言。

此外，在谈判中为了使自己尽可能在有利的情况下达成协议，除了用威胁性语言策略外，劝诱也是一种能使谈判者在谈判中掌握主动、主导谈判方向、左右谈判进程的方法。劝诱是为了把对方的注意力紧紧吸引住，使其沿着己方的思路去思考问题，从而引导对方接受己方的观点，最终做出己方所希望的结论。这类语言由于避免了双方的对峙，从而对问题的顺利解决有很大益处，对双方关系的建立和发展而言更有好处。

威胁性语言具有简明、干脆、坚定、自信、冷酷无情的特征；劝诱性语言则是和风细雨的，使对方在轻松、舒心的心境中改变立场，转而接受己方的观点。

二、商务谈判的非语言沟通

在人际沟通中除了使用语言来传递信息外，还可采用非语言的形式来进行沟通。非语言沟通即使用如人体动作、姿态、表情及谈判中的停顿等非语言信息进行交流沟通。非语言沟通的形式千变万化，内涵极其丰富，无法用言辞进行定义，在很多沟通情境中比起语言来具有无可比拟的优越性，可以做到“此时无声胜有声”。

掌握非语言沟通的技能包括两个方面：观察对方的非语言信息，适当地发出自己的非语言信息。就前者而言，如果能敏锐地感受他人发出的信号并适当地回应，则不论在人际关系、讨论、谈判还是销售拜访中都能拥有一定的优势，还可以从中了解对方的情绪和真实意图，以便能适时采取应对措施，引导出想要的结果来。就后者而言，如果能熟练地运用肢体语言，就能在沟通中更多、更快地表达自己的信息用意，轻松地达到沟通目的。

（一）非语言沟通的特性

在谈判沟通中，语言可以传播任何信息，而非语言符号传播的范围有限，然而，它却可以补充、扩大或否定语言符号传播的信息，这一点与非语言符号的性质有关。

1. 非语言沟通的连续性与多途径性

非语言沟通的连续性，是指谈判者具有某种特定含义或思想的非语言传递是要通过若干个存在一定联系的行为和体态连续完成的。只要谈判双方在一起，沟通行为就持续发生。同时，非语言沟通是通过多种途径进行的，可同时看到或感觉得到。例如，谈判者紧张不安的情绪可能伴随着出汗、抓耳朵、挠头、扯上衣等若干种连续、可感知的动作。非语言沟通中，如果仅有一种动作表情，是无法有效完成信息传递的。

2. 非语言沟通的模糊性

非语言符号所代表的含义与特定的传播环境和传播背景的关联紧密，即它所代表的含义是由具体的环境或背景确定的。脱离了具体的环境或背景，或谈判者对沟通的环境背景的理解有偏差，都会使非语言符号传递的含义变得深不可测、无穷无尽。尤其不同文化在非语言符号方面的差异也使其在沟通上不容易得到正确答案。

3. 非语言沟通与语言沟通既存在一致性又存在不一致性

非语言沟通和语言沟通可以用不一致的传播途径来传递含义完全一致的信息，非语言沟通对语言沟通的信息进行补充与扩大，体现了语言传播与非语言符号传递的一致性。例如，双方谈判人员见面时在一句问候语之后，相互热烈地握手、拥抱，其所传递的信息往往是言语所不及的。然而，非语言沟通也可以否定语言传播的信息。例如，充满信心的言辞却伴以发抖的双手，或者以充满敌视的语调讲着友好的词句。此时，非语言符号传播的信息与语言所传播的信息显然不一致。

4. 非语言沟通传递信息的含义往往比语言沟通更为准确

非语言符号，尤其是无意识流露出的非语言符号能传递出比语言符号更准确、更丰富的信息，呈现较深的情绪内容。因为人类的传播行为是完整的个人行为，通过非语言方式传递出的信息，有许多来自个体的内心深处，甚至这种非语言行为是难以控制和掩饰的，因而往往是一种真实而丰富的提示。

（二）非语言沟通的作用

人们在进行信息沟通的过程中，常常将注意力放在沟通双方使用的语言上。事实上，信息的语言符号只是整个信息内容的一小部分。非语言沟通领域的权威艾伯特·梅拉比安曾对信息不同组成部分的相对重要性做过调查，发现一个人每天的人际沟通中，语言占7%，语音、语调占38%，面部表情、手势及姿势占55%。在书面沟通中，选择的词语以及如何组织这些词语是极为重要的，因为信息的内容全凭这些词语来表达。然而在面对面的沟通中，使用的词语本身只是整个内容的一小部分，组合和表达这些词语，如语调、语速、音调转变、停顿和面部表情等，向接收者提供了信息的大部分内容。有时仅有语言本身还不行，还必须由非语言成分赋予其真实意义。

（1）非语言沟通可以修饰语言的信息，加强、补充与否定语言信息。非语言沟通可以加强和扩大语言符号传播的信息。在谈判中，伴随着语言的运用而做出的动作或表情会不同程度地起着弥补语言信息的不足，强调信息内容的重点，增大语言传递效果的作用，使传达的信息含义更为完整和准确。另一方面，在商务谈判沟通中，非语言沟通还可以否定语言符号传播的信息，传递与语言符号含义完全不一致的含义。非语言信息的表达或接收，通常也是一种不自觉和潜意识的过程，当事人可能传达了自己内在的本意却浑然不知。心理学家的实验结果表明，由非语言沟通所传达的信息往往才是当事人内心真正的情绪反应；当一个人的语言信息与非语言信息不一致或相互矛盾时，多数受试者都倾向于相信非语言信息所表达的内容。

（2）非语言沟通可以表达意义，代替语言信息的功能。非语言符号在谈判中可以代替语言准确传递某种意图或情绪，传达自己的感受与想法，以及如何看待彼此相互的关系。在一定的情形下，当语言不可以或难以传递谈判者的观点或意图时，非语言的传递往往可以取得非常好的效果。

（3）非语言沟通可以调整语言沟通的进行，使谈判双方的互动具有规则性。商务谈判的交谈过程中，非语言行为也提供了线索，让彼此了解沟通谈判该如何进行或是否需要持续进行，标准化的非语言活动可以使双方互动具有规则性，以协助谈判顺利完成。

（三）非语言沟通的表现形式及含义

1. 面部表情与肢体语言

（1）目光接触与注视。目光接触与注视，通常代表了善意与兴趣。我们的目光一般会不由自主地去追随喜欢或吸引自己的人，同样地，对别人的目光信息也相当敏感。

两眼平视对方，是一种自然的关注状态，也是一种友好的招呼语；短时间的注视和目光接触也是一种友好的沟通方式；长时间地注视讲话者的脸则是一种倾听、尊重的表示；两眼向下且不注视什么东西，表示胆怯、自卑；从头到脚将对方上下扫视一遍，是一种不友好的失礼行为，甚至含有挑衅的意味。

在日常人际交往中，彼此凝视表示两人之间关系亲密。但在很多工作场合长时间的注视会使人感到难堪，是一种不礼貌的行为。在商务谈判过程中，长时间的目光接触是一场面对面的心理战，应尽量避免出现这种情况，否则会给目光退让的一方造成心理上的挫败感，失去达成商务谈判的双赢基础。

（2）面部表情。面部表情是最能表达个人情绪感受的。喜悦、愤怒、悲哀、恐惧、惊讶及嫌恶这六种基本情绪相当容易辨识，并且在跨文化交流中也是一致的。

商务谈判的沟通中，微笑是最常见且最有魅力的表情语言。微笑是一种蕴含着真诚和善意的世界认同的表情。它能缓解紧张气氛，使沟通变得容易，使谈判变得融洽，而且常常能化解纠纷。在沟通与谈判中如果意见不合，可以微笑摇头表示拒绝，然后微笑着提出不同的想法，这样比较委婉，容易被对方所理解和接受。

（3）肢体语言。

① 手势。手势是非语言沟通中很重要的一环，往往是不为当事人所察觉的沟通反应部分。与手语不同，手势的功能就像是视觉上的图像，它代表的是比较单一的含义，这些手势往往受到文化限制，容易造成尴尬的误解。因此，在跨文化的沟通中必须小心使用手势。

② 姿势。身体姿势提供了一种静态的信息，在塑造第一印象上有其特殊的作用。一般认为注重姿态、仪态的人办事比较认真，讲究信誉，自然讨人喜欢。人的姿势丰富多彩，也是一个人素质和教养的反映。

在谈判交流过程中，不同的姿势可以显示出不同的情绪状态、与他人关系的亲密程度，以及对所处情境的掌握程度。姿势的变化也会影响谈判的效果。例如，身体后仰有居高临下的傲慢意味；身体倾向对方表示谦恭、热情和感兴趣，其程度由倾向的大小来决定；侧转身子对着对方是一种轻视的表示；弯腰鞠躬则是一种迎送宾客的礼节性姿势。

椅子上的坐姿有深坐和浅坐两种。深坐比较放松，常常占有心理优势；浅坐是指没有完全靠在椅子上的坐姿，是一种恭顺的姿态。双手交臂的姿势表示防卫、对抗或拒绝对方，而耸肩、摊开双手则表示莫名其妙或无可奈何。

（4）动作。动作特指需要整个身体配合才能表现出来的特定行为。谈判过程中尤其要强调的是碰触行为。肢体的碰触往往会引发对方积极的反应，但若碰触时间过长，或碰触部位不适当，反而会引发负面效果，造成被碰触者的反感与愤怒。需要强调的是，身份地位高的人会先去接触对方，因为此时碰触是一种权力的象征；身份地位低的人主动碰触身份地位高的人，则可能被认为是犯上不敬。不同的方式下，不同的碰触也传达着不同的信息。

2. 说话语调

同样的内容信息或同样的一句话，由于语气、说话速度等的差异，可以传达出不同的意义。这些除了语言内容之外，与声音有关的种种线索，包括音量大小、说话的速度与频率、语调、音质及语气的停顿等，均称为声音的线索或附语言。

人们常说“听话听声，锣鼓听音”。任何声音线索的变化都会直接影响沟通的效果。语调的抑扬顿挫、速度快慢、重音强调、大小音量等的调节与变化都有助于谈判沟通时的信息交换。如伴随语言声调的变化是非常容易感受和理解的，它常常是讲话人心绪的反映。一般柔和的声调表示友好，高亢的声调表示激动，颤抖的声调表示气恼或害怕，拉长延时的声调表示冷淡。例如，“这真是太好了”这句话可以是对具体事情感到喜悦或高兴的真实流露，而在另一方面，这句话如用适当的语调变化说出来，也可以富有讽刺意味，表示对不合心意的情况的厌恶或轻蔑。在这种情况下，信息源的意图几乎完全要依赖说话时的非语言成分。

3. 印象

沟通中的印象系统主要包括服饰、打扮、记号等。其中，穿着打扮是重要的非语言沟通途径之一，具有鲜明的个人色彩。服饰包括服装和饰品，是一个人自我形象的延伸和扩展。服饰显示出一个人的社会地位、经济状况、精神气质、文化修养和独特个性。服饰语言的要素是色彩、款式和品质。服饰不仅标示着个人所属社会团体的角色，如显示地位，也标示着正式情境的角色，不同场合应有不同着装。同时，衣着具有展现个性或情绪、展现人格特质，以及展现吸引力与时尚性的作用。如表7–1所示。

表7–1　每一种服装传递不同的含义并导致的不同的互动方式

分类	含义	互动方式
制服	维护工作场所的社会控制，互动的发生是为了团体或组织的利益，而不是代表穿制服的个人利益。他们仅是团体或组织的代表	制服排除个人利益想法的侵扰，所以互动方式是正式的、有结构的和可控制的
职业装	传递组织关系。允许外部团队和组织的规则进入。制服和职业装都表明结构、团体或组织关系	与顾客的沟通更加便利，将沟通置于亲密的层次上
休闲服	表示暂离工作，是社会流动性、情绪和身份的表达。代表着松散的结构和更大的自主权。休闲服与制服、职业装是相对的，它表明不受工作场所的社会控制	相互作用在这里是开放的，并且不正式，没有结构和控制

第一印象往往具有“首因效应”，在与对手的交往过程中，对方留下的第一个形象（气质、风度、谈吐等）常常使人产生深刻的印象，并对今后的谈判活动产生深远的影响。

4. 沟通场合

另一个非语言沟通的层面是空间距离。与不同关系的他人进行互动时，所需维持的距离并不相同，可分为以下四种。

（1）私人距离。私人距离是指小于0.5米的距离，这个距离只允许情感上联系高度密切的人进入，其他人特别是陌生人进入则会令人恐慌，感觉受到侵犯，心跳加速，戒备心理增强。在这个距离，同性朋友中往往仅限于知心朋友，彼此十分熟悉，无话不谈；异性朋友之间，仅限于夫妻和恋人。在商务交往中，不小心进入别人的私人距离是很不礼貌的，会引起对方的反感，但是为了与交往对象制造相识机会的跳舞除外。

私人距离的大小受到文化、性别、环境、个性的影响。不同的文化会有不同的私人距离，某些国家的人由于崇尚自由和绅士风度，往往私人距离较远，而另一些国家的人认为闻朋友的气味是对朋友的尊重，私人距离往往较近。女性之间的私人距离比男性之间的私人距离近，所以女士们经常喜欢靠得很近进行交谈。从个性上来说，外向的人较内向的人私人距离更近，容易让人近距离接触。在拥挤的环境中，私人距离会短一些。当与亲属、朋友相处时，私人距离要比处于陌生环境短。

（2）常规距离。常规距离也称交际距离，是指0.5~1.5米的距离。在这个距离内交往，一般彼此都有安全感。由于这个距离正好可以进行交谈和握手、递送名片等，所以在商务场合与交往对象进行交谈时，一般采取常规距离，利于交流。

（3）礼仪距离。礼仪距离也称尊重距离，是指1.5~3米的距离。在这个距离内交往，表示对交往对象的尊重，比较适合长辈和晚辈、上级和下级之间的交往。如果空间不够，可以用桌子等来拉开距离。如企业或国家领导人之间的谈判、人员招聘时的面谈、教师组织学生论文答辩等，都要隔一张桌子或保持一定距离，这样就增加了庄重的气氛。在礼仪距离内，不能有直接的身体接触，需要交谈双方充分运用目光交流，如果一方感受不到对方的目光，通常就会认为被忽视、被拒绝了。

（4）公共距离。公共距离也称有距离感的距离，是指3米以上的距离。在这个距离交往，人们会感到安全，可以对处于这个距离范围的其他任何人选择是否与之交往。公共距离比较适合公共场合中的陌生人、演讲者、授课者与听众等。

在商务活动中，为了达到不同的目的，往往采用不同的距离。在商务谈判场合，最常见和最实用的个体空间距离是常规距离和礼仪距离，但在谈判间隙所进行的沟通多使用私人距离。此外，谈判中的空间系统，即沟通时的地理环境，如谈判所选的场地，空间内可移动物品的摆设，室温，照明灯光和颜色，与沟通者的位置、角度变化等都可能影响谈判的沟通以及谈判的效果。

（四）非语言沟通中的障碍

在谈判沟通中，谈判者对非语言符号的解读无法做到像解读语言符号那样迅速、准确。这是因为非语言传播的特性决定了非语言沟通是一个特殊的过程。不仅沟通环境的客观因素对非语言沟通过程有影响，同时人的主观意识也会影响信息的传递以及对接收到的信息的正确理解。这些因素形成了非语言沟通中的障碍，它们会干扰信息的正常传递并引起沟通误差。

1. 谈判者的有意识行为

在谈判中，由于礼仪的制约或有目的的驱动，双方都会有意识地做出或避免做出某些动作或姿势，以控制非语言传播行为的倾向。通常有意传出的都是干扰性的信息，从而在一定程度上阻碍了正确解读非语言传播符号。自我监控程度的高低因人而异，高自我监控者有较强的非语言沟通能力，较能体会对方情绪，也能以此为依据来调节自己的表达行为。

2. 谈判者的经验

谈判者对非语言符号含义的确定是根据自己的经验得来的，即来自自己同这个符号接触的经验。经验是有个性差异的，因而个体的经验会产生对符号含义的误读，由此谈判者的经验会成为非语言沟通中的障碍。

3. 思维定式

人们习惯用一种固定的模式去思考，常常不自觉地从谈判对手的某种品质去推断他是否具备另外一些品质。第一印象中的“首因效应”就是一种思维定式。如果谈判对手谈吐不凡、风度优雅，人们往往会从积极方面去理解他，将一些优良的品质赋予他，如聪明、机智等。如果谈判对手表现平平、形象欠佳，人们就会从消极方面去理解他，将一些不良的品质赋予他，如迟钝、平庸、软弱等。其实，这些第一印象常常是不准确甚至错误的。

再如，知道某人聪明，就会推断出他富有想象力、机智、认真；知道某人轻率，就会推断出他易怒、好夸口、虚伪等。这种错误的推论常常会导致认识上的失误。此外，人们往往受名片效应左右，崇拜权威。人们常常不假思索地相信某些所谓权威，对其产生崇拜之情。有些谈判者常常利用人们的这种心理，抬高自己的身价，使人们产生某种敬畏感。一旦被这些威严的光环所蒙蔽，人们就会形成认知上的偏差。

4. 非语言环境

非语言环境，即谈判中非语言行为产生和存在的环境。它包括两部分：

一是非语言的产生背景，主要由社会、文化和传统等因素构成。谈判者的成长环境、背景、受教育程度不同，对同一事物的理解有时也就会大相径庭，从而造成沟通和理解上的偏差。当商务谈判涉及跨文化的领域时，不同文化中非语言沟通也是文化、风俗、习惯的载体，这种偏差往往会变得十分明显。

二是非语言的存在情境，即非语言存在的特定谈判情境。非语言符号常常是与特定的产生背景、存在环境或背景联系在一起的，否则，非语言符号会由于缺乏具体的、确定的含义而呈现无穷无尽性，使非语言沟通难以正常进行。这也表明非语言符号存在局限性，环境对非语言沟通过程则存在障碍性。所以，对非语言信息的解读必须结合多方面信息综合判断。

（五）加强非语言沟通的技巧

加强非语言沟通，首先，要注意同时接收来自多重途径的信息，加以综合判断，以降低误解或被误导的可能。其次，多观察对方在各种不同情境场合中的非语言行为，同时注意非语言沟通所表现出的强烈程度。当人们越在意，情绪越高涨时，非语言行为所展现的强烈程度也就越高。再次，由于非语言行为在不同的场合或文化下可能有不同的含义，因此只有加入对相关情境的考察，才能传递出最适切的非语言信息，也才能对接收到的信息做最正确的诠释。最后，要加强对欺骗的侦测。一个人在说谎时，瞬间即逝的表情、声音线索的变化、目光线索、信息之间的不一致，都是欺骗的信号。相对于面部表情而言，肢体语言或声音的线索更有效。综合肢体语言与声音线索所做出的判断结果，比仅从面部表情所得到的判断更为正确。

三、商务谈判沟通说服力的强化

在商务谈判中会遇到一些障碍或者双方意见不统一的局面，此时有说服力的沟通就可起到至关重要的作用。那么，应该如何根据对方的要求和心理以及表现进行行之有效的沟通呢？

（一）谈判中说服的作用

谈判沟通是一种说服性沟通，它是指谈判一方有意识地传递富有说服力的信息，以期唤起对方产生己方预期的观点或行为，从而试图有效地影响对方的行为与态度。因此，说服是谈判沟通的目的。谈判双方进行沟通的最终目的就是说服对方接受己方对某些问题，包括对未来形势的判断、对事物性质的分析，以及对交易方式和交易条件的安排等看法，进而达成对己方有利的协议。说服在谈判沟通中具有十分重要的地位与作用。

1. 说服是沟通的目的，说服的目的是达成有利于己方利益的协议

能否有效地说服对方接受自己的观点，对于谈判过程中双方之间的关系以

及最终所达成的协议有着重要的影响。大量研究表明，如果谈判者缺乏说服技巧，而又认为自己所坚持的观点十分重要，必须体现在谈判协议中，或是在某一问题上不能取得双方的共识情愿不达成协议时，说服无效的结果就可能是争执乃至威胁，从而导致双方之间的关系恶化，那么，要想说服对方达成有效协议则变得更为困难。

2. 强有力的说服技巧有助于建立良好的谈判者形象

强有力的说服技巧不仅能为谈判者带来理想的交易条件，而且有助于建立良好的谈判者形象。在谈判过程中，如果谈判人员能够有理有据、客观公正地表明自己的观点，以理服人、以情动人，而不是动辄大动肝火，甚至对对方进行人身攻击，不惜频繁使用威胁手段以实现自身利益，就能够在对方心目中建立起良好的形象，也可以为双方未来的谈判奠定良好的基础。

3. 谈判中的说服有助于提高谈判的效率

谈判过程是双方交换信息、试图达成共识的过程。在这一过程中，说服对方，达成有利的谈判协议，是谈判双方的重要任务，也是消耗时间较多的一个环节。有效的说服能够促使双方尽快接受有关意见，并能避免双方在谈判过程中不必要的对抗，大大缩短磋商过程，提高谈判效率。

（二）增强说服力的技巧及说服的基本方式

1. 增强说服力的技巧

说服能力与谈判者所拥有的谈判实力有着密切的关系。具备较丰富的资源能够增强谈判者的说服力，而较强的说服能力也能增强谈判者的实力。但有效的说服并不是力量的炫耀和展示，而是要帮助对方共同认识到某些力量的存在及其可能产生的影响。有效的说服也不等于威胁，而是帮助对方认识其尚未认识或未充分认识的威胁与机会，促使其接受某种观点或方案的过程。

（1）明确说服目标。要提高说服的效果和效率，谈判者首先必须明确在谈判构成中希望说服的目标，明确有哪些问题有待取得一致意见，必须在目前双方就哪些问题达成一致，己方希望达成怎样的协议，在哪些问题上即便不能取得一致也不会影响谈判目标的实现等。

（2）尊重、理解谈判对手。说服不是让对方屈服，要能有效地说服对方，就必须尊重对方。在促使对方接受某种观点的过程中，首先必须将对方视为与自己一样有感情需要的人，而不是对方企业或组织的抽象代表。特别要注意把人和问题分开。谈判过程中双方在某些问题上不能很快达成一致是正常的，谈判者不应将谈判的不顺利归咎于对方个人，更不应因此而对对方实施人身攻击。

尊重对方最重要的表现是理解对方，但理解对方并不等于成为对方的同盟，而是要在尊重对方的同时，理解对方的困难和处境、优势和劣势，发现对方的潜在需要。理解的目的并不是改变自己的观点，而是理解对方所存在的问题及寻求的利益。如果说，通过设身处地考虑对方的处境，认识到自己原来确定的谈判目标有些是不合理的，而去改变或调整，这并非对自己不利，反而是有利于满足自身实际利益的行为。因为只有能够同时顾及双方的需要，能够同时在一定程度上满足双方利益要求的协议才是可能达成的协议，也只有用这样的方案才能说服对方。况且，对方也同样有可能改变角度看问题，修正自己原先确定的谈判预期。

（3）帮助对方寻找说服背后利益集团的依据。谈判中的外部环境和内部环境都在不断变化，谈判者在对对方的预期与其在实际谈判中所了解到的对方的状况往往有相当的差异。因此，在谈判开始后，谈判者个人在双方间充分沟通后所持有的观点与谈判开始前其领导或集体为其所设定的目标可能有所不同。但考虑到背后利益集团的压力，谈判代表仍可能不愿意接受某些观点。在此情况下，有效的说服手段不是迫使对方的谈判人员接受，而应帮助其找到有助于说服其背后利益集团的充分理由。谈判者越是能向对方表明其所提出的主张对对方组织的价值，也就越能帮助对方找到更多的说服其背后压力的依据，那么，有效说服对方的可能性就越大。

（4）树立良好的说服者形象。传播学理论认为，只有当信息的传播者及其所传播的信息具有较高的吸引度、可靠度时，才能有效地获得说服对象的信任和认可。因此，谈判者必须注意树立良好的形象，努力给对方留下知识丰富、明辨是非、注重以理服人而不是强词夺理、以势压人的良好印象。

谈判中的沟通与说服是共同起作用的。如果有效的说服能帮助谈判者在谈判桌前确定立场，并积累提出要求的可信度，那么，沟通和说服可以帮助谈判者发掘谈判利益所在，调整谈判者之间的关系，从而帮助谈判者创造性地完成交易。

2. 说服的基本方式

（1）逻辑推理。人们在说服他人时会运用逻辑推理的方式。经过专门训练的人则更善于运用逻辑推理，也容易为逻辑推理所说服。

逻辑推理并非总是令人心悦诚服。人们时常质疑逻辑推理的事实或假设，挑战其数据或结论，双方甚至剑拔弩张，导致气氛极其紧张。一个成功的谈判者应当懂得如何运用逻辑推理的力量来说服他人，但也需要注意观察场合和时机，倘若不合时宜，恐怕只会造成适得其反的结果。

（2）强权与压力。谈判过程中经常有这样的情形：苦口婆心、耐心细致地讲了半天道理，对方却似乎根本没有听进去。于是谈判者变得烦躁不安，说话语调也逐渐变高，怒气冲冲，不满与愤怒溢于言表。

事实上，人们并不只是在不满和愤怒的时候才行使强权和压力，对于有些个人或企业来说，强权和压力是他们固有的谈判风格，他们甚至根本不屑与他人讲道理。虽然强权不失为一种有效的说服手段，尤其是期望在短期内迫使对方妥协时。但就长期而言，一味地使用强权难免会变成孤家寡人。谈判一方通过施加压力一时占了上风，很容易遭到对方报复。这并非说谈判者不要自信和果断，许多谈判者在交流会或研讨会上谈到他们遇到的最难对付的对手时都说，那些无视市场对自己不利的事实、固执己见的人往往能够最终获胜。因此，坚持不懈、自信果断也是脱离谈判困境的有效手段。

如果谈判者确实拥有谈判权力并试图在谈判中加以运用，那一定要让对方心悦诚服地接受，而非迫不得已地屈从。不要威胁对方将采取哪些行动，而是告诉对方如何避免令人不悦的后果。例如，不要说："你不答应的话，我就另寻买家。"而最好说："这样的话，我恐怕不得不寻找别的合作伙伴。你看我们怎样才能挽回局面呢？"

（3）优势互补的退让。双方优势互补的退让是指谈判任何一方所做的退让，对自己都无伤大雅，却能给对方带来显著收益。怎样才能取得互补性的退让呢？最好事先有所准备。例如，先确定价格的接受范围。在这个范围内，如果对方能够在订货量、付款方式或送货灵活性方面给予适当的优惠，己方就可以降低价格。可以先列个清单，看看己方在哪些方面可以让步，成本多大，孰先孰后，然后以这些小的代价来获得对方更大的让步。此外，还可以故意提出一些并非真的想要的条件，然后在谈判时就这些条件妥协，以换取真正想要的回报。

（4）巧用感情因素。有很多的证据表明，谈判者如果能恰当运用情感因素，如愤怒、恐惧、希望、内疚、焦虑、骄傲等，便能在谈判中占据优势地位。经过这方面专业训练的销售员往往能够说服那些顽固的顾客，就是这个原因。直播营销也是个很典型的例子。事实上，很多优秀的主播都善于运用多方面的情感因素或是幽默效果来增强影响力。还有，销售中某种商品短缺时，顾客急于抢购和囤积该商品的主要原因就是担心和恐惧，而非出于真的需要。

人在心情好时也更容易被说服。假设有一个老板要召开一个部门经理会议，会上要谈的事有两件：一件是要奖励他们，还有一件是对他们提一个更高的工作要求，你准备先说哪一个？如果先谈更高的要求，再给他们奖励，那么这个会议效果顶多一般，奖励会被大家看成"补偿"的安慰工作，奖励的效果也不会太好。那么反过来先奖励大家，效果就会好很多。

（5）理解对方真正的目标与动机。"移情"在心理学上指理解对方何以坚持某种特定观点但不必认同之的能力。通过理解对方的所思所想，才有可能引导对方的思想向自己靠拢。在谈判中，要善于理解对方固执己见的原因，尤其是对方试图解决的真正问题，这样才能够有效地说服对方。但千万要注意：是"移情"，而非"同情"。

谈判者如能表现出主动解决对方问题的姿态，往往能够得到对方的认同和积极反馈。实际上，我们抓住对方心理并迅速建立良好关系的最佳途径就是谈论对方关心的问题、利益和观点。我们总是对"知己"热情有加，也常常容易为他们所激励和诱导。因此，移情正是双赢谈判的精髓所在，可以在主动解决对方问题的同时达成自己的目标。

任务二 学会观察倾听

任务设计

有一家汽车公司想要选用一种布料装饰汽车内部。现有三家公司提供样品供汽车公司选用。公司董事会经过研究，决定请他们每一家来公司做最终说明，然后决定与谁签约。三家厂商中，有一家业务代表患有严重的咽喉炎，无法流利讲话。

如果你是这位业务代表，你打算如何使谈判成功？请设计谈判方案并模拟谈判过程。

沟通中一定会有交谈，但沟通的目的不是“说”，而是“听清楚，说明白”。在人际交往中，最善于与人沟通的高手往往是善于倾听的人。倾听，既是对别人的尊重，也是对对方的赞美和敬重，更是你在“说”之前的最佳准备。

一、倾听不只是听

倾听与听是两个相互联系而又有所区别的概念。听是人体听觉器官对声音的接收和捕捉，是人对声音的生理反应，是人的本能。只要一个人的听觉器官是完善的，就可以听，就不得不听各种各样的声音。而倾听是一种特殊形态的听，它是以听为基础，是人主动参与的听。人必须对声音有所反应，在这个过程中，人必须思考、接收、理解，并做出必要的反馈。一般情况下，倾听还需要视觉器官的参与，因为在倾听的过程中必须理解别人语言之外的手势和面部表情，特别是眼神和感情的表达。

二、倾听的作用

（一）倾听可以调动人的积极性，能激发对方的谈话欲

说话者感到自己的话有价值，他们会乐意说出更多有用的信息，好的倾听者会促使对方思维更加灵敏，产生更深入的见解。优秀的管理者都会向员工强

调倾听的重要性，也会抽出时间来聆听下属的讲述，并做好记录，由此满足员工的自尊心和倾诉的愿望，从而调动他们的积极性。

（二）倾听可以改善人们的关系

倾听能给说话者提供说出事实、想法和感情等心里话的机会。倾听的时候，可以更好地理解他们，而对他们讲话表现出的兴趣和理解会使他们感到愉快。这样，彼此的关系可以得到改善，让彼此相处得更融洽。

（三）倾听是一种能力，也是沟通与交流的基础

一个人要和别人交谈，不仅自己要懂得如何去说，更要懂得如何去聆听。缺乏聆听的技巧，往往会导致轻率的批评。一个人会任意地批评或发出不智的言论往往是因为他不管别人说什么，只想主控整个交谈的场面。如果仔细聆听他人的意见的回馈或反应，就能确定对方有没有在听自己说话，得知对方是否已了解自己的观点或感觉。也可以看出对方所关心、愿意讨论的重点在哪里。人常说，“成败是说出来的，机遇是听出来的”。只有插上“听”与“说”这两只翅膀，才能在商务谈判与沟通中“自由飞翔”。

善于倾听，才能与人有良好的沟通，才能建立良好的人际关系。聆听是沟通的基础，也是沟通的技巧，是取得关于他人第一手信息，正确认识他人的重要途径，也是向他人表示尊重的最好方式。倾听使我们成为一个反馈者，一个置自己于第二位的人。善听才能善言，聆听可以帮助我们获取重要信息，激发对方谈话，获得友谊与信任；还可以掩盖自身弱点，发现说服对方的关键所在。因此，倾听既是一门与人有效沟通的技巧，也是一个人的美好品德的体现。倾听不仅是耳朵听到相应声音的过程，而且是一种情感活动，需要通过大脑、面部表情、肢体语言和话语的回音向对方传递一种信息——“我很想听你说话，我尊重和关心你”。

倾听，是迈向成功的第一步。有人曾说过，“站起来发言需要勇气，而坐下来倾听，需要的也是勇气”。

一个善于倾听别人说话的人，能给对方及时的反馈，使说话的人对其产生惺惺相惜之感并给予热忱的回报。因为每个人都希望获得别人的尊重，受到别人的重视。当我们专心致志、全神贯注地倾听时，对方一定会有一种被尊重和被重视的感觉，双方之间的距离必然会拉近。

但是，有相当一部分人在听人谈话时很难做到虚心倾听。有些人觉得在某个问题方面自己知道得更多，就经常打断对方的讲话，中途接过话题，迫不及待地发表自己的意见，不顾对方的想法而自己发挥一通，这是一种不尊重对方的表现，而实际上也未必在此时就真正把对方的意思听懂、听明白。可以想象，如果在对方发言时急于要发表自己的观点，根本无心思考对方在说些什么，甚至在对方还没有说完的时候就在心里盘算如何反驳，哪里能找到说服对方的契

机？这样的沟通是难以合拍的。

三、倾听的规则

在沟通中，要掌握倾听的规则，以提高沟通的效率。

（一）全神贯注，耐心倾听

在听对方讲话时，一定要有意识地集中注意力，努力把环境的干扰降到最小，防止走神分心。要保持一种积极的状态，以集中注意力，防止倦怠，这样还可以告诉对方自己在认真倾听。

听到不同的意见时，不要急着同对方争论，争论对于沟通和解决问题毫无帮助。在争论的世界里，没有赢家。需要保持耐心，用心倾听，实现有效沟通。

（二）察言观色，边听边想

交流沟通，除了用语言表达思想之外，还有非语言或类语言可以传递信息。因此，在倾听中要善于察言观色，包括对方的面部表情，说话的语气、语调、语速，保持的距离，等等，从中发现言外之意。

倾听者在听的过程中，总有时间空隙让自己思考。在对方说话的空隙里，要回味说话人的观点、意图，以保证自己真正理解对方的意图。因此，从这个角度说，倾听十分辛苦，不仅用耳、用眼，更要用脑。

（三）适时回应，理解赞同

没有人会喜欢和一个只知道听而没有回应的人交流。理解对方的意图，适时地回应对方的要求或表达赞同，都可以保持良好的沟通气氛。例如，可以向对方提出问题，积极地表达听到了什么。

（四）自然过渡，角色转换

在大多数情况下，人们需要不断地在听与说的角色之间来回转换。积极的听者会自然过渡，在说与听的角色之间流畅地转换。从听者的角度来说，这意味着要集中注意力听说话人的发言，而不是考虑一旦有机会要说什么。在倾听中，可以分析所听到的内容，并提出相应的问题。这样可以澄清意义、确保理解。积极的倾听者会说“我听到你说……”或“你的意思是……”之类的话语，通过用自己的语言来复述说话者所说的并把它反馈给对方，这样可以判定自己理解的准确性。

（五）自我审视，检查习惯

需要了解自己在听人讲话时有哪些好习惯，有哪些坏习惯。很多人都不会在意听人讲话的玄妙之处，这往往就会产生一些不良习惯。不良的倾听习惯包括：打断别人的话；经常改变话题；抑制不住个人的偏见；生对方的气，不理解对方；评论讲话人而不听讲话人所发表的意见；贬低讲话人；在头脑中预先完成讲话人的语句；只注意听事情过程，不注意讲话人的感情；在对方还在说话时就想如何进行回答；使用情绪化的言辞；急于下结论，不要求对方阐明不明确之处；不耐心，思想开小差，注意力分散；假装注意力很集中，却回避眼神交流；双眉紧蹙，神情茫然，姿势僵硬；不停地抬腕看表等。

同步案例

一位销售员向一位客户推销汽车，谈判和交易的过程十分顺利。当客户准备付款时，这位销售员一边掏出手机刷短视频，一边带顾客前往收银台，等他到了收银台前一回头，却发现客户突然掉头走了，车也不买了。这位销售员苦思半天，也不明白客户为什么突然放弃购买已经挑选好的汽车。他给客户打了一个电话，询问客户突然改变主意的理由。客户不高兴地告诉他："下午付款时，我同您谈到了我的儿子，他刚考上理想的大学，是我们家的骄傲，可是您一点也没有听见，只顾看您的手机。"销售员明白了，这次生意失败的根本原因是因为自己没有认真倾听客户，只有被倾听才能谈得上被重视。

有研究者进行了倾听调查，该调查显示了好的和差的倾听者的特性。

好的倾听者：

（1）适当地使用目光接触。

（2）对讲话者的语言和非语言行为保持注意和警觉。

（3）容忍且不打断（等待讲话者讲完）。

（4）使用语言和非语言表达来表示回应。

（5）用不带威胁的语气来提问。

（6）适时解释、重申和概述讲话者所说的内容。

（7）提供建设性（语言和非语言）的反馈。

（8）移情（起理解讲话者的作用）。

（9）显示出对讲话者外貌的兴趣。

（10）展示关心的态度，并愿意倾听。

（11）不批评、不判断。

（12）敞开心扉。

差的倾听者：

（1）打断讲话者（不耐烦）。

（2）不保持目光接触（眼神迷离）。

（3）心烦意乱（坐立不安），不注意讲话者。

（4）对讲话者不感兴趣（不关心，做白日梦）。

（5）很少给讲话者反馈或根本没有（语言或非语言）反馈。

（6）改变主题。

（7）妄作判断。

（8）思想封闭。

（9）谈论太多。

（10）自己抢先。

（11）给不必要的忠告。

（12）忙得顾不上听。

有效的沟通，需要首先会做一位用心的倾听者。“善听者善交人”，从倾听开始，才能进入万花筒般的沟通世界。

四、谈判中的倾听

谈判中的沟通和交流经常带有多重利益，当谈判者力图站在己方利益的角度去影响谈判对手时，谈判者必须尽力识别和理解对方的真实意图和利益，以免对方感到恼怒和进行防卫。而正确识别和理解的一个重要手段就是倾听。

积极的“倾听”对于谈判沟通来说是维护双方利益的行为，需要高度重视。谈判者不仅要争取完整而准确地理解对方表达的表面含义和实际意图，而且要善于发现问题、把握机会，与对方共同寻找解决问题的方法。但是，要克服倾听的障碍，如精力的限制、个性、知识和语言能力、嘈杂的环境等。

有效倾听的障碍如表7–2所示。

表7–2　有效倾听的障碍

障碍要素	具体表现
懒惰	如果事项复杂或困难就不听； 如果要花太多时间也不听
思想封闭	拒绝保持一种宽松、和谐的环境； 拒绝思考讲话者的观点并接受有益的部分
固执己见	公开或不公开地表示与讲话者意见不一致或与讲话者争辩； 当讲话者的观点与自己不同时，变得情绪化或激动
厌倦	对讲话者的话题缺乏兴趣； 对讲话者不耐烦； 倾听时“梦游”或用某事搪塞
疏忽	注意讲话者的表达习惯，而不是信息内容； 被办公设备、电话、其他谈话等噪声弄得心烦意乱

实现有效倾听，就要设法克服上述障碍。事实上，由于人们精力的限制，在整个谈判过程中，谈判者不可能在妥当地回答对方问题的同时，又一字不漏地收集并理解对方表达内容的全部含义，并鼓励对方进一步充分地表达其所面临的问题和其对有关问题的想法。在谈判的过程中，要把握以下基本原则。

（1）耐心地听。有效倾听首先是谈判者在双方沟通过程中必须能够耐心地倾听对方的阐述，不随意打断对方的发言。随意打断对方发言不仅是一种不礼貌的行为，而且不利于对方完整而充分地表达其意图，也不利于己方完整而又准确地理解对方的意图。不要尝试猜测说话者的意图，当对方说完之后，你自然会知道。

（2）对对方的发言做出积极回应。谈判者在耐心倾听对方发言的过程中，还要注意避免被动地听。谈判过程中沟通的关键在于达成相互理解，谈判者不仅要善于做一个有耐心的听众，而且要善于作理解对方的听众。在听的过程中，应当通过适当的面部表情和身体动作，对对方的表达做出回应，鼓励对方就有关问题做进一步的阐述。

（3）主动地听。在谈判过程中，一个积极、有效的谈判者能认识到“少说多听”的重要价值，但少说多听不等于只听不说。在听的过程中，谈判者不仅应当对对方已做出的阐述给出某些肯定性的评价，以鼓励对方充分表达其对有关问题的看法，而且要利用适当的问题，加深对对方有关表述的理解，引导对方表述的方向。

（4）做适当的记录。在长时间及比较复杂问题的谈判中，谈判者应对所获得的重要信息做适当记录，作为后续谈判的参考。

（5）结合其他渠道获得的信息，理解所听到的信息。谈判者应当善于把从不同途径、用不同方法获得的信息综合起来理解，辨清真伪，判断对方的真实意图。

任务三
掌握问答技巧

任务设计

阅读以下案例，讨论问答技巧在沟通中的作用。

美国总统罗斯福在当海军军官时，他的一位好朋友无意中问及有关潜艇基地的事情，作为军事机密这是不能随便说的，但如果直言回绝，一定会使好友尴尬。

罗斯福巧妙地问他的好友：“你能保守秘密吗？”

“能。”朋友简短地回答。

罗斯福笑着说：“我也能。”

朋友一听这含蓄的答复，立刻意识到自己问了一件不该问的事情，也就笑了起来，改变了话题。

就其基本构成来说，谈判是由一系列的问与答所构成的，有问必有答。“问”有问的艺术，“答”有答的技巧。掌握问答技巧，才能达到谈判沟通的最佳效果。

一、提问

提问是了解对方的需要、获取己方所需信息的手段，也是表达谈判者自身情感的一种手段。有效的提问是谈判能力的表现。提问是在谈判中获得信息的基本方式，提出好的问题可以使谈判者了解对方的观点、支持性论据和真实需求的大量信息。

例如，有两户卖煎饼的商家。一家问顾客：“要不要加鸡蛋？”顾客的回答显然就是“不要”或者是“加一个”；另一家则这样问顾客：“加一个鸡蛋还是两个？”多数顾客在这样的“诱导”下往往回答“一个”或“两个”。两家生意会出现怎样的差别？答案不言而喻。

提出的问题大致可以分为两类：易于处理的问题和难于处理的问题。易于处理的问题容易引起听者的注意，并能使其准备好进一步回答问题（如“我可以问你一个问题吗”）、提供信息（如“这需要多少钱”）和提出观点（如“你对改善它有什么建议”）。

难于处理的问题会引起麻烦，阻碍信息的提供（如“你不知道我们买不起这个吗”），并会使讨论得出错误的结论（如“你不认为我们已经谈得足够多了吗”）。大多数难以处理的问题都可能使谈判者产生对对方的防卫心理和愤怒情绪。虽然这些问题可能提供信息，但它们也可能使对方感到不愉快，并使对方不愿意再提供任何信息，不利于沟通的继续进行。

在谈判中，谈判者可以通过对不同问题的运用，实现不同的预期效果。但一般来讲，应尽量避免难以回答的问题，使谈判在融洽的气氛中进行。

提问是了解对方的需要，获取所需信息的手段，也是表达谈判者感情的一种手段。有效的提问是谈判沟通能力的体现。提高提问效果的关键是处理好三个问题，即问什么、何时问及怎样问。

所提问题应与谈判情节相适应，在开场陈述之前，可以用巧妙提问来营造良好的开局谈判气氛。比如“旅途怎么样”“对这里的生活习惯吗”等提问，可以表达己方对对方的关心。在实质性谈判阶段，提问应围绕交易条件的磋商展开，这时再提题外的问题既不自然也可能延缓整个谈判的进行。一般来说，谈判中的提问应注意以下几点。

（一）把握提问的时机，注意提问的速度

在对方对上一个问题的回答未结束前，不要急于提问。此外，谈判者受情绪的影响在所难免。谈判中，要随时留心对方的情绪，在适当的时候提出相应的问题。例如，对方心情好时，常常会轻易地满足己方提出的要求，而且会减轻戒备心理，透露一些相关信息。此时，抓住机会提出问题通常会有所收获。

同时要注意的是，提问时说话速度太快，容易使对方感到不耐烦，甚至有时会感到你是在用审问的口气，容易引起对方的反感；反之，如果语速太慢，容易使对方感到沉闷、不耐烦，从而降低提问的力量。因此，提问的速度应该快慢适中，既可以使对方听懂问题，又不会使对方感到拖沓和沉闷。

（二）有准备的提问和随机提问相结合，提问后给对方足够的答复时间

在正式会谈开始前，应进行提问设计，列出自己在谈判中需要提出的主要问题，并对提问时机、人选、方式等做出预先筹划；在谈判过程中，根据自己对对方的观察，总结对方已有的表现，调整提问的内容和方式。

提问的目的，是让对方答复并最终收到令我方满意的效果。因此，在谈判者提问后，应该给对方足够的答复时间。同时，自己也可利用这段时间，对对方的答复以及下一步的提问进行必要的思考。

（三）合理进行提问的人员分工

在一个谈判小组内，如果总是由一个人提问而其他人保持沉默，有可能使提问者成为对方的攻击目标。因此，应根据谈判小组各成员的知识储备、性格特点及讨价还价的需要，对提问进行合理分工。如当谈判价格问题时，可由己方技术人员询问对方的技术指标，以帮助讨价还价。

（四）善于追问

在核实对方资信状况、磋商交易条件时，对对方回答不完整或故意避而不答的问题，要有耐心地追问，或转换角度继续提问。

（五）要以诚恳的态度来提问

当直接提出某一个问题，对方或是不感兴趣，或是态度谨慎而不愿展开回

答时，我们可以转换一个角度，用十分诚恳的态度来询问对方，以此来激发对方回答问题的兴趣。实践证明，这样会使对方乐于回答，也有利于谈判双方感情上的沟通，进而利于谈判的顺利进行。

（六）在谈判中一般不应提出的问题

1. 不应提出带有敌意的问题

不应抱着敌对心理进行谈判，应尽量避免那些可能刺激对方产生敌意的问题。因为一旦问题含有敌意，就会损害双方的关系，最终会影响交易的成功。

2. 不应涉及个人隐私

对于大多数国家和地区的人来讲，个人的收入、家庭情况、女士的年龄等问题都是个人隐私，是不应涉及的。另外，国家或地区的政治、宗教以及意识形态等方面的问题属于敏感问题，也应避免涉及。

3. 不要直接质疑对方的品质和信誉

这样做非但无法使对方变得更加诚实，反而会引起对方的不满，甚至是怨恨，使双方关系恶化。如若真的需要审查对方的诚信度，可以通过其他途径委婉地表达，如可以把已经了解和掌握的真实情况陈述给对方等。

4. 不要为了表现自己而故意提问

为了表现自己而故意提问会引起对方的反感。提出不合时宜或者故意卖弄的问题，往往会弄巧成拙。

二、答问

谈判中答问的难度在于回答不当，进而容易出现两种不利局面：一是对方将己方的回答视为缺乏诚意，不值得信赖；二是己方的回答令对方误认为是承诺，从而使己方在后面的谈判中负担过重，处于不利的地位。避免上述局面出现的有效办法是，在遵循针对性、客观性、逻辑性的同时掌握一定的灵活性。

谈判中正确的答复未必就是最好的答复，正确的答复有时可能愚蠢无比。答复的艺术在于知道什么应该说，什么不应该说，而不在于答复内容的对错。

针对对方发问的目的回答是答问的最基本技巧。一般来说，提问者总有一定的目的，回答之前不予分析就贸然作答，有可能使自己陷入被动。反之，如果回答前能快速分析对方心理，分析其动机、针对其目的、根据其需要，有选择地做出与其期望完全相同、不完全相同或完全不同的回答，就可能赢得主动，至少不会陷入被动。如买方询问价格方面的情况，其目的很可能是想从卖方的回答中寻找讨价还价的依据，这时卖方的回答若能从其产品优势出发强调其价格的合理性，即可大大增强价格谈判中的主动性。

基于对对方发问目的的分析，答问的具体方式可分为以下几种，谈判者可从中选择合适的方式。

1. 正面直接回答

对对方询问的某些问题，在不涉及商业秘密，不至于使谈判者陷于被动的情况下，可以采用这一答问方式。但由于商务谈判的复杂性，对所有问题都直截了当地回答不一定是最好的方法。

2. 不完整回答

也称不彻底的回答，即对对方提出的某一问题，在回答时只答其中的某一方面或某几方面，而不作完整回答。如合作一方询问另一方企业状况，另一方可能只回答自己企业比较突出的几个方面，省略了比较落后的方面。

3. 不确切的回答

对对方的某一询问，既不作完全肯定的答复，也不作完全否定的答复。答复模棱两可，富有弹性，不一口回绝对方的某一要求，但同时又不使自己率先承受太多的约束。例如，买方问："贵方能否在5年内提供质量保证？"卖方答曰："对质量保证问题，我们过去是这样做的……"卖方没有对买方的5年担保要求做出肯定的承诺，也没有拒绝对方的要求，而是向对方介绍了过去的做法，为质量担保问题的谈判提供了基础，使买方感到有可能实现其愿望，而卖方也有很大的谈判余地。

4. 不回答

如果对对方提问的答复超出了谈判者的权力范围，或是对方的问题很难回答，可以采用这样两种方式不回答：一是转移话题，使双方讨论的热点转移；二是寻找合适借口，如尚需讨论或上级授权有限需请示等，表明自己目前不能对对方的提问立即给出答复。

回答问题时，还应注意给自己留有思考时间。在谈判过程中，绝不是回答问题的速度越快越好。在对方提出问题之后，己方可通过要求对方再次阐明其所问的问题，喝水，调整坐姿，整理一下桌上的资料，翻一翻笔记本等动作来延缓时间，考虑一下对方的问题。这样做既显得自然、得体，又可以减轻或消除对方对己方的错误感觉。同时，应注意针对提问者的心理进行答复。谈判者在谈判桌上提出问题的目的往往是多样的，动机也往往是复杂的。如果在没有深思熟虑、弄清对方的动机之前就按照常规来作答，效果往往不佳；如果周密思考，准确判断对方用意，便可做出一个高水准的回答。

回答问题时还应尽量减少对方追问的兴致和机会。提问者一般会采取连续提问的方式，环环相扣，步步紧逼，使答话者落入圈套，因此答话时不要留下尾巴，授人以柄，让对方抓住某点继续提问。要尽量遏制对方，使对方找不到继续追问的借口。如降低问题的意义："我们考虑过，情况没有你说得那么严重。"或强调时效性："现在讨论这个问题还为时过早。"

同步案例

在一次招聘面试中，面试官问："你为什么想要来我们公司工作？"面试者回答："因为贵公司是一个知名度很高的公司，公司的企业文化很有吸引力。"面试官问："那么你说说我们公司的企业文化是怎样的？"面试者张了张嘴试图回答，终因说不出确切的内容而只好说："不好意思，我还没有完全了解贵公司的企业文化是怎样的。"

这位面试者自己给面试官制造了追问的话题，而且是自己不熟悉的话题，这显然是不明智的。

三、辩论

一般来说，在准备阶段设计谈判程序时，就要努力避免辩论。但为了证明自己的立场，为了维护自身的合理要求，有时也不得不进行某种辩论。辩论开始一旦提出不同的看法，就要论证自己立场的科学性和正确性，就要说明自己意见的事实根据或法律根据。

谈判中的"辩"与听、问、答、看等沟通方式不同，它具有谈判双方相互依赖、相互对抗的二重性，是人类语言艺术和思维艺术的综合运用，具有较强的技巧性。

作为一名谈判人员，要想训练自己的思辨能力，在商务谈判中获得良好的辩论效果，应注意以下几点：

1. 观点要明确，立场要坚定

谈判中"辩"的目的，就是论证己方观点，反驳对方观点。论辩的过程就是通过摆事实，讲道理，以说明自己的观点和立场。为了能更清晰地论证自己的观点和立场的正确性及公正性，在论辩时要运用客观材料，以及所有能够支持己方论点的证据，以增强自己的论辩效果，从而反驳对方的观点。

2. 辩论要敏捷，逻辑要严密

谈判中辩论往往是双方进行磋商时遇到难解的问题时才发生的，因此，一个优秀辩手应该是头脑冷静、思维敏捷且逻辑严密的人，只有具备这种素质的人才能应付各种各样的困难，从而摆脱困境。任何一个成功的辩手都具有思维敏捷、逻辑性强的特点，为此，谈判人员应加强这方面的基本功训练，培养自己的逻辑思维能力，以便在谈判中以不变应万变。特别是在谈判条件相当的情况下，双方谁能在相互辩驳过程中思维更敏捷，逻辑更严密，谁就能在谈判中立于不败之地。这也就是谈判者能力强的表现。

课堂活动

估计价值

案例赏析

用心沟通

3. 掌握大原则，不纠缠枝节

在辩论过程中，要有战略眼光，掌握大的方向、大的前提，以及大的原则。辩论过程中要洒脱，不在枝节问题上与对方纠缠不休。但在主要问题上一定要集中精力，把握主动。在反驳对方的错误观点时，要能够切中要害，做到有的放矢。记住：谈判中要把人与事分开，着眼于需求的满足，而不是个人情感的喜恶。

4. 态度要客观、公正，措辞要准确、犀利

文明的谈判准则要求：不论如何针锋相对，争论多么激烈，谈判双方都切忌用侮辱诽谤、尖酸刻薄的语言进行人身攻击。否则，结果只能是损害自己的形象，降低本方的谈判质量和谈判实力，不但不会给谈判带来丝毫帮助，反而可能置谈判于破裂的边缘。

“谈”出美丽人生

有人说，“雄辩是银，倾听是金”。坐下来倾听比站起来说话需要更大的勇气，也体现出更难得的优秀素养。

你是一个善于用心倾听的学生吗？请与大家分享你与父母、朋友和同学沟通的故事，谈一谈你对倾听的理解。

思维训练

1. 谈判中倾听、提问、回答的过程中有哪些注意事项？
2. 商务谈判中非语言沟通的特征与作用分别是什么？
3. 结合生活中具体情境，举例说明非语言沟通的多种表现形式。

项目实训

实训目标：

学会在谈判中运用沟通技巧化解谈判冲突。

实训内容：

在本实训中，给出如下场景：一位怒气冲冲的顾客来到乳制品公司，声称自己在奶粉里发现了一只活的苍蝇。但事情的真相是：该公司的奶粉经过严格的卫生处理，罐内的空气已被抽空，苍蝇是不可能存活的。过失明显在于消费者，然而面对消费者的严厉批评，争执显然无助于谈判的成功。那么，应该怎

样运用沟通技巧来消除这场纠纷呢？请模拟谈判沟通的过程。在这个过程中，鼓励学生提出一些富有创造性的方法来。

实训要求：

（1）写出沟通方案和谈判体会。

（2）两位同学组成一组，互为谈判对手。

实训步骤：

（1）每组同学练习沟通。

（2）以小组为单位练习，每个小组由两位同学组成，模拟沟通。

考核方式：

由同学根据选出示范的同学的沟通表现来做出评价。

08 Chapter

项目八

因势利导——沟通模式

凡伐国之道，攻心为上，务先服其心。

——孙膑

大凡讨伐敌国的办法，从精神上瓦解与从思想上征服才是上策，一定要首先征服他们的人心。

知识目标

- 了解沟通的动机。
- 熟悉沟通的框架。
- 掌握沟通的模式。

技能目标

- 能够选择正确的沟通模式。
- 能够增强沟通的能力，有效沟通。

素养目标

- 理解沟通在构建社会主义和谐社会中的意义。

思维导图

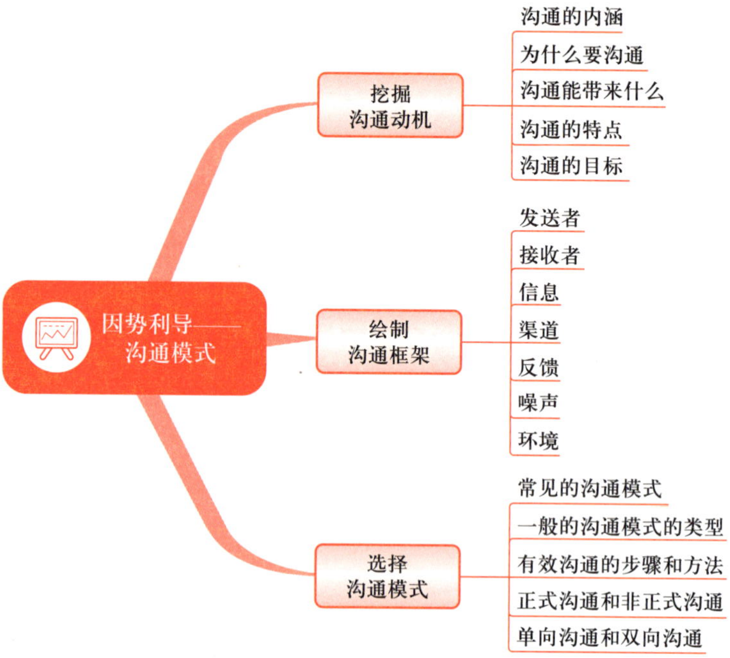

案例导读

化敌为友

富兰克林年轻的时候，曾是费城州议会的办事员。当时议会中有一个既有钱又能干的议员，他非常不喜欢富兰克林，甚至公开斥骂过他。富兰克林决心使对方喜欢他。下面是富兰克林自己叙述的经过：

“听说他的图书室里藏有一本非常稀奇而特殊的书，我就给他一封便笺，表示我极欲一睹为快，请求他把那本书借给我几天，好让我仔细地阅读一遍。

“他马上叫人把那本书送来了。过了大约一个星期的时间，我把那本书还给他，还附上一封信，强烈地表示了我的谢意。

“于是，下次当我们在议会里相遇时，他居然跟我打招呼（他以前从来就没有那样做过），并且极为有礼。自那以后，他随时乐意帮忙，于是我们变成很好的朋友，一直到他去世为止。”

思考：

从这则案例中可以得到什么借鉴和启示？

案例分析提示：

做事要因势利导，使事态朝着理想的形势发展，以获得令人欣喜的结果。富兰克林请对方借书帮忙，既表现出自己的大度与宽容，又使对方觉得自己很重要，从而对富兰克林产生好感。这既是沟通的方法，也是为人处世之道。

任务一 挖掘沟通动机

任务设计

你和一位同学因为一次争执而产生了隔阂，当你们在教室外的走廊里相遇时，你主动和他打招呼想消除彼此之间的隔阂。可是对方却别过脸去，装作没听见走开了。

你会怎么处理这样的局面？

每一个人，不论何种身份，只要生活在这个世界，就需要与人沟通。与亲人之间，与朋友之间，与同事之间，与上司之间，与客户之间……无不需要通过沟通来实现与人交往的需要。沟通可以增进彼此的感情和友谊，沟通可以消除彼此的误会与不快，沟通可以传递赞美与关爱，沟通可以实现彼此的信任与合作，世界通过沟通变得和平而精彩。可以说，沟通无处不在。

沟通是指可理解的信息或思想在两个人或两个以上的人群中传递或交换的过程，其目的是激励或影响人的思想或行为。沟通能分享信息、传达思想、交流意见、表明态度、交流感情、表达愿望。

通过沟通，会迸发出思想的火花；通过沟通，快乐能够融化苦恼；通过沟通，能使心灵走得更近。沟通随时存在于我们的生活中，沟通让生活变得更加美好。

一、沟通的内涵

通过书面、口头与无声语言的媒介，可以有效、明确地向他人表达自己的想法、感受与态度；也能较快、正确地解读他人的信息，从而了解他人的想法、感受与态度。沟通涉及许多方面的内容，如简化运用语言、积极倾听、重视反馈、控制情绪等。虽然拥有沟通能力并不一定就能成为一个成功者，但缺乏沟通能力则会使人们遇到许多麻烦和障碍。因此，要先了解沟通的内涵，即沟通是为了什么。

沟通有三个重要的内涵：

（一）沟通是一种被感知的过程

在沟通中，重要的不是所传达信息的内容，而是把信息传达给对方所使用的方法。正是这一方法，激励着对方去聆听要沟通的内容。

（二）沟通是一种有意义的过程

每个人都会依据自己的经历、以前的经验形成有意义的思想。而在沟通的过程中，这些思想就会贯穿在整个沟通的全过程，其内容表现出的是为一个目标而交流和为此目标交流的理由及重要性。

（三）沟通是一种期望的过程

工作时间拜访客户，在茶余饭后与亲人的闲聊，或者和好朋友、同学聊天，又或者和网友交谈，都是沟通。而在每一个沟通的过程中，都会有沟通双方期望的不同内容。

有研究表明，成功的高层经理约有80%的时间用在谈话和倾听意见上；在几乎所有的管理层次上，约有75%的日常工作为各类沟通。如果沟通出现了偏差，将可能无法实现自己的期望，无法被对方有效感知，失去沟通的意义。

二、为什么要沟通

假如人际沟通能力也是同糖或咖啡一样的商品的话，我愿意付出比太阳底下任何东西都珍贵的价格购买这种能力。
——约翰·洛克菲勒

（一）沟通是心理健康的需要

正常的人际沟通是形成健康心理的一个重要保障。沟通可以协调情感，即人际沟通可以使沟通者的心理得到满足。沟通可以协调动作，即沟通者可以从沟通的信息中自动调节自己的行为，从而消除人际交往的障碍，如隔阂、误会、矛盾等，增进情感，促进团结，使人与人之间的关系更加协调及和谐。

人是社会性的生物，人际沟通是其特有的需求，如果人的这种需求得不到满足，就会影响人的身心健康。保持人与人之间充分的思想情感的交流，保持实现沟通行为所必需的条件，是保证个人心理健康成长所必需的。保持正常人际沟通的人更容易获得幸福感。

（二）沟通是人际交往情感的需要

情绪情感是人际沟通交流的重要手段之一。人在情绪反应中，通过面部表情、声调变化和身体姿态来实现信息传递并达到相互了解。传递情绪情感的信息是人类心理能量在无意中的释放，而接收情绪情感的信息是人类心理在自然而然中的感受。它们可以随时不受限制地作用于人群中，决定着交往的质量。一个真诚微笑的人能够吸引很多朋友，而一个满脸怒气的人可能吓跑别人。

反过来，沟通也是情绪情感能量释放的一种表现。参加各类沟通信息、联络感情的聚会时，同一场合里，有尽兴的，有不尽兴的。有些人在活动中情绪饱满，畅所欲言，善于调节和活跃气氛；而有些人则是一言不发地坐在一个角落，不知道他是愉快还是不愉快；还有些人则可能借酒宣泄甚至哭闹。情绪情感无时无刻不渗透在人们的行为中，也时刻参与到人与人之间的沟通交流中。

（三）沟通是工作的需要

优秀的沟通者永远能够吸引别人的注意力，明确地表达自己的观点，在适当的时机把适当的信息传达给别人。具有良好的沟通能力的领导，不论在语言沟通还是书面报告中，总能清楚地表达自己的想法和观点，向下属传达公司的决策，没有任何异议或模棱两可的地方。良好的沟通能力保证了他的团队拥有明确的行动目标、快捷的反应能力和灵活性，从而保证了高绩效。

沟通是一项技能，是一门艺术，从某种程度上说，这种技能是比某些专业知识更重要的能力。不断提高自己的沟通能力，才能在奋斗的道路上走得更快、更稳。

三、沟通能带来什么

每个人都处在一个沟通的环境中。在所有的沟通中，有的沟通其结果是良好的，也就是实现了有效沟通。有效沟通对于人生发展的成败关系密切。在今天的社会，有效的沟通已关系到人们社会心理、社会交往、素质教育以及社会文明。沟通可以帮助我们走向社会、获得信息和完善自我意识。

（一）走向社会

在社会生活中，一个人不可能脱离他人而独立存在，总是要与他人建立一定的人际关系。在现代社会中，人际关系状况已经成为影响人们事业成功的主要因素。社会是由人们相互沟通所维持的关系组成的网，人们相互交流是因为需要同周围的社会环境相联系。沟通与人际关系两者相互促进、相互影响。有效的沟通可以赢得和谐的人际关系，而和谐的人际关系又使沟通更加顺畅。相反，人际关系不良会使沟通难以开展，而不恰当的沟通又会使人际关系变得更坏。

沟通是一切人际关系赖以建立和发展的前提，是形成和发展人际关系的根本途径。假如人们在思想感情上存在广泛而持久的沟通联系，就标志着他们之间已经建立起了较密切的人际关系。假如两个人感情上对立，行为上疏远，平时缺乏沟通，则表明彼此关系紧张。

智慧启迪

有研究认为：一个人只要通过最多六个人就可以同世界上其他人产生联系，这就是六度关系理论。你相信吗？不管该理论的科学性如何，建立完善的联系网络是实现成功所必需的条件之一。

有效的沟通让我们高效率地办好一件事，让我们享受更美好的生活。善于沟通的人懂得如何维持和改善相互关系，更好地表达自我需要、发现他人需要，最终赢得更好的人际关系和成功的事业。有效沟通可以满足人们彼此交流的需要；使人们达成共识，进行更多的合作；降低工作的成本；提高办事效率等。人必然要走入社会，适应社会生存环境，和谐、融洽的人际关系可使人们在工作中相互尊重、相互帮助，充满温情，减轻工作压力，有利于身心健康。

（二）获得信息

信息的采集、传送、整理、交换，无一不是沟通的过程。通过沟通，交换有意义、有价值的各种信息，生活中的大小事务才得以开展。掌握低成本的沟通技巧，了解如何有效地传递信息，能提高办事效率，提高人的竞争优势。好的沟通者可以一直保持注意力，随时抓住内容重点，找出所需要的重要信息。他们能更透彻地了解信息的内容，拥有最佳的工作效率，节省时间与精力，获得更高的生产力。社会瞬息万变，任何人都不可能依靠自身的力量去获取全部信息，因此我们必须学会与别人沟通，获取更多、更新的资讯。

在工作中，如何与上司、同事、下属沟通应该是一个严肃的问题。例如，一些企业有一种叫作“发泄日”的制度设定，就是在每个月专门划出一天给员工发泄不满。在这天，员工可以对公司同事和上级直抒胸臆，开玩笑、顶撞都是被允许的，领导不许就此迁怒于人。再如，有的企业的总经理每隔一个月就要请下属一起出去吃饭。就餐时先用一个小时让员工们彼此随意发发牢骚，也可以就管理问题提出自己的看法。这样往往可以在交流之中发现潜在的问题，了解企业症结之所在，发现问题并思考问题，进一步想出解决办法，以实现企业的更大进步。

同步案例

一座大厦因为游客的增多出现了令人困扰的拥堵问题。为了解决这个问题，工程师决定再安装一台电梯。电梯工程师和建筑师做好一切勘察准备，在现场正准备进行穿凿作业。工作还没有开始时，电梯工程师与每天在这里工作的清洁工攀谈起来。

“你们要把各层地板都凿开？”“是啊！不然没办法安装。”“那大厦岂不是要停业好久？”“是啊！但是没有别的办法。如果再不安装一台电梯，情况比这更糟。”“要是我，我就把新电梯安装在大厦外！”清洁工不以为然地说。就这样，这个“不以为然”的智慧，成就了“观光电梯”。

交流信息、群策群力是通向成功的捷径。著名的作家萧伯纳曾经说过，假如你有一个苹果，我有一个苹果，彼此交换后，我们每人仍只有一个苹果。但是，如果你有一种思想，我有一种思想，那么彼此交换后，我们每个人都有两种思想。甚至两种思想发生碰撞，还可以产生出两种思想之外的其他思想。

（三）完善自我意识

人们需要在与他人沟通中明白：我是谁？我喜欢自己吗？我的生理、心理和社会自我是什么样的？是自信的、自负的、自卑的，还是自我封闭的？父母、老师、同学怎么看你，我在乎他们的评价吗？我知道如何科学地评价自我，如何获得愉悦的心境，如何挖掘自身的无限潜能吗？

自我意识是个体对自己的各种身心状态的认识、体验和愿望，它对人格的形成、发展起着调节、监控和矫正的作用。一个人对自己的意识，包括自我认知、自我体验和自我控制三个部分。自我认知是个人对自己的认知和评价；自我体验是个人对自己怀有的情感体验；自我控制则是个人对自身的思想、言语和行为的控制。从内容上说，自我意识可以分为生理自我、社会自我、心理自我。如果一个人的自我意识出现障碍，他的认识就会变得模糊，行为就会变得荒唐、失控，整天处在浑然之中，不知所措，他将是一个人格不健全的人。

四、沟通的特点

人生就是在人来人往中开始和结束的，丰富愉快的人际交往沟通可以让人生多姿多彩。很多人缺乏真诚有效的人际沟通环境，就会感慨世界缺少真情与爱，感叹命运不公……其实，这样的人生状态可能就是由于没有掌握沟通的艺术造成的。接下来，有必要了解一下沟通的特点。

（一）准确性

信息传递与交流的过程就是沟通，因此信息必须是准确、清晰的，是客观真实的。所有沟通者都希望接收既准确又简单的信息。一旦信息传递失真或者信息过于琐碎，使人们不能及时、准确地从中了解自身的任务和要求，那么这样的沟通显然是无效的，也会影响沟通的积极性。在工作中，没有人喜欢和一个半个小时过去了还不知道要表达什么主题的人沟通。对一个处在过度兴奋或过度悲伤状态下的人传递的信息，接受度就可能达不到理想的程度，因为接收者会担心信息的准确性。因此，在沟通时要注意让对方感受到自己传递的信息是准确的。

（二）双向性

信息传递是相互的，每一方都既是传递者又是接收者。单向的交流是无法实现有效沟通的。正所谓“你有来言，我有去语”“往而不来非礼也，来而不往亦非礼也”。在一个组织的工作中，只有实现“上情下达”和“下情上达”，才能实现组织行为的有效管理和控制。双向的沟通过程如图8-1所示。

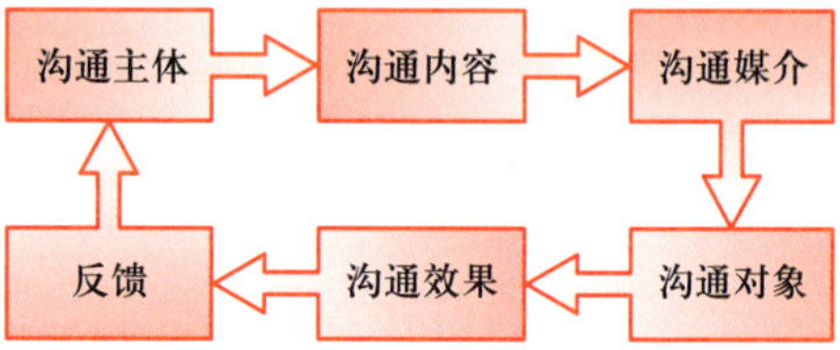

图8-1　沟通过程图

（三）依赖性

沟通越深入，彼此之间的依赖性就会越强。人际吸引程度越高，人际互动越活跃，越会实现亲密、互惠的沟通。沟通需要双方相互配合，互相补充信息并相互依赖，以实现自己的沟通目标。

在科技不断发展的今天，一些人，尤其是年轻人，长时间依赖于手机和网络进行人际沟通。这种沟通是一种单一的隐性沟通，沟通双方屏蔽了必要的视觉信息或听觉信息，仅靠单一的文字或图形等来传情达意，严格来说，这是一种不周全的沟通形式。心理咨询师将这种新的隐性沟通称为“手指沟通依赖”。很多“手指沟通族”找人沟通时，通常的流程就是先登录微信、QQ等，如果对方未在线，就在网上留言，如果得不到对方的回应，就给对方发手机短信。凭借网络和手机，喜爱“手指沟通”的人往往给人的感觉是健谈的。然而，一旦彼此完全出现在对方的视野中时，反而无话可说。

对于相当一部分人来说，那些通过网聊结交的“网友”，看微博结交的“博友”，玩网游结交的“战友”，泡论坛认识的“坛友”，已经和实实在在生活在他们周围的人同样重要了，很多人已经不自觉地陷入了对“手指沟通”的依赖。

这会导致“手指沟通”者在面对真实沟通情境时，由于缺乏直接沟通的经验和技巧，使得隐性沟通者在真实的环境中产生的“沟通恐惧”进一步加深。

而许多人在一天里，忙于处理文本、即时信息、电子邮件，或者在计算机上更新自己的脸谱页面、观看视频、网购或者玩游戏等。相当比例的成年人，对于像互联网、电子邮件和智能手机这些技术产物有着很强的依赖倾向。

网络当然是今天社会高效沟通的必备工具，有些时候觉得难以启齿的话用信息发送也不失为一种艺术。可是，它并不能取代人与人之间有声语言的交流沟通。有些项目谈判、矛盾解决、情感联系等，必须面对面地直接沟通才是正规、有效的。

五、沟通的目标

明白沟通的特点，才能实现沟通的目标。每一个沟通的目标都会包含以下几项内容。

（1）沟通是意义上的传递。如果信息和想法没有被传递到，则意味着沟通没有发生。也就是说，说者与听者之间没有形成沟通，说者没有听众。

（2）信息不仅被传递到，还要被充分理解。要使沟通成功，信息不仅需要传递，还需要被理解。有效的沟通，应该是信息经过传递后，接收者感知到的信息与发送者发出的信息一致。

（3）所传递的信息被对方接受，这是沟通目标的更高层次。但信息是否被对方接受，不能成为判断沟通是否高效的标准。信息被接受，这只是我们追求的目标。

（4）引起对方的反响。沟通的目的不是行为本身，而在于结果。如果对方理解了我们所传递的信息，并改变了自己的行为或态度，那么，沟通就产生了预期的效果，这样的沟通目标就得到了最完美的实现。

沟通的目标如图8–2所示。

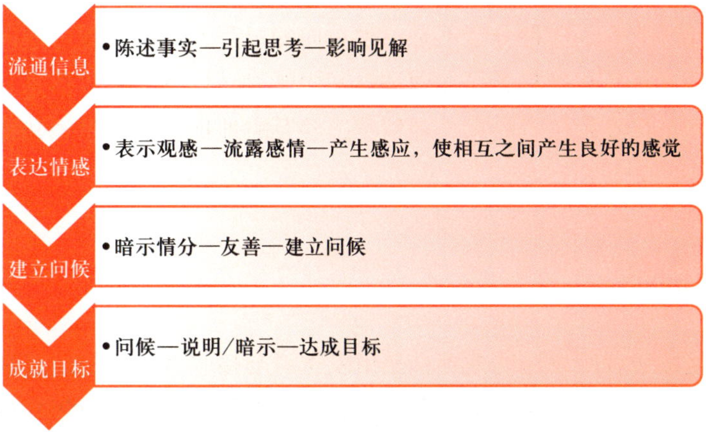

图8–2　沟通的目标

任务二 绘制沟通框架

任务设计

假如你是某商场的一位化妆品推销员，有位女士想买化妆品，但又嫌贵，你看出了她的犹豫。那么，你应该如何与她沟通，才能让结果比较令人满意？

沟通是沟通主体对沟通客体进行有目的、有计划、有组织的思想、观念、信息交流，使双方进行双向互动的过程。因此，掌握有效沟通的技巧，就需要掌握沟通过程的环节，绘制完善的沟通框架。

一个完整的沟通过程主要包括编码，通过渠道发送，通过渠道接收，译码，反馈等环节。据此，沟通包括七个要素，即发送者、接收者、信息、渠道、反馈、噪声和环境。这七个要素在沟通中都起着重要的作用。

一、发送者

发送者是指信息的发送者，是沟通过程的要素之一。发送者是利用生理或机械手段向预定对象发送信息的一方，既可以是个人，也可以是组织。发送者的主要任务是收集、加工和传播信息。

二、接收者

接收者是发送者的信息传递对象。人们要分享信息、思想和感情，所以才要进行沟通。然而，这种分享不是一种单向的过程，这个过程可逆向进行。很多情况下，发送者和接收者可在同一时间内既发送信息又接收信息。接收者的主要任务就是接收发信者的思想和情感，并及时地把自己的思想和情感反馈给对方。

三、信息

信息是发送者所发送的内容，是由发送者与接收者分享的思想和情感组成的。所有的沟通信息都是由语言和非语言两种符号组成的，思想和情感只有在表现为符号时才得以沟通。

语言中的每一个词都是表示某一种特定事物或思想的语言符号，非常复杂。例如，不同的人理解“饥饿”“挫折”“伤害”这些词时差别非常大，怎么解释这些词是由人们的经验决定的，因为人们的经验在一定程度上是有区别的，所以自然赋予这些词的含义也就不同。

此外，人们还用非语言符号进行沟通，如面部表情、手势、姿态、语调和外表等。像语言符号一样，人们给非语言符号也赋予了特定的含义：打哈欠意味着厌烦或疲倦，皱眉头表明疑虑，不看着别人的眼睛可能是隐瞒着什么秘密，等等。很多时候，某些非语言行为会发出甚至连发送者自己也意识不到的信息。

四、渠道

渠道是信息经过的路线，是发信者发出信息与接收者接收和反馈信息的手段。在面对面的沟通中，渠道主要是声音和视觉。大家熟悉的大众媒体中包括：电子类传播媒体，如网络、电视、电影、电话、广播、传真；印刷类传播媒体，如报纸、杂志、书籍、传单等；其他传播媒体，如实物、模型、广告牌、灯箱、旗帜等。另外，经常性的会议、记者招待会、演说、报告、备忘录等都是重要的信息媒体。信息发送者要借助这些媒体将所要发送的信息传递给接收者。可以说，这些媒体就是信息经过的路线（渠道）。

渠道的主要任务是保证沟通的双方信息所经过的路线畅通。渠道在沟通过程中有着举足轻重的地位，所以在日常的商务活动中，渠道的选择方式必须尽可能地符合信息的性质和传递的有效性。例如，对于十分紧急和重要的信息，不宜采用备忘录的传递方式；而员工绩效评估结果的公布，如果采用口头表达的形式就容易失去其严肃性和权威性。

五、反馈

反馈是接收者接收到发信者所发出的信息，通过消化吸收后，将产生的反应传达给发送者的过程。沟通实质上不是行为，而是过程。这意味着沟通的每一个阶段都要寻求受众的支持，更重要的是给受众提供回应的机会。通过反馈，才能正确地把握沟通的过程和有效性。

在沟通过程中，反馈可以是有意的，也可以是无意的。例如，教师在讲台上讲课时就存在一个与学生之间的沟通过程，学生可能以不回应教师提问的方式表达不满，也可能以疲惫、精神不集中这种无意间的神情和表情的流露反馈他们对教师讲解内容和方式不感兴趣。所以在沟通中，反馈是非常重要的一环，反馈让所有发信者得知对方是否接受和理解他所发出的信息，了解对方的感觉。

六、噪声

噪声是沟通过程中的干扰因素，它是理解信息和准确解释信息的障碍，可以说，妨碍信息沟通的任何因素都是噪声。噪声发生在发送者和接收者之间，具体可分为三种形式：外部噪声，来自外部环境；内部噪声，来自发送者和接收者的头脑；语义噪声，来自语词的多维含义。

七、环境

沟通是在具体的环境中发生的。环境能对沟通产生重大影响，正式的环境适合于正式的沟通。例如，礼堂就是演讲和表演的好地方，但对于交谈就不合适。如更亲密的交谈，最好在一个较小和更舒适的房间里进行，在那里可以面对面地坐着交谈。又如，在总经理办公室与在自己的工作场所进行沟通差别是巨大的。

任何形式的沟通，都必然受到各种环境因素的影响。这些因素通常指的是：

（一）物理环境

物理环境是指沟通发生的场所。在嘈杂的市场听到一则消息与以电话方式获知的效果截然不同，前者常显示出随意性，而后者却体现其私密性。在一个千人礼堂演讲和在自己办公室慷慨陈词，即使内容相同，其气氛和沟通过程也大相径庭。

（二）心理环境

心理环境是指沟通双方的情绪和态度。它包含两个方面的内涵：一是沟通者的心情、情绪。处于兴奋、激动状态与处于悲伤、焦虑状态下，沟通者的沟通意愿、沟通行为是截然不同的，后者往往沟通意愿不强烈，思维也处于抑制或混乱状态。二是沟通者对对方的态度。如果沟通双方彼此敌视或关系淡漠，沟通则常由于偏见而出现误差，双方都会较难理解对方的思想。因此，对同一信息，在心情不同的情形下往往会反馈出不同的态度。

（三）社会环境

社会环境是指沟通双方的社会角色关系。对不同的社会角色关系，有着不同的沟通模式。例如，上级可以拍拍你的肩头，告诉你要以厂为家，但你绝不能拍拍他的肩头，告诫他要公而忘私。因为对应于每一种社会角色关系，无论是上下级关系，还是朋友关系，人们都有一种特定的沟通方式预期，只有沟通在方式上符合这种预期，才能得到人们的接纳。但是，这种社会角色关系也往往成为沟通的障碍，如下级往往对上级投其所好，报喜不报忧等，这就要求上级能主动改变、消除这种角色预期带来的负面影响。此外，社会环境还包括沟通情境中对沟通发生影响但不直接参加沟通的其他人。如上司在场与否，或竞争对手在场与否，自己的措辞、言谈举止是大不相同的。

（四）文化环境

文化环境是指沟通者长期的文化积淀，也是沟通者较稳定的价值取向、思维方式、心理结构的总和。由于它们已转变为精神的核心部分而为我们自动保持，是思考、行动的内在依据。因此，通常人们体会不到文化对沟通的影响。实际上，文化影响着每一个人的沟通过程，影响着沟通的每一个环节。

当不同文化发生碰撞、交融时，人们往往能发现这种影响，外企工作人员可能对此深有体会。例如，在西方国家中重视和强调个人，沟通风格也是个体倾向的。对于组织内部的协商，美国管理者习惯于使用备忘录、布告等正式沟通渠道来表明自己的看法和观点。而在东方国家，人际的相互接触相当频繁，而且更多是非正式的。一般来说，管理者针对一件事会先进行大量的口头磋商，然后才以文件的形式总结已做出的决议。这些文化差异使得不同文化背景下的商务人员在协商、谈判过程中遇到不少困难。这反映了不同的社会角色及文化差异对同一信息的价值取向的不同，由此要求沟通的双方必须站在对方的立场，并尊重对方的民族习惯与其进行信息的交流，不能超越社会角色与忽视文化差异去进行沟通。

对于商务组织来说，要分析的沟通环境包括内部环境（文化、历史和竞争状况等），外部环境（如潜在的消费者、客户、代理机构的状况及当地媒体或国家媒体等）。在制定沟通战略前，要确保了解这些有关的环境。

任务三
选择沟通模式

任务设计

假如你是班长，最近你发现班里同学的直接互动比较少，组织一次活动参加者不到总人数的一半，许多同学都是和本宿舍的同学交流较多，与其他同学交流甚少。

面对这种状况，为了加强班级的凝聚力，你需要采用什么样的沟通模式来增强同学间的联系，获得大家的呼应呢？请写出合适的沟通方案。

人类生活中充满着各种各样的沟通行为或沟通活动，这些沟通的深入与否、效果好坏、效率高低，主要取决于沟通的模式是否正确。沟通模式是人与人在社会生活中的沟通方式。沟通模式包括输出者、接收者、信息、渠道四个主要因素。信息被准确传递且被充分理解，是需要技巧的，需要信息发送者和接收者共同努力才能实现。

一个良好的沟通者要尽力做到“编码”准确：一要注意信息的完全性，不能有所遗漏或增加；二要注意对象性，即根据不同的对象采用不同的编码方式；三要注意结合背景，联系实际，争取完成最准确的“译码”。

一、常见的沟通模式

（一）讨好型

这种类型的沟通者常自我贬抑、自我忽略、乞怜、让步，总是同意、感到抱歉，且不断试图取悦他人，尤其是对其生命中有重要作用的人。这类人最会为别人着想，很体贴，很会自我牺牲，可是却失去自我，最容易被人忽略。这类人的优点是擅长关心别人。

（二）指责型

这种类型的沟通者常常表现为忽略、支配、批评、攻击他人，经常只会去找别人的错误，并为自己辩护，要别人为自己所承受的一切负责。指责型的人非常清楚自己的看法，并且觉得自己的意见是最好的，容易忽略别人的声音。这类人的特点是拥有自我肯定的自信。

（三）超理智型

这种类型的沟通者常采取如同计算机般的冷静与冷酷立场，并不在乎自己与对方的感受，随时保持理性，以避免自己情绪化。在行为上，他们忽视他人和自己，只在意情境，非常坚持原则，固执且有强迫性，客观且不谈感情。在动作上，经常双手交叉在胸前，头仰天，鼻朝上，以“理性”来保护自己，压抑自己的情绪，家庭关系显得疏离。超理智型的个体，性格品质中理智成分超越情感成分，善于通过逻辑分析得出结论；善于分析各种选择的利与弊；善于进行批判性思维，理智感强、意志坚定；容易接受冷静的、实事求是的推理；做事讲求实效，不感情用事。对于事业成功，这些品质都具有积极意义。

（四）打岔型

这种类型的沟通者常做的事是使自己和他人分心，多半表现出一副看起来和任何事都无关的样子，而忽略自己、他人和情境。在言语上的表现为毫无道理，在语言上经常出现答非所问，思维混沌。这种方式常导致他们内心焦虑，很难获得别人的认可，并经常被人误解，认为对别人的事情不关心，只想着自己的事，很难善解人意。

（五）一致型

这种类型的沟通者常是真诚、真实的自我表达者，同时也能关注对方，在适当的情境脉络中，传达直接的信息，并且为此负责，能顾及自己、他人和情境。沟通建立在高自我价值的基础之上，达到自我、他人和情境三者的和谐互动。自我价值感比较高的人认可压力的存在，能正视处于压力之中的自己，承担起自己在压力中的责任，为有效地应对压力而做出努力。能够如实地接受并表达自己的情绪和感受，感受并接纳对方的情感，从而真正达到情感交流和沟通。

二、一般的沟通模式的类型

（1）P型。即父母式的，代表关怀、责备，是指导型的沟通方式。

（2）A型。即成人式的，代表客观、有效率，是对等型的沟通方式。

（3）C型。即儿童式的，代表幽默、有创意的，或顽皮、耍赖，是调皮、可爱的天真型沟通方式。

虽然说“话多不如话少，话少不如话好，话好不如话巧”，前人常鼓励“要言不烦”，但要面对面把话说得中肯、得体，又能有效实现沟通，就必须消除“沟通恐惧”，多说、多试，不可采取“沉默是金”的守势。

三、有效沟通的步骤和方法

（1）事前的对象资料收集，掌握全盘情况，确定沟通目的。

（2）切中要领，实话实说，清楚地表达。

（3）要留有余地让对方发表意见，维持友善态度。

（4）认识对方情绪反应的正负、强弱，并分析其沟通模式，判断对方是P型、A型、C型中的何种类型。

（5）用心倾听、观察，以与对方同等级方式应对，并舒缓情绪反应。

（6）引导对方疏通交流的情绪，掌握对方情绪后，逐步提升沟通等级至成熟、稳定的A型模式，完成沟通目的。

智慧启迪

现代管理学之父德鲁克认为，一个人必须知道该说什么，一个人必须知道什么时候说，一个人必须知道对谁说，一个人必须知道怎么说。

沟通的内容、时间和对象，是相互联系、相互影响的整体，共同决定沟通的效果。

四、正式沟通和非正式沟通

按照组织管理系统和沟通体制的规范程度，可以把沟通分为正式沟通和非正式沟通。

（一）正式沟通

正式沟通是指通过组织明文规定的渠道所进行的信息传递与交流。正式沟通畅通无阻，组织的生产经营活动及管理活动才会井然有序；反之，整个组织将陷入紊乱甚至瘫痪状态。因此，正式沟通渠道必须灵敏而高效。正式沟通的优点是正规、权威性强、沟通效果好，参与沟通的人员普遍具有较强的责任心和义务感，从而易保持所沟通信息的准确性及保密性。管理系统的信息都应采用这种沟通方式，其缺点是对组织机构依赖性较强而造成速度迟缓，沟通形式刻板，如果组织管理层次多、沟通渠道长，则容易形成信息失真。

正式沟通按信息的流向可以分为向下沟通、向上沟通和横向沟通三种形式。

1. 向下沟通

向下沟通就是指信息从较高的层次流向较低的组织层次，直到每位职工。其目的是让下层了解组织的战略目标和各时期的工作任务、工作步骤及程序、有关政策、规定、组织对职工的业绩考核评估和奖酬，以及对员工进行奖励和教育等。总之，通过向下沟通影响下属和员工，组织成员的行动与组织目标的要求会趋向一致。

2. 向上沟通

向上沟通就是指信息从较低的组织层次流向较高的组织层次，直到最高的管理层。请示和汇报是最普遍的向上沟通形式。

按照权力线的自下而上的沟通经常遇到的问题是，下层的信息经过中间管理层次时往往遇阻，中间管理层次的主管人员会过滤信息，不把所有信息特别是不利的消息向上司传送。

3. 横向沟通

横向沟通主要是指同一层次的不同部门之间由于工作上需要协作与支持所

进行的沟通联络。这种沟通在现代学习型组织中越来越重要。在传统的正式沟通系统中，横向沟通并不多，一些组织为了顺利开展工作，通过任务小组、协作会议、委员会甚至矩阵结构的办法加强横向沟通，并借助非正式沟通方式以弥补正式沟通之不足。

正式沟通的形式具体包括：

（1）会议。包括董事会、中高层管理者例会、管理质询会、部门或项目例会、全员年会、跨部门或部门内业务专项讨论会、定期的员工沟通会、演讲会或辩论会等。

（2）报告。包括年、季、月、周的工作计划与总结、各项工作报表（年、季、月、周、天的业绩结果工作报表）、各项工作记录（用于工作分析或知识积累）等。

（3）调查。包括客户满意度调查、市场调查、员工满意度调查等，用于了解需求，分析不足。

（4）培训。包括新员工培训、领导者及管理者培训、专业培训、通用技能培训等，多采用体验式、课堂式、交流研讨会、读书会等形式，须注重培训效果的巩固与应用。

（5）面谈。包括管理者与员工进行的一对一、一对多或多对多的面谈沟通，以有效征求员工意见，反馈绩效信息，激励员工行为等。

（6）书面交流。通过管理流程制度文件发布、公司及部门文档管理、邮件系统、内部网络、刊物、展板、纸质文件批复、小纸条、内部服务器共享等多种形式，促进信息的内部共享，进行企业文化宣传，提高制度知悉度，促进员工知识积累，促进企业管理效率提升。

（二）非正式沟通

非正式沟通是指正式组织渠道以外的信息沟通方式。非正式沟通是以社会关系为基础，与组织正式关系无关的一类沟通方式，它超越组织的部门和层次，所以使管理者难以控制。与正式沟通相比，非正式沟通具有一些优点：比较灵活方便，形式不拘，直截了当，速度快，能够比较真实地了解到正式沟通难以提供的“内幕”。其缺点是：组织难以控制，信息容易失真，而且它可能催生小圈子或扰乱视听，干扰正式组织的工作部署。

非正式沟通体现在以下方面：

（1）旅游。通过组织团队旅游的方式，促进员工亲情及和谐关系，提高团队合作的效率。

（2）节日或司庆活动。通过节日活动，可以宣传企业文化、增进团队凝聚力；在司庆日可举办司庆典礼活动、员工家庭日活动等，提高员工对企业的自豪感和归属感。

非正式沟通是在正式渠道之外进行的信息交流，传递和分享组织正式活动之外的“非官方”信息。非正式沟通网络构成了组织中重要的消息通道。当正式沟通渠道不畅通或出现问题时，非正式沟通会起十分关键的作用。由于非正式沟通在管理活动中十分普遍，而且人们真实的思想和动机往往在非正式沟通中更多地表露出来，因此管理心理学很重视研究非正式沟通。

同步案例

美国通用电气公司的前首席执行官杰克·韦尔奇带领通用电气公司走出困境的关键是将一半的时间用在解决“人的问题”上。他在通用电气公司这样庞大的企业中创造了一种少有的非正式沟通和共享的氛围。他从来没有给任何人发过正式的信件、备忘录；几乎所有的信息都是依靠个人便条、打电话或面对面直接沟通传递的。

韦尔奇每年都要为公司设置年度议程和为通用电气公司新诞生的英雄举行庆贺活动，为来自不同事业部的经理和他们的同行创造交换思想的机会。这些非正式的聊天通常会持续到午夜两三点钟，韦尔奇每次都会亲自参加这种会晤。在会议即将结束时，他会发表一个精心策划的讲话并让人录制下来，翻译成多种语言，然后传递到世界各地通用电气公司的分公司。

其他正式的沟通还有每季度召开的企业执行官理事会，在会上通用电气公司的高级管理人员相互交换意见。执行官们把这种会议誉为“利益共享、人人有份”，因为不管是好的还是坏的信息都是公开的。

韦尔奇运用的最重要的沟通形式之一是非正式沟通，他时刻与下属保持着高效的沟通状态。每周韦尔奇都要对工厂或办公室进行突击访问，和通用电气公司各个层次的人员进行交谈。他定期地和那些比自己低好几级的经理共进午餐，在进餐间隙，他可以吸收他们的观点和看法。韦尔奇平均每年都要会见通用电气公司的几千名员工，并与之交谈。

五、单向沟通和双向沟通

沟通按照是否进行反馈，可分为单向沟通和双向沟通。

（一）单向沟通

单向沟通是指在沟通时，一方只发送信息，另一方只接收信息，双方无论在语言或情感上都不要信息的反馈，如做报告、发指示、下命令等。单向沟通是指发送者和接收者这两者之间的地位不变（单向传递）。单向沟通的速度快，信息发送者的压力小，但信息接收者没有反馈意见的机会，不能产生平等感和参与感，不利于增加信息接收者的自信心和责任心，也不利于增进双方的感情。

（二）双向沟通

双向沟通是指发送者和接收者两者之间的位置不断地交换，且发送者是以协商和讨论的姿态面对接收者，发出信息以后还需及时听取反馈意见，必要时双方可进行多次重复商谈，直到双方共同明确和满意为止，如交谈、协商等。发送者和接收者之间的地位不变为单向沟通，两者之间地位变换是双向沟通。双向沟通的优点是沟通信息准确性较高，接收者有反馈意见的机会，产生平等感和参与感，增加了自信心和责任心，有助于增进双方的感情。

（三）单向沟通与双向沟通的比较与应用

单向沟通的速度比双向沟通快；双向沟通的准确性比单向沟通高；双向沟通中沟通双方有更高的自我效能感；双向沟通中的人际压力比单向沟通时大；双向沟通动态性高，容易受到干扰。

一个企业如果只重视工作的快速与成员的秩序，如大家熟悉的例行公事、低层的命令传达，可采用单向沟通；如果要求工作的正确性高，重视成员的人际关系，则宜采用双向沟通。处理陌生的新问题，上层组织的决策会议，双向沟通的效果较佳。

课堂活动

传递有效信息

由于与问题无关的信息较容易进入沟通过程，双向沟通的噪声比单向沟通要大得多，因为沟通的双方或一方未掌握沟通的技巧（即沟通的心态与方法）。对于有经验的沟通者，是能够在沟通的过程中掌握住问题的关键，应用聆听、区分、提问、回应等能力进行谈话的把控而最终达成简捷、有效的双向沟通。

案例赏析

沟通消除误解

营销活动牵扯到企业与顾客的沟通，是一种信息沟通和价值实现的过程，这个过程应该是双向的。

“谈”出美丽人生

对于个人来说，有效沟通在维护和谐的家庭环境、工作环境、社交环境等方面有着深层次的意义。

请从个人的沟通经历出发，扩展到社会和国家层面，谈一谈沟通对于构建社会主义和谐社会具有怎样重要的意义。

思维训练

1. 为什么人人都需要沟通？
2. 一个完整的沟通过程是怎样的？哪些因素会影响沟通效果？
3. 面对不同的沟通对象，应该如何选择正确的沟通模式？

项目实训

实训目标：

根据不同的沟通对象选择合适的沟通模式，进行有效沟通。

实训内容：

在本实训中，给出一个场景：一名学生因为要去外地参加面试而打算请三天假，他需要同时得到班主任和任课教师的同意，否则将按旷课三天处理。面对此景，他要分别和任课教师与班主任沟通。参与者三人一组，进行沟通练习，一人扮演学生，一人扮演班主任，一人扮演任课教师。最后评选出沟通最有效的一组进行示范。在这个过程中，鼓励学生想出一些有创造性的沟通技巧来。

实训要求：

（1）写出沟通策略和体会。

（2）每位同学都须承担任务，并且在模拟沟通中担当一定的角色。

实训步骤：

（1）组建沟通小组，分工合作，积极准备；

（2）以小组为单位进行练习，每个小组由三位同学组成，分角色进行模拟沟通。

考核方式：

准备工作的态度（50分）+沟通中的表现（50分）。

09 Chapter

项目九

降体以礼——沟通礼仪

降体以礼，降心以乐。所谓乐者，非金石丝竹也，谓人乐其家，谓人乐其族，谓人乐其业，谓人乐其都邑，谓人乐其政令，谓人乐其道德。

——《黄石公三略》

让人行动上服从依靠的是礼，让人内心服从依靠的是乐。所谓乐，不是金、石、丝、竹这些乐器，而是教育人热爱他的家庭和宗族，热爱他的职业，热爱他居住的城邑，热爱国家政令，热爱道德礼仪。

知识目标

- 了解礼仪的含义和作用。
- 熟悉塑造礼仪形象的方法。
- 掌握商务交往中的礼仪规范。

技能目标

- 能够塑造良好的个人礼仪形象。
- 能够在商务活动中展现自己得体的沟通礼仪。

素养目标

- 融礼仪培养于人格塑造之中，以礼仪之美悦己悦人。

思维导图

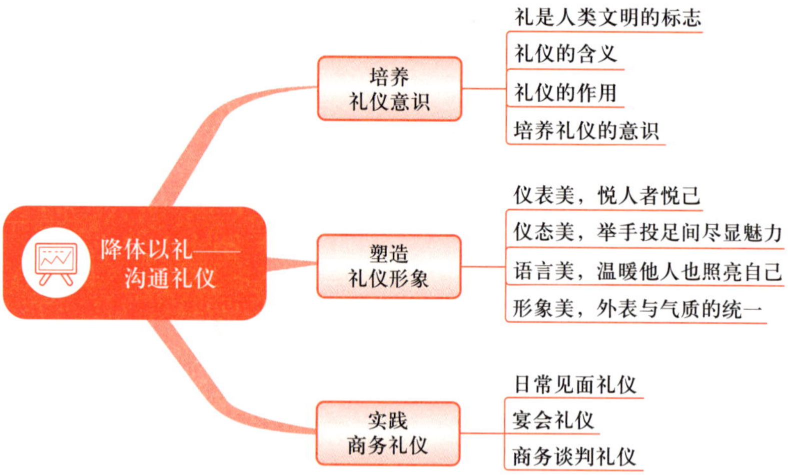

案例导读

某制药厂因为资金短缺而濒临倒闭。幸运的是，有一家投资商看中了这家制药厂的发展潜力，只要他们能促成合作谈判，这家药厂就可以起死回生。谈判进行得很顺利，马上就能签约，但在签约之前，投资公司的领导要到该厂视察，该厂厂长陪同参观车间。可是等到视察结束后，对方公司却拒绝签约。

厂长不明所以，经过询问才得知：视察期间自己不经意间吐了一口痰，使投资公司的人看到后，决定不再签约。投资方的理由很简单：这是制药厂，是人命关天的地方，怎么能随便吐痰呢？该厂长一个不经意的失礼举措，导致了整个合作项目的失败。

思考：

这位厂长的行为反映出什么问题？生活或工作中哪些类似的行为会让你非常反感？

案例分析提示：

礼仪是一个人内在修养和素质的外在表现，言语不当、举止失礼，都会使人产生反感甚至厌恶，必然影响沟通的顺利进行，甚至带来工作上的损失。

任务一
培养礼仪意识

任务设计

如果你计划从事商务工作，那么现在就需要为自己制定一份提升职业素养的方案。在这份方案中，要体现出你的学识、气质、修养、职业道德、工作价值观，以及你为此而需要采取的行动方案。

“不学礼，无以立”。一个人只有学习礼仪，才能潜移默化地形成高尚的道德品质，才能在社会上立足。

礼仪是人们在长期生活中约定俗成的行为规范，它与人类文明相伴而生，随着人类文明的发展而发展。礼仪是人类文明和进步的重要标志，它体现了时代的风格与道德文化的水平，有着极其丰富的内涵。中国素有礼仪之邦的美誉，每一个礼仪之邦的华夏儿女，都应该培养自己的礼仪意识，成为知礼、守礼和行礼的人。

坚守中华文化立场，提炼展示中华文明的精神标识和文化精髓，加快构建中国话语和中国叙事体系，讲好中国故事、传播中国好声音，展现可信、可爱、可敬的中国形象。
——党的二十大报告

一、礼是人类文明的标志

《礼记·冠义》曰：“凡人之所以为人者，礼义也。”《礼记·曲礼上》曰：“鹦鹉能言，不离飞鸟；猩猩能言，不离禽兽。今人而无礼，虽能言，不亦禽兽之心乎？夫唯禽兽无礼，故父子聚麀。是故圣人作，为礼以教人，使人以有礼，知自别于禽兽。”

由此可见，中国自古以来就是礼仪之邦，重视品德与修养。

二、礼仪的含义

礼仪是指人们在各种社会交往中所形成的，用以美化自身、敬重他人的行为规范和准则，具体表现为礼貌、礼节、仪表、仪式等。

为了更完整、更准确地理解礼仪这一概念，下面从不同的角度对礼仪进行不同的表述。

（1）从个人修养的角度来看，礼仪可以是一个人的内在修养和素质的外在表现。也就是说，素质体现了对礼仪的认知和应用。

（2）从道德的角度来看，礼仪可以被界定为为人处世的行为规范或标准做法、行为准则。

（3）从交际的角度来看，礼仪是人际交往中适用的一种交际方式或交际方法，也是一种艺术。

（4）从民俗的角度来看，礼仪既是人际交往中必须遵守的律己敬人的习惯形式，也是人际交往中约定俗成的对人尊重、友好的习惯做法。简而言之，礼仪是待人接物的一种惯例。

（5）从传播的角度来看，礼仪是一种在人际交往中进行相互沟通的技巧。

（6）从审美的角度来看，礼仪是一种形式美，是人心灵美的必然外化。

了解上述对礼仪的各种解释，可以进一步加深对礼仪的理解，并且更准确地对礼仪进行把握。

三、礼仪的作用

孔子认为，礼仪是一个人“修身、养性、持家、立业、治国、平天下”的基础，即礼仪是普通人修身养性、持家立业的基础，也是一个领导者管理好企业、治理好国家的基础。“人无礼则不生，事无礼则不成，国家无礼则不宁。”作为指导人们言行举止规范的礼仪，已逐渐受到社会各界的普遍重视，因为它有着非常重要的作用，既有利于个人，也有利于社会。因此，要学礼用礼，以礼待人。

礼仪的作用主要表现在以下几个方面。

（一）有利于提高人们的自身修养

在人际交往中，礼仪是衡量一个人文明程度的准绳，它不仅反映一个人的交际能力，而且反映一个人的气质风度、道德修养和精神风貌。因此，在这个意义上，礼仪就是教养。通过一个人对礼仪运用的程度，可以了解一个人教养的好坏、文明的程度和道德水平的高低。因此，学习和运用礼仪有利于从仪表仪容、举止谈吐等方面更好地塑造个人形象，提高个人修养。

（二）有利于改善人们的人际关系

在日常生活和工作中，礼仪能够调节人际关系，从一定意义上说，礼仪是人际关系和谐发展的调节器。在现代生活中，人们的相互关系比较复杂，礼仪有利于使冲突各方保持冷静，缓和与避免不必要的矛盾与冲突。人们在交往时按礼仪规范去做，有利于加强人们之间的互相尊重，建立友好的合作关系。

古人云：“世事洞明皆学问，人情练达即文章。”这句话其实就是讲人际交往的重要性。运用礼仪，除了可以使个人在交际活动中充满自信、胸有成竹，还能够帮助人们规范彼此的交际行为，更好地向他人表达自己的尊重、友好与敬意，增进彼此之间的了解与信任。如果人们都能够自觉主动地遵守礼仪规范，按照礼仪规范约束自己，就能建立相互尊重、彼此信任的关系，更好地取得交际的成功，造就和谐、完美的人际关系。

（三）有利于提高整体形象

人是社会中的个体，个人的教养反映其素质，而素质又体现于生活中的每一个细节。一个人、集体、国家的礼仪水准如何，往往反映着这个人、集体、国家的文明程度和整体素质。随着社会的发展，企业能否在激烈的竞争中保持优势地位，不断地发展壮大，最重要的因素是如何树立和保持良好的企业形象。其中，员工的素质是影响企业形象的主要因素，每位员工的礼仪修养无疑会起着十分重要的作用，人们往往从某个职工、某件小事情上来衡量一个企业的可信度和管理水平。

英语中的“礼仪”

当我们感知到其中的奥妙和魅力后，就能体会到知礼行礼所带来的悦人又悦己的幸福。

四、培养礼仪的意识

（一）礼仪无小事

礼仪无小事，举手投足之间就可以看出一个人的道德修养和所具有的礼仪礼节水平。对现代企业而言，企业形象非常重要，而企业的形象又是由员工的形象来展示的。礼仪就是形象的灵魂。因此，于组织、于个人，礼仪都不是小事。

小处不注意礼仪的人可能不受欢迎，在某些特殊的场合甚至会造成严重的后果。与此相反，一滴水可以折射太阳的光辉，小处端正的人往往能取得人们的信任。例如，在参加求职面试时，不经意的抖腿动作可能会让人失去成功的机会；代表公司与客户沟通时，大方得体、彬彬有礼的言行可以使沟通顺畅愉快。

青年学生是社会的希望，前程远大，在踏入社会的头几步，“小处不可随便”尤其重要。但是“小处”又实在太多，几乎布满了人生的时时处处，完全做到似乎很难。不过，许多貌似很难的事情，只要抓住了要领就能化难为易，做人的诀窍就是修身养性，固其根本。别人的教诲固然重要，最关键的还是自己塑造自己。

只有自觉养成诚实守信、善良宽厚、尊重别人、遵守规则、热爱自然等好习惯，进而内化为人格，使自己成为大写的人，这样哪怕“小处”再多，也会像夏夜雨后的星空一样，不必时时点燃、擦拭，也能光辉灿烂、晶莹剔透，成为人见人爱的风景线。

讲礼仪不是一个人的问题，更不是小问题，有时是一个家庭修养的体现，甚至是一个民族修养的体现。一个人走出家门，肩上就扛着家庭的荣辱；走出校门，肩上就扛着学校的荣辱；走出国门，肩上就扛着国家的荣辱。因此，我们每一个人都应从身边小事做起，成为一个有礼之人，把“礼仪之邦”的礼仪文明发扬光大。

（二）礼仪体现细节，细节展示素质并决定成败

日常生活中的小事在许多人眼里是微不足道的，也因此可能被看得无足轻重。但是，成功和失败都是从细微的地方开始的，细节具有不可忽视的魅力，存在于我们生活的每个角落。我们说过的每一句话，做过的每一件事，都是由细节构筑的。细节决定成败。正如古语所说：“勿以善小而不为，勿以恶小而为之。”举止文明，处事得体，方可“礼行天下”。

礼仪是个人素质的综合体现，得体的衣着、文明的举止、优雅的谈吐等不仅体现一个人有礼貌，而且是一个人自信、热情、积极的精神状态的反映。

注意细节问题，才更容易与人们取得共识，便于沟通，避免周折。

现代人越来越重视礼仪，知礼、懂礼、行礼是一个人素质的体现。一个细微的动作，往往就可以体现出全部的素养，正所谓“滴水藏海”。

（三）礼仪的原则

明确礼仪的原则，才能正确地运用礼仪，用礼仪的意识来规范自己的行为。

1. 敬人原则

孔子云：“礼者，敬人也。”敬人原则是礼仪“尊敬他人”这一核心思想的体现。运用礼仪是对他人友好、尊敬的体现，同时也为自己赢得交际成功开具了通行证。正所谓“爱人者，人恒爱之；敬人者，人恒敬之”“人敬我一尺，我敬人一丈”，礼仪正是借助这样的机制得以生生不息。敬人原则就是要求人们在交际活动中，与交往对象既互谦互让、互尊互敬、友好相待、和睦共处，又将对交往对象的重视、恭敬、友好放在第一位。当然，礼待他人也是一种自重，不应以伪善取悦于人，更不可富贵骄人。此外，尊敬人还要做到入乡随俗，尊重他人的喜好与禁忌。

2. 遵守原则

礼仪是人们在社会交往中的行为规范和准则，因此，人们必须自觉、自愿地遵守礼仪，以礼仪规范指导和约束自己的言谈举止。任何人，不论年龄长幼、身份高低、职位大小，都有自觉遵守和应用礼仪的义务；否则，就会遭到公众的指责和疏远，交际就难以成功。

3. 自律原则

礼仪往来强调了礼仪的互动性，礼仪规范也体现了对交往双方的要求。而

礼仪的自律原则重点强调了交往个体要自我要求、自我约束、自我控制、自我对照、自我反省、自我检查。在人际交往中，行动上不要出格、仪态上不要失态、言语上不要失礼。《论语·颜渊》中强调人要自我约束，即“非礼勿视，非礼勿听，非礼勿言，非礼勿动”。

4. 宽容原则

宽容是一种美德，是对交往对象的人生观、价值观及个性差异等给予充分的理解和尊重。在人际交往中，人与人的思想感情可以沟通，但由于个人经历、文化、修养等因素而产生的差异不可能消除，这就需要求同存异、相互包容。宽容原则要求人们在交际活动中运用礼仪时，既严于律己，又宽以待人。要多容忍他人、多体谅他人、多理解他人，千万不要求全责备、斤斤计较、过分苛求、咄咄逼人。

5. 适度原则

适度原则要求运用礼仪时，为了保证交际的成功，必须掌握技巧，把握好分寸，做到适度、得体。例如，在一般交往中，既要彬彬有礼又不能低三下四，既要热情大方又不能轻浮谄谀，要自尊不要自负，要坦诚不要粗鲁，要信任不要轻信，要活泼不要浮躁。在接待服务中，既要热情友好、谦虚谨慎、尊重客人、殷勤接待，又要自尊自爱、端庄稳重、平等公正、不卑不亢。当然，只有勤学多练、积极实践才能掌握礼仪的运用方法，真正做到恰到好处、恰如其分。

6. 平等原则

平等原则要求对待任何交往对象都必须一视同仁，给予同等程度的礼遇。不能因交往对象之间在年龄、性别、种族、文化、职业、身份、地位、财富，以及与自己关系的亲疏远近等方面有所不同，而给予不同的礼遇。在交往中，平等表现为不骄狂、不自以为是、不厚此薄彼，更不傲视一切、目中无人，不以貌取人，或以职业、地位、权势压人，而应该时时处处平等地谦虚待人。唯有如此，才能结交更多的朋友。

7. 真诚原则

礼仪讲究“诚于中，形于外”（《礼记·大学》），心中有“礼”，然后言行才有“礼”。人际交往的品德因素中，真诚是最基本、最重要的一项。真诚原则要求运用礼仪时，务必以诚相待、言行一致、表里如一。只有如此，在运用礼仪时所表达的对交往对象的尊敬与友好，才会更好地为对方所理解和接受。口是心非、言行不一、弄虚作假，只能蒙混一时，不利于良好人际关系的营造和个人形象及组织形象的塑造。

8. 从俗原则

礼源于俗，礼与俗有着密不可分的关系。《礼记·曲礼上》指出：入竟[①]而

① 通“境”。

问禁，入国而问俗，入门而问讳。这不仅是古代人们交往时应遵循的原则，同样也适用于现代社会。不同国家、不同民族文化背景下，礼仪习俗亦不同，这就要求人们了解并遵守这些习俗，做到入境问俗、入乡随俗，切不可自以为是、唯我独尊。尤其是在国际交往中，必须主动了解并适应礼仪的差异，为交流和合作奠定基础。

（四）礼仪就在你我身边

礼仪的重要性已经为越来越多的人所认识。在与人交往时需要注意自己的服饰打扮、言谈举止，这是个人基本礼仪；在一般性的交际应酬活动中要遵守一定的礼仪规则，这是交际礼仪；在商务交流活动中，要严格遵守商务礼仪要求；如果是国家公务员，在执行国家公务时还应遵守政务礼仪；如果与外国人交流，要掌握涉外礼仪。

礼仪的目的与作用使得本来的顽梗变得柔顺，使人们的气质变得温和，使他敬重别人，和别人合得来。
——英国哲学家约翰·洛克

由此可见，礼仪就在你我身边。礼仪体现在人们日常生活的一言一行、一举一动中，礼仪在规范自身行为的同时可培养高尚的道德情操。

任务二
塑造礼仪形象

任务设计

如果你即将去拜访一位非常重要的客户，应该如何设计自己的礼仪形象？请为自己的着装、仪态和语言进行设计，并且模拟拜访客户的情境。

在人类历史的发展进程中，人们从来没有像今天如此强调形象的价值与魅力。人类正在步入一个形象制胜的时代。

无论是资深的政治家，还是初出茅庐的大学生，无论是时刻面对媒体的社会知名人士，还是为生计奔波的社会大众，都存在设计个人形象的问题。美好的个人形象，对人际交往和事业成功大有裨益。爱美之心，人皆有之。一个人的形象是一份特殊的资产，美好的形象更是无价之宝。根据自身的条件与特点，塑造令人赏心悦目的形象，是社交礼仪之基础。

一、仪表美，悦人者悦己

成功的交往一般从良好的第一印象开始，而第一印象的形成往往取决于对方的仪表所传递出的信息。因此，当今世界流行个人形象包装。许多公众人物在重要活动前要请专家为之进行形象设计与打扮。

虽然我们常说“人不可貌相”，可是试想，第一次见到某人或是对其不太了解的时候，怎么能一眼看出他的能力、价值如何？先入为主的第一印象就会形成一个标签，再次与其相遇或交往时，就会有不定期的惯向性。如果一个人的形象给我们留下了较好的印象，即使后来看到他的某些缺点，也往往会主动寻找理由来为他解释。

（一）仪表的含义

仪表，指人的外表，包括人的形体、容貌、健康状况、姿态、举止、服饰、气质、风度等方面。

仪表美不仅是一种外在表现，而且会反映出人的思想修养和精神风貌，是人内在美与外在美的有机统一。一个人仪表整洁，举止得体，就是为自己的内在素质披上了一件漂亮的外衣。因此，注重仪表礼仪是塑造形象的必修内容。

（二）仪表美的内涵

1. 仪表美的外在形式和内在本质

人的仪表美必然有一定的外在表现形式，如人的形体美是由美的法则决定的，要求人体各部分比例匀称优美，五官端正，服饰符合当时社会的审美观念，并且能够体现人的自然健康美等。同时，人的仪表美又有其内在的本质，那就是美的人体必须充分体现蓬勃向上的生命力，面部表情和体态变化所表现出的应是人丰富多彩的内心世界。因此，要实现人的仪表美，必须是外在形式和内在本质的和谐统一。抽象的、内在本质的美必须借助具体的、外在的美的形象才能得以体现。心灵美与仪表美是相互联系、不可分割的。它们互为表里、相得益彰；否则，只能是绣花枕头，金玉其外，败絮其中。

2. 仪表美的自然属性和社会属性

仪表美是以美的人体作为基础的，人体美是自然美的最高形式。古往今来的造型艺术家和美学家以不同的方式方法对人体美的奥秘进行了长期不断的探索，对人体美确定了若干基本标准，这都是仪表美自然属性的表现。但是，仪表美的本质属性是社会属性，对仪表美的评价在不同的时代、社会、国家、民族和阶级中是不同的，其客观标准是生活在不同社会形态下的人们用直观的方式，带有个人强烈主观色彩去把握的。同时，自然美是通过社会美来体现的。

世界上没有比结实的肌肉与新鲜的皮肤更美丽的衣裳。
——弗拉基米尔·马雅可夫斯基

3. 仪表美的整体性要求

仪表美必须符合整体性原则。仪表的各个组成要素之间相互联系、相互影响，共同构成一个人的仪表。只要其中一个要素不美，就会影响整体的美感，影响其他要素美的体现。只有各个要素相协调、相配合，才能真正给人以美的感受。

4. 仪表美是在具体的交际空间、时间中展现出来的

仪表美存在于人与人的社会交往过程中，应符合特定空间和时间条件下的审美要求。例如，商务工作者由于其工作性质、承担角色的要求，必然对其形体、穿着打扮、举止等有相应的规定，并且在不同场合有不同的要求和规范。不能脱离具体的交际环境来抽象地谈仪表美。

（三）服饰礼仪

服饰是人形体的外延，主要包括各类服装和饰品。俗话说“佛靠金装，人靠衣装”，在人际交往中，服装被视为人的“第二肌肤”，既可以遮体御寒，发挥多种实用性功能，又可以美化人体，扬长避短，展示个性，发挥多种装饰性功能。不仅如此，在正式场合，它还具有反映社会分工，体现地位、身份差异的社会性功能。因此，在社交场合，一个人穿戴什么样的服饰，直接关系到别人对他个人形象的评价。

同步案例

世界著名的服装心理学家高莱认为，“着装是自我的镜子”。服装是一面镜子，可以折射出一个人的思想、品位和文化。

请扫描页边二维码观看视频，讨论你对“着装是自我的镜子”的理解。

着装是自我的镜子

1. 服饰礼仪的原则

服饰礼仪在人际交往中代表着个人形象和组织形象，应该了解服饰选择的基本常识。选择服装时，根据自身特点及特定场合的需要，遵循一定的服饰礼仪原则，为自己选择一套得体和谐的服装。服饰礼仪原则包括以下几方面：

（1）个性原则。个性原则是指在社交场合树立个人形象的要求。正如世间每两片树叶都不会完全相同一样，每一个人都有自己的个性。人人都希望自己以一个独立的形象被社会接纳与承认，而服饰打扮可以帮助人们达到这个目标。一个人所穿的服装往往能传达出性格、爱好、心理状态等多方面的信息，不同的人由于身材、年龄、性格、职业、文化素养等不同，自然就会有不同的个性特点，所以服装选择首先应考虑自身特点，把握形体尺寸，力求做到“量体裁衣”，扬长避短；其次，保持并创造自己所独有的风格，突

出长处，符合个性要求，选择能与个性融为一体的服装，这样才会展示个性，尽显个人风采，保持自我，以区别于他人。切勿穷追时髦，随波逐流，使得着装千人一面，毫无特色可言。

只有当服饰与个性协调时，才能更好地发挥其效应，塑造出自己的最佳形象和礼仪风貌。

（2）适用交际目的原则。在社会交往过程中，能正确理解并充分利用服饰的社会功能，对于人际交往的顺利开展是非常重要的。在与他人交往的过程中，选择合适的服饰有助于缩短彼此间的距离，协调彼此间的关系，从而使对方接受自己，达到交际的目的。

人们总是习惯通过服饰来判别自己可交往的对象，如果一个人的穿着与其交往对象格格不入，就会很容易扩大彼此间的距离，并使相互间的沟通出现障碍。因此，从某种角度讲，穿衣打扮不仅仅是个人的事，也与他人密切相关。

人们可以通过合适的服饰让他人了解自己、认识自己，最后接受自己。因为穿衣打扮主要不是为自己，所以不管一个人是否喜欢打扮，都不能忽视自己的衣着装扮。也正因为如此，人们在选择自己的服饰时，不仅要考虑自己的喜好，而且要考虑社会的风尚及交往的对象，最终使得自身的着装符合社会交往目的。

（3）TPO原则。总的来说，着装要规范、得体，就要牢记并严守TPO原则。TPO原则是有关服饰礼仪的基本原则之一，其中的T、P、O，分别是英文中时间（Time）、地点（Place）、目的（Object）这三个单词的首字母。它的含义是：要求人们在选择服装、考虑其具体款式时，应当兼顾时间、地点和目的，并力求使自己的着装及其具体款式与着装的时间、地点、目的协调一致，做到和谐、般配。

2. 男士服饰礼仪

（1）男士西装的穿着。西装以庄重、挺拔、美观而流行于世，成为世界公认的男士正装。一般由衬衫、外套、领带、长裤和配套的鞋袜组成。西装穿着比较讲究，首先，领口要挺直，下摆要塞进裤腰。其次，衬衫的领口应稍高于西装的领口。此外，配领带时，衬衫所有的扣子都要系上，不能将袖子卷起。不系领带时，最上面的扣子不要扣住。

西装外套尽量不要有褶皱。双排扣西装比较庄重，一般要把扣子系好，不宜敞开。单排两粒扣或三粒扣的西装是传统规范的式样，其扣法很有讲究：两粒扣的可以全扣，或都不扣，或只系上面一粒；三粒扣的以扣好上面两粒扣为佳，只扣中间一粒扣也可，全都扣或不扣也未尝不可，切忌只扣最下面一粒，也不宜只扣下面两粒。西装外套上的口袋只是装饰性的，一般不装东西，保持平整即可。有些场合，左胸的口袋可以插鲜花或手帕作装饰或标记。西装裤的长度以达到皮鞋后跟上线为宜，裤线应笔直悬垂。

穿着西装时，领带起到画龙点睛的作用。领带宜选择与西装和衬衫协调搭配的色彩。领带的打法选择与其材质和长短相适宜，上面宽的一片比窄的一片略长，其长度以大箭头垂到腰带下沿处为宜。

“西装革履”表示西装穿着一定要搭配色彩相近的皮鞋。黑色皮鞋可配多种颜色的西装。而袜子的色彩应与皮鞋相同或接近。男士切忌穿白袜子配黑皮鞋。

（2）男士穿着的“三个三”原则。男士在社交场合的穿着要讲究“三个三”原则：

① 三色原则。即全身所穿的西服套装、衬衫、领带、腰带、鞋与袜一般不应超过三种颜色，同一色系算一种颜色，比如深蓝、浅蓝就是一种颜色。这是因为从视觉上讲，服装的颜色超过了三种以上，就会显得杂乱无章。

② 三一定律。鞋子、腰带、公文包以黑色为首选。

③ 三大禁忌。西服左边袖子上的商标不拆，穿着浅色（尤其是白色）的袜子，穿夹克打领带。

3. 饰品

饰品是仪表的点缀，点缀得好就是画龙点睛，点缀得不好就是画蛇添足。饰品佩戴以简单、协调为原则，与服装款式和本人性别、职业、气质相适应，同时佩戴的多件饰物力求花色、质地是同一系列，避免过于花哨。

饰品，尤其是戒指，具有明显的象征性，在社交活动中不可乱戴，以免让人误会而闹出笑话。戒指通常戴在左手上，戴在不同手指上通常有特定的含义：如戴在食指上，表示单身正在求偶；戴在中指上，表示已有心上人，正在恋爱中；戴在无名指上，表示已结婚或已正式订婚；戴在小指上，则表示不想婚恋。有些情况下也可戴在右手上。

（四）仪容礼仪

仪容是指人的容貌，是个人仪表的重要组成部分，是一个人精神面貌的外在体现。良好的仪容给人以整洁、端庄的印象，既能体现自身素养，又能表示对他人的尊重。

1. 发式

头发整洁、发式大方是个人礼仪对发式的最基本要求。整洁大方的发式易给人留下神清气爽的印象，而披头散发则会给人以萎靡不振的感觉。一般来说，发式本身是无所谓美丑的，无论男女，只有一个人所选的发式与自己的脸型、肤色、体型相匹配，与自己的气质、职业、身份相吻合时方能显现真正的美。男士头发不宜过长，前不遮眉，侧不盖耳，后不及领。相对于男士，女士的发型选择空间要更大一些，但必须考虑自身的年龄、脸型和体型等个体因素，还要因时间、场合不同而做适当的打理。发式只是仪表美的一部分，它还应该与人的面容、服饰相协调统一。

2. 化妆

俗话说“三分长相，七分打扮”，天生丽质当然令人羡慕，但大多数人不可避免地存在这样或那样的缺陷。先天条件虽然无法选择，但却可以通过修饰来扬长避短。得体的化妆要符合以下的原则：

（1）美化原则。化妆一方面要突出脸部最美的部分，使其显得更加美丽动人；另一方面要掩盖或矫正缺陷或不足的部分。

（2）自然原则。淡妆给人以大方、悦目、清新的感觉，最适合平时上班时使用；浓妆给人以庄重、高贵的印象，适用于晚宴、婚宴、演出等特殊的社交场合。

在日常工作和生活中，化妆要显得自然、真实。可以运用化妆技巧，通过熟练的化妆手段，使用各种合适的化妆品来取得自然而美丽的化妆效果，以期达到“清水出芙蓉，天然去雕饰”的理想状态。

（3）协调原则。化妆要因人、因时、因地而异，切忌强求一致，应表现出个性美，避免“千人一妆”。在化妆前，要根据自身脸部（包括眉、眼、鼻、颊、唇）的特征，进行具有个性美的整体设计，同时要根据不同场合、不同年龄、不同身份制订不同的设计方案。

（4）私密原则。需要特别说明的是：不论是化妆还是补妆，都应当避免当众进行，同时也要尽量避免与他人在工作岗位上探讨化妆问题。现代企业一般会要求女性员工“淡妆上岗”，也就是在保持一定的社交距离时，彩妆的痕迹不应十分明显。我们需要的是把美展现给周围的人，让人赏心悦目、心情愉悦足矣，而不是要告诉别人“我今天化妆了”。所以一般情况下，化妆或补妆要维护自己的私密性。

（5）男士美容原则。每一位职业男士都希望自己获得上司的信任和公众的好评，更愿意获得同性的尊重和异性的好感。要做到这一点，适当的修饰和装扮也是必不可少的。男士美容的原则很简单，只要做到清洁整齐，精神抖擞就够了。化妆并不只是女士的专利。洁肤、润肤和剃须，都是男士美容的内容。

二、仪态美，举手投足间尽显魅力

优雅、大方、自然的仪态，本身就是一种礼仪。中华民族是一个非常注重仪态、修养的民族。与仪表美相比，仪态美是一种全方位的、深层次的美。英国哲学家培根说过，“相貌的美高于色泽的美，而秀雅合适的动作的美，又高于相貌的美”。这正是因为仪态比相貌更能表现出人的气质与风度。

一个人的气质、风度和教养不仅仅是靠服饰装扮就能提高的，更不是靠人拥捧而就，而是在一颦一笑、举手投足中自然体现出来的。神态举止是人的内心世界的表露，具体表现在人的表情和举止上。仪态美，举手投足间尽显魅力。

要着重从微笑、眼神、动作及体态等方面来品味仪态美的魅力。

面部表情在人们交往中起着非常重要的作用。能够巧妙地使用自己面部表情的人，才是善于塑造交际形象的人。

（一）微笑

微笑是一个人最漂亮的表情。它是通用的世界语言，表示了理解，体现了宽容，传递了友谊，代表了赞美和祝愿。

面部表情是人心理状态的外在表现，有时能发挥言语难以表达的作用。在交往活动中，微笑既能缩短人与人之间的心理距离，又能创造出交流和沟通的良好氛围。在交往活动中微笑传递出的温馨、友好的感情，可以让他人感到愉快、轻松。

下面介绍几种微笑的养成训练方法：

1. 情绪回忆法

多回忆美好往事，即使遇到不如意、悲伤、辛酸的事情，也要提醒自己保持笑容。

2. 他人诱导法

面对镜子，听他人讲笑话，同时纠正笑姿。镜中的自己要保持正确的站姿或坐姿，微笑是轻快、自然的，切忌矫揉造作的“皮笑肉不笑”。

3. 发声训练法

面对镜子深呼吸，然后慢慢吐气，并将嘴角向两侧对称牵动，往耳根部提拉，发出“一”或“七”的声音。

4. 携带卡片法

经常在自己的皮夹中放一张写有“微笑”二字的卡片，随时随地提醒自己保持微笑。

此外，有研究表明，人在群居时欢笑的次数是独处时的30倍。因此，与各种笑话和有趣的故事相比，和他人建立友好的关系这一目的与笑声的联系似乎更为紧密。戴尔·卡耐基认为，真诚的微笑，其效用如同神奇的按钮，能立即接通他人友善的感情，因为它在告诉对方：“我喜欢你，你使我快乐，我愿意做你的朋友。”同时也是暗示对方：“我认为你也会喜欢我的。”

例如，在谈判初始阶段，双方都在对对方进行评估时，适时的微笑会对谈判双方都产生积极的效应，从而使双方产生更高的成交额，获得更大的利益。

可以说，微笑是比语言更具有亲和力的沟通方式，它能迅速地在人与人之间建立良好的关系。

（二）眼神

目光是最富表现力的一种体态语言，所以会有“眉目传情”“眉开眼笑”“目不转睛”“横眉冷对”“愁眉不展”等词语的出现。眼睛是心灵的窗口，不会隐瞒更不会说谎，愤怒时火花飞溅，哀伤时泪雨倾泻；它还会给笑声镀上一层明亮的光。

1. 正确把握和解读眼神

眼睛在生活中是人们了解客观世界的重要器官，同时是反映主观内心世界的一面镜子，是人类五感（视觉、听觉、嗅觉、味觉和触觉）中最敏感的。把握和理解眼神可以从以下几个方面来观察。

（1）看的时间。看的时间长，表示重视；反之则表示不太重视。

（2）看的角度。从行为者与交际对象的位置来说，有平视、斜视、仰视、俯视之分。

（3）集中的精力。全神贯注地看，表示注意力集中；目光游移不定，则表示注意力不集中。

（4）内含的情感。内含的情感是指眼睛周围肌肉的运动、眼皮开合的程度，以及瞳孔的变化所反映的内心情感。眼睛周围肌肉的运动较为放松，表情就较为柔和；反之，就较为生硬。眼皮的开合：瞪大眼睛表示惊愕、愤怒；眯着眼睛表示快乐、欣赏；眨眼表示调皮、不解等。瞳孔的变化：当人们看到有趣的或心中喜爱的东西时，瞳孔就会放大；看到不喜欢的或厌恶的东西时，瞳孔就会缩小。

2. 运用恰当的眼神

视线的接触是人与人之间最能传神的非语言交往，眼神传递的思想感情是最自然、最诚实的。一个眼神，可以反映出情绪是兴奋还是忧伤，是惊恐还是沉思。如：目光炯炯有神，则体现自信、精明强干；目光暗淡，则体现信心不足、无能。在交往中，眼神应以尊重、友好、理解为佳，那种闪烁不定、满不在乎或有意眉来眼去的眼神，都会造成某种交际障碍。因此，把握恰当的眼神在塑造交际形象中有着非常重要的作用。眼神的表现形式应与交谈的场合、内容相适应，与交流双方之间的关系相适应，这样才不会在交往中失礼。眼神的运用可以从以下几点把握：

（1）眼神要与场合相适应。在正式场合，尤其是会见、谈判场合，不可东张西望、左顾右盼，以免给人一种缺乏诚意的印象。在空间较大的社交场合，通过互视、微笑、点头，可以解决因距离远而造成打招呼困难的问题，使交往气氛融洽。

（2）眼神要与交往对象相适应。只有双方关系十分密切或亲密，如亲人、恋人之间，相互长时间地注视着交谈才是适宜的。对于初次相识或关系一般的异性，长时间地盯着对方，在许多的文化背景中都是失礼行为。正面上下打量人更是一种轻蔑和挑衅的表现。所以，在一般的社会交往中，不要以过分好奇的目光打量对方，同样，人们也不喜欢对方过于直露地凝视自己。在社会交往中，彼此之间的目光接触还因地位和自信程度不同而有所不同，比如在长辈面前，目光应略向下，以显示恭敬、虔诚。

在沟通交往中，对目光语言的整体要求是：友善、理解和尊重。人际交往时，应正视对方，使其感到理性、自信和坦率；除关系十分亲近的人外，视线接触的时间一般以连续注视对方1 ~ 2秒为宜；视线应停留在对方的双眼与嘴部之间的区域，以示态度的真诚。切忌：眼神闪烁不定，东张西望，心不在焉，不时地看手表，注意对方的生理缺陷，出现斜视、瞟视等不庄重的眼神。交谈中频繁眨眼、挤眉弄眼，都是有失文雅、很不得体的表现。

（三）举止

举止反映一个人的性格、心理、感情、素养和气质。个人的修养正是通过一举一动表现出来的。得体的举止，带给人们的是全方位的美的展示。

1. 举止的基本要求

"礼者，敬人也"，行为举止首先要表达出尊重他人。要彬彬有礼，行为大方得体，态度不卑不亢。坐姿、站姿、走姿都应优雅、从容。说话时避免唾沫四溅，读书看报时也应避免蘸唾沫翻页；不能冲着别人打哈欠、伸懒腰、剪指甲、挖耳朵或鼻孔、揉眼、挠头发或挠痒、吐烟圈或从鼻孔内向外喷烟；避免随意脱下上衣、摘下领带或领带歪戴、挽起袖子等动作；禁忌随便模仿残疾人的缺陷。体态语中的禁忌不一而足，必须努力克服不良的习惯，避免出现让人讨厌的行为举止。

2. 把握举止的分寸

行为举止要注意分寸，把握不好就可能显得做作、虚假、别扭。需要注意举止的三个要素：情境、角色、距离。即举止随着情境的变化而变化，举止与角色相适应，举止有社交距离。

3. 坐姿、站姿、走姿、蹲姿的基本要求

（1）坐姿。坐，作为一种举止，有美与丑、优雅与粗俗之分。优美的坐姿是端正、优雅、自然、大方的。男士入座时要轻，至少要坐满椅子的2/3，后背轻靠椅背，双膝自然并拢或略微分开。身体可稍向前倾，表示尊重和谦虚；女士入座前应用手背扶裙，坐下后将裙角收拢，双膝并拢，双脚同时向左或向右放，如长时间端坐可将两腿交叉叠放。男士和女士入座后，都要上体自然坐直，双肩平正放松，两手放在双膝上或两手交叉半握拳放在腿上，也可以小臂平放在椅子或沙发扶手上，或两臂屈放在桌上，掌心向下。

（2）站姿。站姿要带给人以美感，女士应是亭亭玉立，男士应是刚劲挺拔、稳健大方。在正式场合，男士的站姿要求身体直立，抬头挺胸，两腿并拢，脚掌分开呈V形，双手放在两侧裤缝处或交叉半握拳放于腹前。服务业的男士站姿要求身体立直，挺胸抬头，两脚分开，略与肩宽，双手在身后交叉半握

拳。在正式的场合，女士的站姿要求身体直立，挺胸抬头，双膝并拢，双脚并拢或两脚尖向外略展开，手臂自然下垂，手心微贴裤缝，或双手在腹前交叉半握拳。

（3）走姿。最能体现出一个人的精神面貌和动态美的姿态就是走姿。优美的行走姿态可以使人看上去气度不凡。因此，注意走姿的练习是非常必要的。男士的步态要体现稳健有力的阳刚之气，女士的步态要能表现出轻盈自然的柔美之气。在工作场合，行走时要抬头、挺胸、收腹，上身挺直，双肩平稳，眼睛平视，双臂自然摆动，给人以镇定自若和自然大方的气度。切忌弯腰驼背、晃动双肩或扭动身体，更不能呈内八字或外八字走路。

（4）蹲姿。在日常生活与工作中，难免会有拾起地上的物品或取低处物品的时候，很多人习惯弯腰翘臀捡起或拿起物品，这种姿势在公众场合并不是雅观之举。恰当地采用正确的蹲姿，会告诉别人，你是一个受过良好教育的人。当我们要下蹲取物时，上身尽量保持正直，臀部向下，女士要将双腿靠紧。姿态要自然、大方、庄重，避免出现不雅的姿态。

当然，在日常的工作与生活中，除了坐姿、站姿、走姿、蹲姿之外，还有其他动作举止需要注意。不经意间的举手投足，都应给别人留下美好印象。

三、语言美，温暖他人也照亮自己

俗话说，“良言一句三冬暖，恶语伤人六月寒”。仪表美和仪态美是“未曾开口先有礼”，而语言美则是直接增强自己的人际吸引能力的礼仪要素。

语言是人际交往过程中传送信息最基本、最重要的方式。言谈具有直接、生动和形象，便于对方理解和接受，时效性强等特点，是工作与生活中最常用的一种交际方式。言谈礼仪是个人基本礼仪的重要组成部分，在进行语言交流和沟通时应注重基本礼仪，并掌握一定的语言运用技巧。

（一）言谈基本礼仪

言谈过程就是双方通过语言来交流思想的过程，语言运用可以体现言谈者的思维水平、认知程度、知识底蕴以及个人修养。无论人与人之间的相互了解，还是工作中客户关系的建立，都必须借助于语言沟通。言谈礼仪主要包括以下几个方面：

1. 言谈要文明、准确

言谈要文明，要体现出自身良好的个人修养、和蔼的态度，使对方解除戒备心理，产生愿意接近的愿望。人际交往中要使用文雅的词语，不讲脏话、粗话、怪话、气话。

语言要准确，避免词不达意、语义含糊不清，否则影响工作效率。在工作中，使用普通话，不讲方言，用词恰当，且言谈内容简洁明了，才能保证语言准确。

2. 选好话题

在言谈交际过程中应有一个共同的话题，即交谈过程中涉及的中心内容，它决定谈话的方向。通常情况下，每次交谈的话题或多或少，数目不定，但主要原则是宜少不宜多。如果话题过多，会让对方感到无所适从。

在选择话题时，必须明确哪些是可以选择的话题，哪些是不应该提出的话题。初次见面时，可以考虑选择：有品位的话题；轻松愉快的话题；流行话题；对方擅长的话题等。

无论是在日常人际交往还是工作交流中，有些话题是非常忌讳且不能提及的，比如个人隐私、让对方尴尬的话题、非议他人的话题、令人反感的话题等。这些话题轻则礼失于人，重则产生纠纷。

3. 双向交流

言谈交际是通过双方之间相互沟通和相互合作来实现的，信息交流具有双向性。在言谈交际过程中，应牢记不能只顾自己长篇大论、滔滔不绝，而不留意对方的反应，要给对方留出时间表达看法和观点，这就是双向交流。给对方留出时间，让对方表达，也可以了解对方的思想、意图和想法。在谈话过程中要有来有往，与对方合作，目光应不时和对方进行接触，或者做出其他回应等。此外，还可以使谈话以交谈对象的述说为核心，以引起对方兴趣，让对方积极参与。

4. 认真倾听

在谈话过程中，交际双方在任何时刻都是发言者处于支配地位，聆听者处于从属地位，双方地位不停地进行调换，即双方都具备了双重角色。认真倾听是一种礼貌的表现，是对发言者的尊重。

要做到认真倾听，面部表情应显示出很专注，全神贯注、聚精会神，以微笑、点头等动作对对方的见解表示肯定、赞同、欣赏，可以用“嗯”“是”“对”“没错”“我也这样想”等词汇或短语来表明自己正在认真倾听。

5. 用词委婉

当自己的见解与对方产生分歧时，需要用词委婉，即含蓄、委婉、点到为止、留有回旋余地地表达自己的不同意见，不能不讲究方法，伤害对方的自尊心，让对方下不了台，感到难堪。但不能委婉到对方不能理解的程度。

6. 以对方为谈话中心

以对方为谈话中心，能表示对对方的尊重，同时也会得到对方的尊重。但己方不能一言不发、寡言少语，让谈话冷场。当对方发言时，不要插嘴、干扰和打断对方；发表己见时，不能强词夺理，自以为是。要做到求同存异，礼让三分，适可而止，不要伤和气。

（二）善于展示语言美

1. 练就好声音

拥有好嗓音，可以使交谈双方感到愉悦，也可以给对方留下美好的印象。好声音配以好言辞，可以像磁铁般深深地吸引对方，引起别人的倾听和关注。

2. 巧妙运用类语言

类语言是指在交际过程中有声音但没有固定含义的语言。在工作或日常交际中，经常使用的类语言有说话的重音、语调、笑声和掌声等形式，虽然这些类语言都没有特定含义，但它可以传递特定的信息。在信息交流过程中，类语言的作用有时会大于有声语言。

3. 善于谈话

沟通中，不能信口开河、随心所欲，要讲究说话的艺术技巧。

（1）有备而谈。交谈前，注意自己是否具有端庄的仪表、积极的精神状态，是否已经寻找好共同的话题。

（2）用语文雅。语言文雅是一个人学识、教养的体现。在人际交往中要尽量用敬语。比如：你—您；你们公司—贵公司；去叫老师—去请老师……同一组词，意思一样，但听者的感觉不一样。

与人交流，要多用商量的语气，少用命令式的祈使句。例如，“把文件拿给我”与“能否麻烦把文件递给我？谢谢”两者相比，人们会更喜欢听到后者。

（3）机智灵活。在言谈交际当中，语言的组织是临场发挥的，为了取得良好的交流效果，就需要具备高度的机智灵活性，尤其是在各种各样的工作交际场合，更应高度机敏，拥有良好的应变能力。

（4）语言幽默。幽默是通过一种愉悦的方式让对方得到放松，它不仅能让对方高兴，更能润滑谈话双方的关系，减少隔阂，在笑声中不知不觉地拉近彼此心理上的距离。当谈话出现尴尬情境时，幽默可以解脱困境；当谈话出现僵局时，幽默可以缓和气氛。在交谈中，语言一旦具备了幽默的风格，不仅可以增强语言的感染力，还可以使对方感到轻松自如，心情愉快地与自己合作。

幽默的谈话对象，总是会让人感觉愉悦。我们都喜欢幽默的人，但并不是每个人都会恰当地使用幽默。幽默是可以学习的，它来源于两个世界。一个是真诚的内心世界：要让自己变得幽默，快乐是幽默的源泉。保持快乐，不仅可以常给自己幽默，还可以让别人幽默起来。另一个是生活周围的客观世界。周围世界中充满了幽默，需要睁大眼睛并且竖起耳朵，去环视，去倾听，去学习。用智慧把两个世界统一起来，并有足够的技巧和用创造性的新意去表现幽默力量，就可以将自己置身于趣味的世界中，人际关系也会因此顺畅起来。

（5）及时赞美。在交谈当中，及时发现对方的优点和长处，并且适时进行赞美。这不仅是一种礼貌的行为，更是一种鼓舞对方继续进行交流的方式，同时可以加深双方的了解，并融洽彼此之间的人际关系。

四、形象美，外表与气质的统一

形象美是一种和谐之美。一个人的气质是形象的底蕴，正所谓秀外慧中。只要加强内在气质的修养，形体、举止、谈吐是可以训练的，一样可以获得独特的魅力。

通过外表修饰，吸引他人注意也许不困难，可是吸引别人的目光长久地停留在自己身上，就不容易了。一个人内在散发出的魅力才是历久弥新的，它能战胜先天外貌缺陷或岁月留下的痕迹。只有修炼内在气质、加强自身修养，才能拥有真正的形象美。

（一）气质的培养

气质不仅来源于与生俱来的容貌、体质、血型和微妙的遗传因素，更与后天得之的环境氛围、文化修养、审美情趣、价值观念和心理机制紧密相关，即人们通常所说的素质。因此，只有在加强自身素质的基础上，形成一定的独特的个人风格，才能展现个人的仪表美。

修炼自身气质，首先，要坚信自身气质是可以培养、造就的；其次，要充分认识自我的气质类型，深刻分析自我气质特征，扬长避短，择优互补，以完善和优化自身的气质。

气质美还需要在文雅情趣的建立、文明举止的培养，特别是文化素养的提高上下功夫。实践证明，一个人的文化素养越高，就越容易观察并吸收各类气质的长处，用来丰富和美化自我。这样就会在他身上集中并显现出各种气质的优点，从而使气质美的特征更为突出、丰满。这样的人在人际交往中，必然会展现出动人的魅力和特有的风采，具有更强的吸引力。

（二）礼仪修养的提高

（1）提高礼仪修养，首先要提高思想道德修养。道德是礼仪的基础，礼仪是道德的表现形式。个人道德修养的内容比较广泛，包括道德意识、道德情感、道德意志、道德信念、道德行为和习惯等修养，其中最主要的是道德意识修养和道德行为修养。

道德意识修养主要是通过学习道德知识，形成正确的道德观念，加强职业道德、社会公德和良好的家庭伦理道德的修养，爱国家、爱家庭、爱岗敬业。

道德行为修养主要是通过实践培养良好道德行为的自觉性和习惯性，要从小事做起，从点滴做起。

（2）提高礼仪修养，还要主动学习礼仪知识。从理论上掌握在不同的场合，面对不同的交往对象，应该运用哪些礼仪，应该避讳什么。初学礼仪的人可以把日常礼仪规范作为学习的重点，从事不同的职业应学习对应领域的礼仪知识。例如，政府公务员是以公务礼仪作为学习的重点，商务工作人员则以商务礼仪作为学习的重点，宾馆与酒店服务员则应以服务礼仪作为学习的重点。

（3）提高礼仪修养，必须参加交际实践，积极运用礼仪知识，做到知行合一。“纸上得来终觉浅，绝知此事要躬行”。礼仪修养提升知易行难。要通过反复实践提高礼仪运用的熟练程度，把握好礼仪运用的规范性，摸索礼仪运用的技巧，才能真正成为一个知礼、守礼、行礼的人。

任务三 实践商务礼仪

任务设计

你将代表一家食品公司与一家大型超市谈判有关代理销售的合作事宜，请分别模拟初次见面时的谈判情景和最终谈判成功签约的情景。

成功的商业组织在激烈的市场竞争中要想站稳脚跟并求得迅速发展，重要因素之一就是要善于运用商务礼仪，以便树立良好的企业形象，从而赢得较好的美誉度，以便更好地发展。

在谈判过程中，谈判双方必须遵守一定的礼仪规范，体现谈判人员的修养素质，这样才有利于形成和谐、愉快的谈判过程。

同步案例

一位姓张的经理，在与人谈生意时进展顺利，所提条件对方也基本都答应了。可是当谈判进行到最后时，张经理在谈判桌上无所顾忌地接听打来的几个电话，让谈判突然间进入死胡同。对方走后托人转达了一句话，让张经理明白了谈判突然间走向失败的原因：“他打电话时完全不考虑身边还有我们，如此傲慢不知礼的态度让我们无法相信双方将来的合作能够愉快。”

商务礼仪是指商务人员在商务活动中，用以维护企业或个人形象，对交往对象表示尊重与友好的行为规范和准则。它是礼仪在商务活动中的运用和体现，并且比一般的人际交往礼仪的内容更为丰富。与一般的人际交往礼仪相比，商务礼仪有着很强的规范性和可操作性。

一、日常见面礼仪

人际交往中，大家相互见面或被他人介绍时，依照常例，需要热情、认真地向对方致以问候。这是最普通的礼节，也是最基本的教养。人们见面时总是以形形色色的方式相互问候，所以，首先要了解如何同别人打招呼。

（一）打招呼

中国人见面打招呼，已经由“你上哪儿去呀”“你吃饭了吗”等过去习惯性的招呼用语，演进为国际通用的打招呼礼仪：“早上好”“下午好”“晚上好”“您好”“晚安”等。打招呼时通常需要注意以下几个方面：

1. 男士尊重女士

男士如果遇见相识的女士，倘若她不先打招呼，就不要去打扰她，只需向她答礼即可。男士主动向女士打招呼，有时会给女士带来不便或尴尬，除非和她非常熟悉。

2. 不用莽撞的问候方式

如果在公共场所遇见了久违的好朋友，请不要太激动。在大街上，突然冲向对方，甚至冲撞了行人；在会场上，猛然从座位上跳起来并穿过整个大厅；在人群里，冷不丁高呼朋友的名字，让旁人吓一跳，并为之行侧目礼等行为，都是很失礼的。

3. 适时适地打招呼

如果参加一个跨省市、跨行业的，或者是国际性的会议，在一天内几次遇见同一个熟人，每次都说“您好”，似乎单调了一些。可以根据时间、场合，适时适地用不同的方式打招呼。

4. 与相遇的人打招呼

在出差、开会、旅游，在旅馆居住或在商店购物时，都应该与遇见的服务人员或售货员打招呼。只要同自己相遇又产生交际联系，不论地位高低、财富差异，都要注意见面打招呼。这是一个人修养的体现，也是带给别人尊重又照亮彼此心灵的快乐行为。

5. 商务场合打招呼的方式——招手致意

招手致意是商务交往中打招呼时常用的礼节方式。招手致意的功能因招手高度和方式的不同而有所区别。右手高举过顶，并用目光示意是表示招呼对方，受这种礼时必须答礼；手高举过头顶、掌心向前、左右不停摆动，是告别礼，其答礼方式也是向对方施以这种摇手礼；右手举起过肩但不过头，掌心向侧面，可作为与客人中距相望或行进中的礼节，亦须面带笑容，用目光示意对方，一般表示再会的意思。

（二）称呼

称呼指的是人们在日常交往应酬中所采用的彼此之间的称谓语。

人际交往，礼貌为先，称呼在前。正确、恰当地掌握和运用称呼，是人际交往中不可忽视的一个重要环节。表示尊敬的亲切、儒雅的称呼，可以使交往的双方感情融洽、心灵沟通，并会缩短彼此间的距离。选择正确、适当的称呼，反映自身的教养及对对方尊敬的程度，甚至体现着双方关系发展所达到的程度，因此不能随便乱用。

1. 泛称呼

在社交场合，由于不熟悉交往对象的详细情况，或因其他原因，仅以性别区分，对男性可一律称“先生”，对女性可一律称“女士”。具体而言，对未婚女性称“姓+小姐”，对已婚女性称“女士”，对年长但不明婚姻状况的女子或职业女性也应称“女士”。这些称呼均可冠以姓名、职称、衔称等，如“史塔克先生”“王小姐”“张女士”等。

2. 职务性称呼

以交往对象的职务相称，以示身份有别、敬意有加，这是最常见的称呼方式之一。通常有三种情况：称职务、在职务前加上姓氏和在职务前加上姓名（适用于非常正式的场合）。如“局长”“刘处长”“唐东经理”等。

3. 职称性称呼

对于具有职称者，尤其是具有高级、中级职称者，在工作中直接以其职称相称。称职称时可以只称职称，也可以在职称前加上姓氏或在职称前加上姓名（适用于十分正式的场合）。如“编审”“张教授”“刘羽风工程师”等。

4. 行业（职业）性称呼

在工作中，有时可按行业进行称呼。对于从事某些特定行业的人，可直接称呼对方的职业，如老师、医生、会计、律师等，也可以在职业前加上姓氏、姓名。

5. 姓名性称呼

在工作岗位上称呼姓名。姓名性称呼一般适用于年龄、职务相仿，或是同学、好友之间。也有三种情况：可以直呼其名；只呼其姓，但要在姓前加上“老”“大”“小”等前缀；只呼其名，不呼其姓，通常限于同性之间，尤其是上司称呼下级、长辈称呼晚辈；在关系较近的亲友、同学、邻里之间，也可使用第三种称呼方式。

选择称呼时要合乎常规，要照顾被称呼者的个人习惯，入乡随俗。在商务场合、工作岗位上，人们彼此之间的称呼是有其特殊性的，要庄重、正式、规范。

（三）握手礼

握手礼是中国人最常使用的见面礼和告别礼，也是沟通思想、交流感情、增进友谊的重要方式，它能显示一个人有无教养。热情、文雅、得体的握手能让人感到愉悦、信任和接受，而敷衍了事的握手则会拒人于千里之外，甚至是一种侮辱和轻蔑。所以，在社交中应注意握手的礼仪规范，并正确地运用它。

握手是用右手和对方右手手掌相握，左手自然下垂，距对方约一步远，上身稍向前倾，时间一般以1~3秒为宜。握手时要精神集中，目视对方面部，面带微笑。

1. 握手的顺序

握手时，应先打招呼，后行握手礼。握手的顺序应遵循“尊者优先”的原则。

（1）地位高的长辈、上司主动伸出手，晚辈、下属后伸手。

（2）在宾主之间，主人应向客人先伸手，以示欢迎。

（3）在男士与女士之间，男士要等女士先伸手后才能握手，一般只宜轻轻握女士的手指部位。如果女士无握手之意，男士则应鞠躬或点头致意。

（4）在平辈同性朋友之间，相见时先伸手为敬。

（5）如果需要和多人握手，握手时要讲先后次序，先尊后卑，先长辈后晚辈，先上级后下级，先女士后男士。如果人数较多，无法一一行握手礼时，可以只和几个主要的人握手，向其他人点头示意即可。

2. 握手的禁忌

（1）握手时切忌用左手，尤其是对阿拉伯人和印度人，因为他们认为左手不洁净。

（2）同多人握手应按照顺序进行，忌交叉握手，尤其是对于基督教徒，两手同时和另外两人相握成交叉状，他们认为这样不吉利。

（3）和女士握手，只轻轻握女士的手指部位即可，时间要短，不要长握不放，让对方无所适从，这是很失礼的行为。

（4）切忌戴手套握手，除非是地位较高的女性或所戴的为装饰性手套。

（5）握手的力度不要过大或过小，力度过小会使人感到冷淡和傲慢，力度过大会使人觉得粗鲁。

（6）握手时左手不要插在衣袋里，或毫无表情、东张西望、漫不经心，这些表现都是很不礼貌的。

（7）不要拒绝和他人握手。在特殊情况下，如果因做事手上有水或不干净时，可向对方致歉并微笑或鞠躬致意。

（8）有时为表示特别热情和尊敬，也可用双手相握，但初次见面时忌用。

（四）介绍

介绍是人际交往中与他人进行沟通、增进了解、建立联系的一种最基本、最常规的方式，是人与人进行相互沟通的出发点。

1. 自我介绍

自我介绍是指主动向他人介绍自己，或是应他人的要求而对自己的情况进行一定程度的介绍。进行自我介绍时，应注意以下三点：

（1）自我介绍的时间要简短。自我介绍时，一定要掌握好时间，介绍的时间不宜过长，一般以半分钟左右为佳，最多不要超过一分钟。为了节省时间，做自我介绍时，还可利用名片、介绍信作为辅助。

（2）自我介绍的内容要真实、完整。自我介绍要实事求是，不可自吹自擂，夸大其词。在不同的场合，自我介绍的内容也有一定的区别，在应酬式的自我介绍中，只需介绍自己的姓名即可。在正式的自我介绍中，本人的姓名、工作单位、所在部门、具体职务等关键信息要介绍全面。在商务活动中，宜采用正式的自我介绍。

（3）自我介绍的态度要诚恳。进行自我介绍时，态度一定要亲切随和，彬彬有礼，不能虚张声势、轻浮夸张、矫揉造作；语气要自然，语速要正常，语音要清晰；可适当地表现出渴望认识对方的热情。

同步案例

我国著名作家张恨水有一次应邀到大学演讲，他是这样开头的：今天，我这个“鸳鸯蝴蝶派”作家到大学里演讲，感到很荣幸。我取名“恨水”不是什么情场失意，而是因为我喜欢南唐后主李煜的一首词《乌夜啼》：“林花谢了春红，太匆匆，无奈朝来寒雨晚来风。胭脂泪，相留醉，几时重，自是人生长恨水长东。”我喜欢这首词里的“恨水”二字，我就用它做笔名了。

极具盛名的张恨水在青年人眼中有着孤僻严肃、深不可测的形象，他的笔名透着一股人生的悲凉之意，与其言情作品一联系，自然引发人们的种种猜测。因此，张恨水为了与淳朴、率真的青年学子尽快打成一片，他坦诚地介绍自己，主动揭开了自己名字的面纱，营造了一个与对方零距离接触的交际氛围。

2. 介绍他人

介绍他人通常是指由某人为彼此不认识的双方相互介绍和引见的一种认识方式。在介绍他人时要注意以下几点：

（1）先了解双方是否有结识的愿望。介绍者为被介绍者介绍之前，最好先征求一下被介绍双方的个人意愿，不要贸然行事，让被介绍者感到措手不及。为他人介绍时还可说明其与自己的关系，便于新结识的人相互了解与信任。

（2）介绍时应遵循的顺序。为他人做介绍时必须遵守“尊者优先”的原则。一般是先介绍身份低、年纪轻的一方，后介绍身份高、年龄大的一方；如果双方年龄、职务相当，先介绍男士，后介绍女士；先介绍职务低的，后介绍职务高的；介绍来宾与主人认识时，应先介绍主人，后介绍来宾；介绍同事、朋友与家人认识时，应先介绍家人，后介绍同事、朋友；介绍时一般应起立，向对方点头示意。但在餐桌上或会谈时也可以不起立，被介绍者只要微笑点头即可。如果被介绍双方相隔较远，中间又有障碍物，可彼此举起右手点头微笑致意。

（五）名片礼仪

名片是社交场合用来表示个人身份的卡片。名片的常见规格是：工作单位在名片的正面上方，中间有姓名、职务，下方是邮政编码、地址、电话、电子邮箱等联系方式。名片的反面可以是相同内容的外语，也可以说明业务范围。

1. 名片的作用

名片的作用十分广泛，最主要的是自我介绍，使用名片可以加深人们在初次认识时的印象，有利于日后的交往联系；使用名片有助于结交朋友，与他人初次见面时，使用一张小小的名片，可使沟通变得更加畅通；名片有时可以代替拜访，如向他人表示祝贺、慰问或吊唁时，若自己不能前往，也可随鲜花或礼物附上名片一张；名片可以传达信息，如拜访他人不遇时，可留下名片并做简短附言。

2. 使用名片的时间和场合

一般在相互问候握手之后再递送名片；参加某一会议，与会者均不相识，应等到会议间歇或主持人暗示后，才能在不认识的人群中交换名片；在约定的公务活动中，因双方彼此已经有所了解，宜在结束时再递名片，切不可随意散发名片。

3. 名片的接递

（1）交换名片的顺序。一般来说，地位低的人首先把名片递给地位高的人，客人先送给主人。当与多人交换名片时，应依照职位高低的顺序，或是由近及远地进行，切勿跳跃式地交换，以免给人有厚此薄彼之感。

（2）名片的递送。向他人递送自己的名片时，应将名片正面朝向对方，用拇指夹住名片，其余四指托住名片的反面，双手奉上。同时身体微微前倾，面带微笑，目视对方，并说“请多多指教”。如果自己的姓名中有不常用的字，最好能先将名字读一遍，以便对方称呼。

（3）名片的接受。接受名片时应起身，面带微笑并说“谢谢”或“非常荣幸”等礼貌语言。接过名片，一定要看一遍，以示尊重。看过名片后，应将名片放好，不要随意摆弄或扔在桌上。“来而不往非礼也”，接受名片后要回敬给对方一张，如果没有带或者用完了，要向对方致歉。

4. 索取名片

在公共场合如欲索取他人名片，需要讲究策略和方法，既要确保要到名片，又要争取给对方留下良好的印象。索取名片时有以下几种常规方法：

（1）交易法。即一方主动给对方递上自己的名片，一般而言，对方也会有礼貌地给主动的一方递上自己的名片，以示相互间的友好与尊重。

（2）激将法。给对方递送名片的同时，礼貌地说：“这是我的名片，请多关照。能否有幸与您交换一张名片？”

（3）谦恭法。向对方说：“不知以后如何向您请教？”谦恭要讲究对象，一般与比自己位高年长者交往时采用此法。

（4）平等法。跟与自己年龄、职位等相当者交往并想获取对方名片时，可向对方说：“不知以后如何与你联系？”

5. 名片使用的注意事项

（1）名片的放置。自己的名片要随时准备好，放在易于掏出的口袋或皮包里，以便使用时能及时掏出。如果放在身上，最好放在上衣的内兜里，注意名片不能有褶皱。

（2）名片使用的“三不”。

第一，不随意涂改名片。在商务交往中，名片有如脸面，不得涂改；如果电话号码和职务等信息有变化，应制作新的名片。

第二，不提供私人电话，通常只提供办公室电话和办公用移动电话，保护个人隐私。

第三，一般不提供两个以上的头衔，名片上头衔过多容易给人用心不专、吹嘘的感觉。

二、宴会礼仪

在社会交往中，宴请是最常见的交际活动，尤其是宴会，是最高层次的社会交际活动之一。所以，宴会礼仪在整个社交礼仪中占有非常重要的地位。由于不同形式的宴会对礼仪规范和个人行为举止都有不同的要求，如果不注意学习、掌握宴会的礼仪，在宴会中礼仪失当，不仅会贻笑大方，损害个人的形象，也会影响正常的社会交往和友好合作。

（一）宴会的种类

宴会是最正式、最隆重的宴请。宴会种类繁多：按举办时间划分，可分为早宴、午宴、晚宴，以晚宴档次最高；按餐别划分，可分为中餐宴会、西餐宴会、中西合餐宴会；按性质划分，可分为工作宴会、欢迎宴会、节庆宴会；按礼宾规格划分，可分为国宴、正式宴会、便宴、家宴等。一般情况下，宴会持续时间为两个小时左右。

（二）宴会的组织

宴会是一种非常重要的社交活动，务必要根据宴会的规范和礼仪要求认真组织好。为使宴请活动取得圆满成功，宴会前要做好如下准备工作：

（1）确定宴请的目的、名义、对象、范围与形式。

（2）确定宴会的时间、地点。

（3）发出宴请。

（4）确定宴请规格。

（5）安排席位。

（6）布置宴会现场。宴会成功与否，不仅仅取决于菜肴的质量，环境和气氛也是至关重要的。如果环境不佳、气氛不好，往往会直接降低宴会的档次，影响宾客的食欲及宾主之间的交流，宴会的效果就会大打折扣。宴会现场的布置取决于活动的性质和形式。官方的正式宴会布置应该严肃、庄重、大方，可以少量点缀鲜花、刻花等。宴会环境要安静、高雅，有文化气息，同时要整洁、卫生。要注意宴会厅色彩的运用和灯光的调节。如果有席间音乐，乐声宜轻，以便使宾客身心得到调节和放松。

（7）确定宴请的程序及服务。

（三）宴会的流程

1. 准备赴宴

应邀出席宴会，要讲究有关礼节，做一位懂礼貌、有教养的赴宴者。接到宴会邀请（无论是请柬还是邀请信）后，能否出席都应尽早回复，以便主人安排。一般来说，对注有“R.S.V.P.（请答复）”字样的请柬或邀请信，无论出席与否，均应迅速答复。对注有“不能出席请复”字样的请柬或邀请信，则不能出席时才回复。若是已经口头约妥后发来的请柬，上面一般注有“备忘”字样，只起提醒作用，可不必答复。答复对方，可打电话、回信息或复以便函。

一旦接受邀请，不宜随意变动。万一遇特殊情况不能出席宴会，尤其是主宾的缺席，应尽早向主人解释、道歉。

应邀出席宴会前，要核实宴请的时间、地点及具体要求，如是否邀请配偶，有无着装要求等，以免失礼。

2. 掌握出席时间

出席宴会，根据各国的习惯，通常是正点或晚一两分钟到达；在我国则是正点或提前两三分钟到达。出席酒会，可在请柬上注明的时间内到达。

有事需提前退席，应向主人说明后悄悄离开，或事先打好招呼，届时离开。

抵达宴请地点，先到衣帽间脱下大衣、帽子，然后前往迎宾处，主动向主人问好，并根据活动内容表示祝贺等。赴宴时，可按宴请性质和当地习惯赠送花束或花篮，赴家宴可以酌情赠送女主人适量鲜花。

进入宴会厅之前，要先了解自己的桌次和座位，入座时进行核对，不要随意乱坐。如邻座是长者或妇女，应主动为其拉开椅子，协助他们先坐下。

3. 文雅进餐

入座后，主人招呼，即开始进餐。在中国是男主人为主，西方是女主人为主。招呼的方法是：将餐巾拿起来，意思是“可以进餐了”。可用餐巾擦嘴，不可用其擦汗或抹桌子。

取菜时，不要盛得太多。盘中食物吃完后，如不够，可以再取。如由服务员分菜，遇到不爱吃的菜肴，可取少量放入盘内。对不合口味的菜，勿显露出难堪的表情。

进餐时要文雅，吃东西时应闭着嘴细嚼慢咽，不要舔嘴唇或咂嘴发出声音。如果汤、菜太热，待稍凉后再食用，不要用嘴吹。吃剩的菜，用过的餐具、牙签及鱼刺、骨头等，都要放入骨盘内，勿置于桌上。剔牙时，要用手或餐巾遮口。

进餐过程中，由于不慎或用力过度，使刀叉撞击盘子，发出声响，或餐具掉落地上，或打翻酒水等，应沉着、冷静。餐具碰出声音，可轻轻说声“对不起”；餐具掉落后，可请服务员另送一套；酒水不慎溅到邻座身上，应道歉并协助其擦干；如对方是女士，则递上干净餐巾或手帕，由她自己擦干。

4. 祝酒

主人或主宾致辞、祝酒时，应暂停进餐和交谈。大型宴会上，主人和主宾致辞后往往会到各桌敬酒，各桌宾客应及时起立举杯。碰杯时，主人和主宾先碰，人多时可同时举杯示意，不一定逐个碰杯。主桌未祝酒时，其他桌不可先起立或串桌祝酒。宴会上相互敬酒，可以活跃气氛，但要适可而止，不能强人所难。

三、商务谈判礼仪

商务谈判礼仪是商务谈判人员在商务谈判过程中必须遵守的，用来维护组织形象和对谈判对手表示尊重与友好的惯例及形式。自觉遵守谈判礼仪有利于形成和维护良好的谈判气氛，使谈判活动顺利进行。商务谈判人员在礼仪方面有如下要求：

（一）谈判准备阶段的礼仪

商务谈判的礼仪准备，是要求谈判者在安排或准备谈判时，注重自己的仪表，预备好谈判的场所，布置好谈判的座次，并且以此来显示己方对谈判的郑重其事以及对对方的尊重。

1. 对谈判人员的仪表要求

正式出席谈判的人员，在仪表方面最值得注意的是服装。在这种场合，应穿着正式、简约而高雅的服装，兼顾对方的审美习俗和审美心理，给人以可信的感觉。

另外，男士应理发、剃须，不能蓬头垢面，不能留胡子或大鬓角。女士应选择端庄的发型并化淡妆，不可化浓妆或使用浓香型的化妆品。

2. 谈判地点的确定

商务谈判的地点应通过各方协商而定。担任东道主的一方应出面安排谈判厅的环境，准备好相关的物品，要在各方面注意做好礼仪迎接和接待的工作。

3. 谈判座次的安排

举行正式谈判时，谈判现场的座次要严格安排，礼仪性很强。座次根据参加谈判的人员而定，分为双边会谈和多边会谈两种情况。

（1）举行双边谈判时，应使用长桌或椭圆形桌子，宾主应分坐于桌子两侧。若桌子横放，正对门的一方为上座，留给客方坐；背对门的一方为下座，由主方坐；若桌子竖放，则应以进门的方向为准，右侧为上，留给客方坐；左侧为下，由主方坐，如图9–1与图9–2所示。

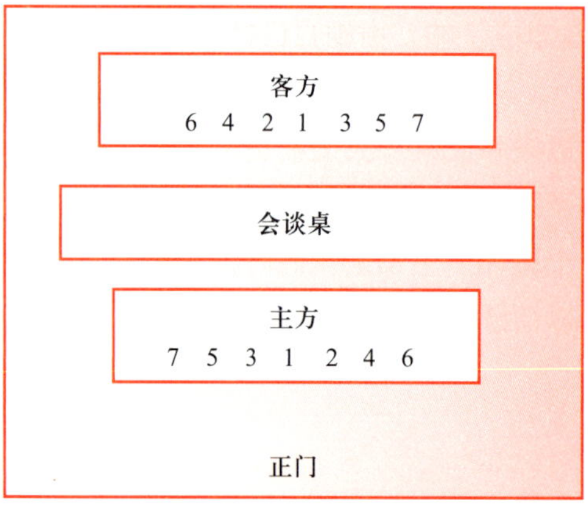

图9–1　谈判桌横放座次

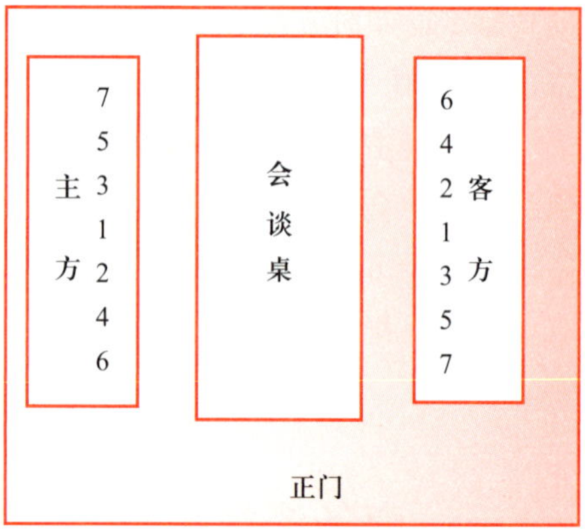

图9–2　谈判桌竖放座次

（2）举行多边谈判时，为了避免失礼，淡化尊卑界限，按照国际惯例，一般均以圆桌为佳，即所谓圆桌会议。

（二）谈判开局阶段的礼仪

商务谈判是商务活动中不可缺少的一项重要活动。为了在谈判中取得成功，必须遵循谈判过程中各个阶段的礼仪规范。

1. 提前约定时间并按时赴约

从事商务活动的人都拥有较强的时间观念。因此，在商务谈判时双方应提前约定时间，做好谈判的准备。一旦约定，双方都必须按时赴约，若迫不得已需要更改时间，应提前通知对方。对言而无信的商务伙伴，失去的不仅是信用，而且是双方真诚合作的机会。

2. 及时到场、礼貌入座

谈判者应神态自然、步态轻松、稳健地走入会场，从椅子的左侧入座，坐下后身体要保持端正。不转动座椅，不跷二郎腿，不要将脚向前伸或置于座椅的下面。女性坐下时要注意理裙，两腿并拢。

各方的主谈人员应在自己一方居中而坐，其他人员则应遵循右高左低的原则，依照职务的高低自近而远地分别在主谈人的两侧就座。如需要译员，则应安排其就座于仅次于主谈人员的位置，即主谈人的右侧。

无论何种谈判，有关各方与会人员都应尽量同时入场、同时就座，主方人员应待客方人员入座后才入座。

3. 自我介绍要得体

谈判双方接触的第一印象十分重要，言谈举止要尽可能地表现友好。做自我介绍时要自然大方，不卑不亢，不要表现得过于傲慢。被介绍时应起立并微笑示意，在自我介绍后，可双手递出名片以加深对方对自己的印象，也便于日后联络。

4. 创造和谐的谈判气氛

介绍完毕要进行简短的问候致意，说话要得体、自在，不要结结巴巴或词不达意。首次交谈时，可选择双方共同感兴趣的话题进行展开，以便引起共鸣，沟通感情，创造和谐的谈判气氛，为正式谈判奠定良好的基础。

5. 认真听对方讲话

谈判之初的重要任务是摸清对方底细，因此要认真听对方讲话，细心观察对方的举止和表情，并适当给予回应，这样既可表现出尊重与礼貌，又能从中了解到对方的目的和意图。

（三）正式谈判过程中的礼仪

1. 举止优雅且适度

注意谈判过程中坐、站、行的姿态，谈判时目光应注视对方且停留在对方双眼至前额的三角区范围内，这样会使对方感到被关注、被尊重。手势应自然，不宜做大幅度的手势，以免给对方造成轻浮之感。切忌双臂在胸前交叉，否则会显得傲慢无礼。

2. 语言适度、语气委婉

商务谈判中，要讲究一定的语言技巧和礼仪。提问时注意提问方式要委婉，不要问与谈判内容无关的问题。如果提出的问题对方一时答不上来或不愿回答，就不要再追问，应随机应变，适时转换话题。言辞不可过激或追问不休，以免引起对方反感甚至使对方恼怒，但对原则性问题应当据理力争。对方回答问题时不宜随意打断，答完时要向解答者表示谢意。

商务谈判的结果影响着最终利润的分配，因此，双方人员免不了会有一番唇枪舌剑。只有运用恰当得体的语言、委婉的语气给对方好感，才能变不利因素为有利因素。

3. 以礼相待，态度诚恳

在商务谈判中，要相互尊重，以礼相待，双方都应态度诚恳，对不同的意见应持欢迎和尊重的态度。这种态度能使我们更加平心静气地倾听对方的意见，从而体现谈判者的宽广胸怀。在把握目标的坚定性和正确运用策略的前提下，应本着互谅、互让、互惠的原则，体现尊重平等，相互加深了解，这样有利于谈判的成功。

4. 宽容大度，心平气和

在谈判过程中，即使双方没有达成一致，也要对对方谦恭有礼、宽容大度，为以后的合作打下良好的基础。不能翻脸不认人，因情急而失礼，更不要争吵，争吵无助于矛盾的解决，只能激化矛盾。总之，要注意保持风度，心平气和地解决问题。

5. 要恪守信用

遵守谈判中的承诺，取信于人，不能言而无信。在谈判中不要欺瞒对方，报价要明确无误，不得变幻不定，对方一旦接受价格，不得再更改或出尔反尔。在商务谈判中，许诺必须谨慎，不管是答应谈判对手提出的要求，还是自己主动提出的要求，都要深思熟虑、量力而行。

6. 保持耐心与冷静

解决矛盾时要就事论事，在谈判中要耐心听对方讲话，细心观察对方的举止与表情，并适当地给予回应，这样既可表现出尊重与礼貌，又能从中了解到对方的动机和意图。如果对方情绪较为激动，最好的办法就是冷静地倾听，千万不要急于还击。成功来自关键时刻的耐心与冷静，求大同存小异，不可因发生矛盾而有过激的语言和行动，甚至进行人身攻击或侮辱对方。

（四）签约阶段的礼仪

（1）在谈判成功而签约时，双方参加谈判的全体人员都要出席。当双方签字人员进入签字厅时，其他各方的人员应按身份排列于各自的签字人员之后，共同进入会场，相互致意并握手。

（2）双方的助签人员分别站在各自一方签约人的外侧，其余人排列站立在各自一方的代表身后。

（3）助签人员要协助签字人员打开文本，用手指明签字位置。双方代表各在己方的文本上签字，然后在双方助签人员相互交换文本后在对方文本上签字。

（4）签字完毕后，双方应同时起立，交换文本并相互握手，祝贺合作成功。其他随行人员则应该以热烈的掌声表示喜悦和祝贺。

（5）在谈判结束后，适当地赠送礼品给对方，会对增进双方的友谊起到一定的作用。

课堂活动

一分钟自我推销

案例赏析

赠送礼品的礼仪

“谈”出美丽人生

党的二十大报告指出：“中华优秀传统文化源远流长、博大精深，是中华文明的智慧结晶，其中蕴含的天下为公、民为邦本、为政以德、革故鼎新、任人唯贤、天人合一、自强不息、厚德载物、讲信修睦、亲仁善邻等，是中国人民在长期生产生活中积累的宇宙观、天下观、社会观、道德观的重要体现，同科学社会主义价值观主张具有高度契合性。”作为“礼仪之邦”的华夏儿女，理应传承与传播中国博大精深的礼仪文化。请结合党的二十大精神和自己的认知，谈一谈当代大学生如何在商务谈判和人际沟通中提升礼仪修养。

思维训练

1. 礼仪主体应该具备怎样的礼仪素质？
2. 沟通为什么要礼仪先行？
3. 你会在什么情形下夸赞对方形象美？

项目实训

实训目标：

设计良好的职业礼仪形象。

实训内容：

为自己进行整体形象设计并大胆展示自己；感知礼仪对于美化形象和商务沟通的重要；可以从仪表、仪态、语言、性格、修养、目标等方面进行设计。

实训要求：

制作具有个性化内容的PPT，在课上进行演说和展示。

实训步骤：

（1）选取部分同学进行课堂展示；

（2）以宿舍为单位练习，互为听众、互相指导，为课堂的良好表现做好准备。

考核方式：

根据设计内容的真实性和个性化以及现场演说的表现给出评价。

10 Chapter

项目十

以迂为直——沟通技巧

军争之难者，以迂为直，以患为利。

——孙武

军事战争最困难的地方，就在于要以迂回的方式，实现更快到达的目的，在于要把困难变成有利条件。

知识目标

- 了解沟通的基本原则。
- 熟悉在各种场合应该展现的沟通艺术。
- 掌握克服沟通障碍的方法。

技能目标

- 能够灵活应用沟通技巧，合理展现沟通艺术。
- 能够克服沟通障碍，实现有效沟通。

素养目标

- 在沟通过程中读懂他人，相互尊重，和谐相处。
- 加强心理建设，提升商务沟通综合素养。

思维导图

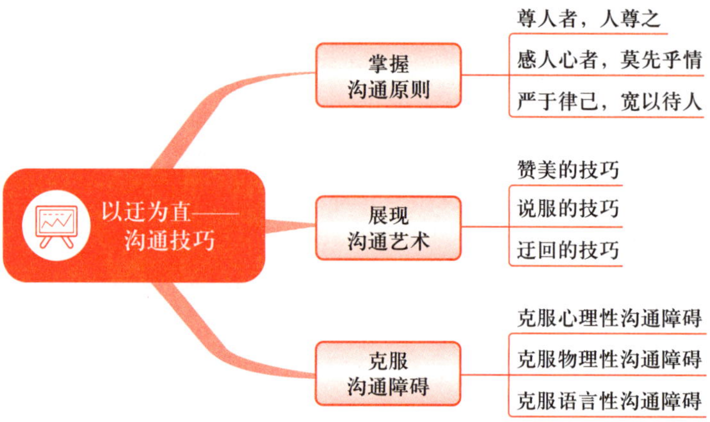

案例导读

周恩来的外交风采

周恩来总理在外交活动上经常妙语连珠。1972年美国总统尼克松第一次访华时，周恩来总理曾在酒会的祝酒词中这样说："由于大家都知道的原因，中美两国隔绝了20多年。"短短一句话总结了中美两国20多年的外交情况。而且总结得非常巧妙，对造成中美两国隔绝20多年的政策性分歧用"由于大家都知道的原因"一语带过。

思考：

人际沟通中遇到不同甚至对立的观点，应该如何调节以使沟通得以继续下去？

案例分析提示：

"由于大家都知道的原因"这句话，既点出了美国之前的对华政策是造成这种结果的根本原因，又不完全挑明，保全了尼克松的面子，从而鼓励尼克松转变对中国的政策。这就是运用以迂为直的沟通技巧，来达到求同存异的沟通目标。

任务一 掌握沟通原则

任务设计

在一次学年评优中，你和自己最好的室友产生了竞争。竞争的结果是你赢得了荣誉，但你的室友也因此而远离你。

你打算用怎样的沟通方式来消除彼此心中的隔膜？请模拟沟通的情景。

沟通并不是一个永远有效的过程，要进行有效的沟通，就必须掌握沟通的原则。这是沟通的前提，有了前提的保证，才可能使沟通顺畅完成。

美国管理协会提出了“良好沟通的十项原则”：

（1）沟通前澄清概念，对一项信息作一个系统分析，沟通才能明确清楚。

（2）讨论并确定沟通的真正目的。

（3）研究环境和人的性格等情况。

（4）听取他人意见，计划沟通内容。

（5）选择沟通时采取的态度、语言和表情等。

（6）及时获取下属的反馈。

（7）保持传递资料的准确、可靠。

（8）既要注意切合当前需要，又要注意长远目标的配合。

（9）言行一致。

（10）应成为一名好听众。

需要特别强调几个通用的前提：第一，具备良好的社交礼仪修养和形象，“人无礼则不立，事无礼则不成”，礼仪先行，这是成功沟通的第一步，因此要修炼好礼仪的基本功。相关内容已经在项目九阐述过，这里就不再重复。第二，提供的信息要清晰、准确、完整，信息量要控制得当。第三，要让对方感受到真诚与尊重。

一、尊人者，人尊之

相互尊重是良好沟通的前提，也是沟通者修养的体现。人立于世，一是做人，二是做事，做人是做事的前提，做人、做事都要与人打交道。尊重别人，是与人和睦相处的必要条件。在工作和生活中，对人心理影响最大的是人际关系，人际关系不好，会带来心理上的不愉快，影响工作和生活。我们每个人都需要获得别人的信任和支持，想让别人如何对待自己，就要先以此对待别人。越有自尊的人，也越懂得尊重别人，因为尊重别人就是尊重自己，正所谓敬人者，人恒敬之。

同步案例

曾经有位颇有名望的富商在散步时，遇到一个摆地摊卖旧书的瘦弱年轻人。富商怜悯地将100元钱塞到年轻人手中便走了。没走多远，富商忽又返回，他从地摊上拿了两本旧书，并说："对不起，我忘了取书。其实，您和我一样也是商人！"两年后，这位富商应邀参加一个慈善募捐会，会上一位年轻书商紧握着他的手，感激地说："我曾经以为这一生只有摆摊乞讨的命运，直到听到您亲口对我说'我和您一样都是商人'，才使我树立了自尊和自信，从而创造了今天的业绩……"

不难想象，没有那一句尊重鼓励的话，这位富商当初即使给年轻人再多的钱，年轻人也不会有人生的巨变，这就是尊重的力量。

在人际交往与沟通中，需要让他人感受到平等相待、谦恭礼让，能够与他人和谐相处的人。不论是在何种场合都要相互尊重，这是沟通的基本原则。

（一）平等相待

当我们在和他人沟通交流时，不论对方的身份如何，我们都要平等地尊重每一个人。平等相待是尊重的基础。失去了以平等为前提的情感关系，不可能获得正常的沟通效果。双方的平等交流是沟通的前提，也是双方教养的体现。尊重领导是天职，尊重同事是礼貌，尊重下属是风度，尊重所有人是一种教养。

尊重是一种修养，一种品格，一种对人不卑不亢、不俯不仰的平等相待，是对他人人格与价值的充分肯定。任何人都不可能尽善尽美、完美无缺，我们没有理由以高山仰止的目光去审视别人，也没有资格用不屑一顾的神情去嘲笑他人。假如别人某些方面不如自己，我们不要用傲慢和不敬的话去伤害别人的自尊。如果那样做了，肯定不会赢得别人的尊重。生活在社会大家庭中的每一个人都希望得到别人的充分肯定和尊重。那么，如何才能得到别人的尊重呢？首先，要学会尊重别人。

1. 平等地对待每一个人

心理学研究表明，人受尊重的希望非常强烈，如果能以平等的姿态与人沟通，对方会觉得受到尊重而产生好感；相反地，如果居高临下、盛气凌人地与人沟通，对方会感到自尊受到了伤害而拒绝交往。必须牢记：每个人在人格上都是平等的。"礼由心生""言为心声"。只有在心理上有尊重别人的想法，才能具有尊重别人的言行。

2. 会欣赏他人

欣赏是一种积极、乐观、向上的人生态度，是建立在善于发现别人的优点和摒弃嫉妒的不良心理的基础之上的优秀品质。具体包括欣赏别人的容貌、职业、学识等。一个人只要学会了欣赏，就学会了尊重。

3. 使用文明用语

使用文明用语看似简单，但通常也是人们容易忽略的。很多服务行业训练有素的接线员，接起电话的第一句话就是："您好！请问有什么可以帮助您？"客户听了是不是很有好感？如果能习惯使用文明用语，如"您好""您需要帮助吗""对不起""没关系""再见"等，就学会了尊重别人，也一定会被尊重。一句"您好"表示了真诚的问候、美好的祝福，可能就会拉近与别人的距离。

4. 工作中秉承平等互利的原则

平等互利原则是指沟通对象之间平等相处、共同发展、利益兼顾。对企业员工而言，就是为企业的既定目标和任务服务，但这种服务要以一定道德责任为前提，以利他的方式利己。既要对企业负责，又要对他人负责。

（二）和谐相处

在工作与生活环境中，我们会与许多人相遇、相识、相交。每一个人都有自己的特点，都是不同的，我们要与他人和谐相处，在自然、和谐的氛围中，才可能实现有效的沟通。

在与别人交往的过程中，要懂得理解别人、尊重别人、善待别人，善于化解矛盾，增进友谊，让自己自信亲切的微笑、理性不俗的谈吐、善良宽厚的心灵为别人带去温暖的阳光。绝不要用自己的伶牙俐齿去伤害别人。运用言语伤害了别人，也就失去了别人的信任和尊重，失去了一个和谐的生存环境。

从一个人的言行能看出其学识与修养。尊重他人，用自己希望他人对待自己的态度和方式去对待他人，与人和谐相处，是有效沟通的前提。

（三）谦恭礼让

成就良好的人际关系，还要礼让他人，这是尊重别人的表现。谦恭礼让就是在人际沟通中有谦虚的态度，尊重别人，对人恭敬，懂得礼貌，这是中国人的传统美德。通过谦恭礼让，与别人友好相处，才能赢得别人的尊重、友谊和帮助。

谦恭是一种积极的生活态度，包含着对群体和他人智慧、能力、贡献的肯定和对自己的永不满足。礼让是谦恭的外部表现，这种美德带来了人际关系的和谐、群体的团结和事业的成功。今天的社会，提倡竞争意识，但不应把竞争意识与谦恭礼让的传统美德对立起来，而应当把两者在道德基础上统一起来。

在事业上争强，在个人利益上礼让。忠厚传家远，刻薄难久长。因为点滴私利而影响同事关系，为蝇头小利而失去朋友的做法，都是得不偿失的。

同步案例

清代桐城人张英在京师任文华殿大学士，家人与邻居吴氏为争一堵墙，寄信给他，想让他出面相争。张英写了一首诗寄回去：“千里捎书只为墙，让他三尺又何妨？万里长城今犹在，不见当年秦始皇。”家人收到信后很是惭愧，就让了三尺墙给吴氏，吴氏闻之也很感动，也退让三尺，在两家之间形成了一条“六尺巷”，也称仁义巷，传为千古美谈。

唯利是图，不多赚一点就认为吃了亏，处处都想多得一点的人，肯定不会有好的人际关系，最终也是不可能多得的，退一步天高海阔就是这个道理。谦恭礼让是一种境界，也是一种品质。如果一个人在工作与生活中不会礼让、宽容，很多事都只求己利而与人针锋相对，则不仅会影响人际关系的和谐，也逐渐会处于孤立境地。只有做到宽容别人，别人才能宽容你。谦恭礼让更是一种修养。正如老子说的那样，曲则全，枉则正；洼则盈，敝则新；少则得，多则惑。老子以朴素的辩证思想告诉世人：一个人只有受得了委曲才能保全自己，只有善解冤屈才能让事理伸直；只有低洼才能盈满，凋敝才能新生；少取才能多获，而贪多则反倒会迷失。“天下有大勇者，卒然临之而不惊，无故加之而不怒”，相互宽容，社会就会和谐，家庭就会美满，夫妻就会幸福，友谊就会长久。

二、感人心者，莫先乎情

沟通，从心开始。人是有感情的，真挚的情感最能打动人心，更易受到人们的欢迎。“感人心者，莫先乎情。”“功成理定何神速，速在推心置人腹。”

一把坚实的大锁挂在大门上，一根铁棒费了九牛二虎之力也无法将它撬开。瘦小的钥匙钻进锁孔，只轻轻一转，大锁就“啪”的一声打开了，因为钥匙最了解锁的心。

每个人的心，都像上了锁的大门，唯有关怀，才能把自己变成一把细腻的钥匙，了解别人，才能让别人接纳。正如孟子所说：“人之相识，贵在相知；人之相知，贵在知心。”

真诚，是做人的原则，人们都希望自己能够结交真诚的朋友。只要自己出发点正确，对待身边的人有爱心，人人都如此，世界就是真诚的。其实，在生活与工作中也会有不真诚的人，但毕竟是少数。我们可以从中学会随机应变地运用自己的人际交往技巧。

（一）以诚相待

做人做事要讲究诚信。诚信，顾名思义就是诚实、守信。诚实就是忠诚老实，不讲假话，不歪曲事实，不文过饰非，光明磊落，言行一致，表里如一。守信就是遵守诺言，有诺必践，有信必守，承担责任且履行义务，获得信任。

诚信是沟通的前提。父母诚信，孩子才会把心中真实的想法相告；夫妻诚信，才能经营家庭幸福；朋友诚信，才能使友谊长青；教师诚信，才能在教书中育人；领导诚信，才能使管理成功。

“言必信，行必果”“一言既出，驷马难追”这些流传了千百年的古话，都形象地表达了中华民族诚实、守信的品质。在我国几千年的文明史中，人们不但称颂诚实、守信的美德，而且一直在努力地践行。自古以来，诚信一直受到人们的高度赞赏。

诚信是为人处世之本。诚实守信的美德表现在工作和学习上，就是专心致志、认真踏实、实事求是；表现在与人交往中，就是真诚待人、相互信赖；表现在对待国家和集体的态度上，就是奉公守法、忠诚可信。

（二）信息真实

沟通过程中要以事实为基础，据实、客观、公正、全面地传递信息，反映情况，通过信息的传播和交流来确立良好的形象。因此，信息的真实、准确就成了沟通获得成功的基本前提。

有效沟通必须是对有意义的信息进行沟通，对没有真正意义的信息进行沟通，哪怕整个沟通的过程完整无缺，沟通也会因为没有实质内容而失去其价值和意义，使完整无缺的沟通成了无效与无意义的沟通。无效沟通是对沟通资源，包括时间、精力、渠道、金钱等的一种浪费，不仅沟通本身无意义与价值，有时甚至还会产生负效应。一个良好的沟通过程，必须对有意义的信息进行沟通，即有效沟通的内容必须真实且有意义，这是有效沟通的前提。

（三）沟通开放

在一个组织内部，沟通的真诚还体现在以开放式的沟通营造良好的沟通氛围。开放式的沟通，是指在一个组织管理沟通的过程中，沟通的方式、方法、渠道及沟通的内容要求都公开。公开是指对参与沟通的个人、团队和部门都全面公开，而不是对部分沟通成员公开。只有参与管理沟通的所有成员都十分清楚地知道自己应该参与沟通的详细过程和要求，才能遵循规则，产生真实、有效的沟通行为。当然，这是对组织中绝大多数不需要保密的管理沟通行为而言。

对于需要严格保密的管理沟通来说，对所有该保密性沟通系统内部的沟通成员来说，管理沟通的规则、方式、方法、渠道、内容要求一样是公开的。在该保密性沟通系统内，人人都应做到：自己只有权力掌握自己有权获取和掌握的信息；保密性沟通系统内的信息对系统外成员严格保密。

只有开放式的沟通，才能使沟通传递的信息是真实且有意义的。开放的沟通可以在组织内部营造良好的氛围。管理人员与下属交流时，应该注意营造一种良好的气氛，因为良好的气氛是谈话、讨论工作、集思广益的重要前提，可以让员工心情放轻松，渐渐进入畅所欲言的状态，这样才能进行有意义的信息传递。

总之，保持开放式的沟通，营造良好的组织氛围，使员工产生强烈的归属感，就是组织领导者在管理沟通中追求的目标之一。

三、严于律己，宽以待人

人生活在各种各样的人际关系之中，人的社会生活离不开个体之间的信息交流，也就是离不开沟通。每个人的性格都有独特性，每个人的价值观、世界观都有差异，因此人际交往沟通中遇到矛盾和分歧是在所难免的。如果一味固执己见，放纵自己对他人的责难，那么很可能对人际关系造成更大的伤害，于己于人都是损失。沟通需要包容，严于律己，宽以待人，只有用包容之心消除人与人之间的隔膜，缩短心与心之间的距离，沟通的艺术之花才会越开越芬芳。

古人云："律己宜带秋气，处世须带春风"，意思是说，要求自己时须严厉如秋风一般，与人相处则要像春风般温暖、和煦。它劝诫人们对人要宽，对己要严；不计较他人，不放纵自己。这是一种高贵的境界，一种豁达的情怀。著名思想家波普曾说，错误在所难免，宽恕就是神圣。

（一）沟通以宽容为桥梁

俗话说，金无足赤，人无完人。在人际沟通中，要接受人人都不可能完美的事实，要善于发现他人利于交往的品质。哈佛大学有一位教授专门研究意大利社会。这位教授发现，意大利合唱团多的地方，当地的民主化程度就高。原因很简单，因为参加合唱团的唯一条件就是嗓音好，无论工人、农民，穷人、富人，都可以参加。合唱团定期开展活动，不同政治观点、经济状况、道德理念的人都能相互沟通，民主、平等的理念自然就在沟通中催生。

会原谅别人是美德，会宽容别人是高尚。宽容的人能容人之长，也能容人之短，甚至能容人之过。有了这样的境界，就会有良好的人际关系，就能快乐地学习、生活、工作。

古人云"以责人之心责己，以恕己之心恕人"，意思是说，以严格要求别人的态度要求自己，以宽容自己的态度宽容别人。法国大作家维克多 · 雨果曾经说过：世界上最宽阔的是海洋，比海洋更宽阔的是天空，比天空更宽阔的是人的胸怀。大海因为宽容，而变得浩瀚无边；天空因为宽容，云彩绵绵而美丽动人；山峰因为宽容，汇集细土尘沙而巍峨耸立。

（二）沟通中及时反省自己

出现差错时，任何人都不该推卸责任，应勇于承担责任，诚恳接受他人的批评、指正，知错就改。不论在工作中还是生活中，不能只知道出现问题就责备别人，总看着别人的缺点。如果总是用自己的优点和别人的缺点去比较，显然是一叶障目、有失公允的。

当出现问题的时候，一个人所表现出来的诚实、反省精神，往往会比问题本身更能引起人们的注意，甚至可能让他“转危为机”。随着时间的推移，人们可能忘记问题本身，但会记住他在问题面前展现出来的勇气和负责任的态度。一个人最难战胜的敌人是自己，能够正确审视自己、改正自己缺点的人，无疑是一个具有人际吸引力的人，在事业发展中必然会成为杰出的人才。

任务二 展现沟通艺术

任务设计

你在一家公司任职销售工程师，你的一位朋友是你所在公司的竞争对手的销售主管，他力邀你加盟他的公司并承诺给予你优厚的待遇。可是你对自己的公司颇有感情，不愿意平级跳槽，那么你应该怎样和你的朋友沟通呢？

设计沟通方案，并且模拟完成沟通情景。

沟通是一门实践的艺术。不同的环境，适宜采用不同的沟通方式。但是，不同的沟通方式都应遵从沟通的基本技巧。在实际工作与生活的不同情景中，都需要展现沟通的艺术。

一、赞美的技巧

赞美是一种放之四海而皆准的说话、办事技巧。赞美是一种低成本、高回报的人际交往法宝。没有人会不喜欢被人赞美，即便是理性、低调的人，恰当的赞美也会激起他们内心愉悦的涟漪。赞美是人际交往中最能打动人心的语言。懂得赞美的人，在生活中能够更多地感受到给予他人奋进力量的快乐；得到赞美的人，则能在生命的长河中泛起更多的五彩光波。

赞美能让人更自信，激发人们心灵深处巨大的潜能，创造出非凡的业绩。用赞美来鼓励孩子，孩子会欢腾雀跃，为自己的成绩而自豪；用赞美来欣赏领导，领导会精神振奋，效率倍增；用赞美来感激父母，父母会满足、欣慰，心情愉悦；用赞美来对待恋人，恋人会笑如桃花。没有赞美，就没有发自内心的开心和快乐；没有赞美，就没有健康、和谐的人际交往。赞美是发自内心的欣赏和热爱，是溢于言表的热情和鼓励。人们可以把批评变成赞美，让犯错的人得到洗礼。

当然，人们最渴望的是真诚的赞美，真诚的赞美发自每个人的心里，只有从内心深处发出来的赞美，才能感动他人，让他人感受到赞美的诚意。赞美应该及时而发，及时的赞美如天降甘霖，能滋润百草。在适当的时机发出得体的赞美，能让被赞美者快马加鞭，奋发向前。赞美要具体，它不是随口的、空泛的，也不是敷衍的。赞美只有从具体的事情发出，才能让他人信服。赞美要做到恰如其分。把绿豆大的优点说成黄豆大还可以算得上赞美，把黄豆大的优点说成西瓜大就是言过其实。因此，我们要把握好赞美的原则。

（一）赞美的原则

1. 赞美必须真诚

这是赞美的先决条件。只有名副其实、发自内心的赞美，才能显示出它的光辉和魅力。一是赞美的内容应该是对方拥有的、真实的，而不是无中生有，赞美更不能将别人的缺陷、不足作为赞美的对象；二是赞美要真正发自肺腑，情真意切。言不由衷的赞美无疑会招来他人的反感。

2. 赞美要适时

交际中认真把握时机，恰到好处的赞美是十分重要的。一是当发现对方有值得赞美的地方时，就要善于及时、大胆地赞美，千万不要错过机会。二是在别人成功之时，送上一句赞语，就犹如锦上添花，其价值“可抵万金”。如别人考了好成绩、评上先进、受到奖励时，心情会格外舒畅，如果再能听到一句真诚的夸赞，其欣喜之情可想而知。

当别人计划做一件有意义的事时，开头的赞美能激励对方下决心做出成绩，中间的赞美有益于对方再接再厉，结尾的赞美则可以肯定成绩，指出进一步的努力方向，从而达到“赞美一个，激励一批”的效果。

3. 赞美要恰如其分

赞美的尺度掌握得如何，往往直接影响赞美的效果。恰如其分的赞美才是真正的赞美，别大手大脚地将赞美到处乱扔。

赞美的效果在于见机行事、适可而止，真正做到“美酒饮教微醉后，好花看到半开时”。赞美过度会变成吹捧，赞美者并不会收获交际成功的微笑。所以，赞美之言不能滥用，赞美一旦弄巧成拙，反而让人很尴尬。

对于自己还不太了解的人，最好先不要急着恭维、赞美。要先找出他的喜好，再用其喜欢的方式赞美，这样才能收到良好的效果。最重要的是，如果随便地恭维别人，也许会产生副作用，因为有的人根本不吃这一套。一把钥匙开一把锁，赞美要准，对不同人要用不同的赞美方式。

此外，赞美并不一定总用一些固定的词语，见人便说好。有时，投以赞许的目光，做一个夸奖的手势，送一个友好的微笑也能收到意想不到的效果。

那么，应从哪些方面入手呢？

（1）赞美对方与自己的需求相对应的能力或成绩。当一个人很有兴趣地谈到他的专长，或他所取得成绩，或他所开展的某项业务的辉煌时，适时地提出与之相关的需求。在这样的时刻，他拒绝的可能性最小，要求得到满足的成功率最大。运用赞美，营造一个合适的氛围，可以使需求最大可能和最大限度地得到满足。

（2）赞美与对方密切相关的事物。在一些特定的场合，对陌生人的直接赞美会显得矫揉造作，不妨借助与对方密切相关的其他事物，表现出自己对对方眼光独到、经营有方的欣赏，使其心情愉快，然后再提出自己的请求。因为好的心情会使一些本来难以处理的事情变得顺利。

（二）赞美的艺术

赞美是一件好事，但绝不是一件易事。虽然人人都喜欢听赞美的话，但并非任何赞美都能使对方高兴，能引起对方好感的只能是那些基于事实、发自内心的赞美。赞美别人时如不审时度势，不掌握一定的赞美技巧，即使是真诚的，也会变好事为坏事。所以，一定要掌握寻找赞美点的技巧。

（1）外在的、具体的。如衣着打扮（穿着、领带、手表、眼镜、鞋子等）、头发、身体、皮肤、眼睛、眉毛等。这一部分可以称为硬件。

（2）内在的、抽象的。如品格、作风、气质、学历、经验、气量、心胸、兴趣爱好、特长、做的事情、处理问题的能力等。这一部分可以称为软件。人的素质有高低之分，年龄有长幼之别，因人而异，突出个性、有特点的赞美相较一般化的赞美能收到更好的效果。

（3）间接的、关联的。如籍贯、工作单位、朋友、职业、用的物品、下级员工、家人等。这一部分可以称为附件。在日常生活中，人们有非常显著成绩的时候并不多见。因此，交往中应从具体的事件入手，善于发现相关联的哪怕是最微小的长处，不失时机地予以赞美。

由此，就可以找出一个人身上许许多多的赞美点。一般说软件要比硬件效果好，而附件要比软件效果更好，因为附件是间接赞美。

俗话说："患难见真情。"最需要赞美的不是那些早已功成名就的人，而是那些因被埋没而产生自卑感或身处逆境的人。他们平时很难听到一声赞美的话语，一旦被人当众真诚地赞美，便会心存感激。因此，锦上添花固然很好，而雪中送炭更是人之向往。

与人沟通要有技巧，学会寻找赞美点。只有找到对方贴切的、闪光的赞美点，才能使赞美显得真诚而不虚伪。每个人身上都有很多的闪光点，只是需要我们有一双善于发现的眼睛。

二、说服的技巧

说服，是一门精湛的处世学问。如何让被说服方主动地"起而行"，是检验说服能力高低的标准。

说服就是通过摆事实、讲道理来使人相信、信赖、赞同其观点和主张。说服不一定要口若悬河、滔滔不绝，它可长可短、可多可少，这其中的关键就在于说服中的玄机。说服要有精妙的道理藏于其中，这些道理能让人心悦诚服。在生活中，很多时候都需要说服别人，面对的说服对象可能是父母、朋友、老板、顾客等。针对不同的对象，采取不同的说服方式，才能达到说服的目的。

同步案例

有一次，卡耐基突然同时接到两家研究机构的演讲邀请函，一时之间，他无法决定接受哪家邀请。但在分别和两位负责人洽谈过后，他选择了后者。在电话中，第一家研究机构的邀请者是这样说的："请先生不吝赐教，为本公司传授说话的技巧给中小企业管理者。由于我不太清楚您所演讲的内容，就请您自行斟酌吧。人数不超过一百人……万事拜托了！"卡耐基认为，这位邀请者说话时平淡无力，缺乏热情，给人的感觉便是为工作而工作的态度，让人感受不到丝毫的热情，也给他留下相当不好的印象。此外，对方既没明确提示卡耐基应该做什么，要做到什么程度，也没有清楚交代听讲人数，叫他如何决定演讲内容呢？对此，卡耐基自然没有什么好感。

而另一家研究机构的邀请者则是这样说的："恳请先生不吝赐教，传授一些增强中小企业管理者沟通能力的诀窍。与会的对象，都是拥有50名左右员工的企业管理者，预定听讲人数为70人。因为深深体悟到心意相通的时代离我们越来越遥远，下属看上司脸色办事的传统陋习早已行不通，因此，此次恳请先生莅临演讲的主要目的是希望让所有与会研习者明白，不能用语言清楚地表达出自己想法的人是无法成为优秀管理人才的。希望演讲时间能控制在两个小时左右，内容锁定在：学习说话技巧的必要性；掌握说话技巧的好处和说话技巧的学习方法这三方面。希望您能带给大家一次别开生面的演讲，万事拜托了！”卡耐基可以感觉到这家研究机构的邀请者精明干练、信心十足，完全将他的热情毫无保留地传达给了自己。更重要的是，对方在他还没有提出问题的情况下，就解答了所有的疑问。因此，在卡耐基的脑海里立刻浮现出自己在演讲台上的情景，并且很快就想象出参加者的表情以及自己该讲述的内容等。

（一）吸引对方的注意和兴趣

为了让对方同意自己的观点，首先应吸引、劝说对象将注意力集中到自己设定的话题上。利用“这样的事，你觉得怎样？这对你来说，是绝对有用的”之类的话术转移对方的注意力，让其愿意并且有兴趣往下听。

怎样才能在刚说话时就引起对方的注意呢？随机应变很重要。会说话者之所以能够成功说服对方，是因为他们充分运用了随机应变的说服艺术，把自己的语言天赋完全彻底地展现给对方，令对方折服。掌握了随机应变说服的方法和技巧，就能在职场上纵横捭阖，游刃有余；就能在朋友们面前谈笑风生，侃侃而谈；在上司面前不卑不亢，应付自如；在演讲台上妙语生花，挥洒自如。

（二）抓住对方心理诱导和劝说

中国古语说“对症下药”。这个“对症”，就是要求在说服他人时抓住对方的心理。俗话说“人心隔肚皮”，意思是不容易看出来别人真正的意向，不容易抓住别人的心理。不同的人，内心世界肯定不同，而人的内心世界并不是绝对秘不示人。如果掌握一定的技巧，就不难了解到对方的心理。更多地了解对方的心理，说服时才能说到要害，引起对方的共鸣，对方才会乐于接受。

故与智者言，依于博；与拙者言，依于辨；与辨者言，依于要；与贵者言，依于势；与富者言，依于高；与贫者言，依于利；与贱者言，依于谦；与勇者言，依于敢；与过者言，依于锐。
——《鬼谷子》

同步案例

诸葛亮的说服技巧，可以充分地体现在说服孙权与刘备联手抗击曹操一事上。以刘备当时的实力，要与曹军抗衡，则必须与孙权联手。如果是一般的使者为了请求对方的援助，一定会低声下气。但是诸葛亮却相反，他摆出一副强硬的态度对孙权说：“将军您是否也要权衡自己的力量，以处置目前情势，如果贵国的军力足以和曹军抗衡，则应该早早和曹军断交才好；若是无法与曹军相抗衡，则应尽快解除武装，臣服于曹操才是上策。”

孙权年轻气盛，果然被激起了强烈的自尊心：“照你的说法，为什么刘备不向曹操投降呢？”

诸葛亮就紧接着劝道："你知道田横的故事吗？他是齐国的壮士，忠义可嘉，不愿侍二主而自我了断。更何况我主刘备乃堂堂汉室之后，钦慕主公之英迈资质而投到他旗下的优秀人才不计其数。不论事成或不成，都只能说是天命，怎可向曹贼投降？"

说到这里，孙权的自尊心已被充分激发起来了，于是他激动地表示："我拥有江东全土以及十万精兵，又怎能受人支配呢？我已经做好决定了。"诸葛亮步步诱导，最终说服了孙权。

（三）晓之以理，动之以情

如果想劝说对方做出正确的选择，往往需要站在对方的立场上分析问题给他听，晓之以理，动之以情。这样能给对方一种为他着想的感觉，因而具有较强的说服力。

当然，说服他人的技巧都建立在知己知彼的基础上，唯有这样才能从对方立场考虑问题。

美国著名学者霍华曾经提出让别人说"是"的 30 条指南，现摘录部分如下，可以作为参考。

（1）尽量以简单明了的方式说明你的要求。

（2）要照顾对方的情绪。

（3）要以充满信心的态度去说服对方。

（4）找出引起对方注目的话题，并使他继续注目。

（5）让对方感觉到，你非常感谢他的协助。如果对方遇到困难，你就应该努力帮助他解决。

（6）直率地说出自己的希望。

（7）向对方反复说明，他对你的协助的重要性。

（8）切忌以高压的手段强迫对方。

（9）要表现出亲切的态度。

（10）掌握对方的好奇心。

（11）让对方了解你，并非是"取"，而是在"给"。

（12）让对方自由发表意见。

（13）要向对方证明，为什么赞成你是最好的决定。

（14）让对方知道，你只要在他身旁，便觉得很快乐。

三、迂回的技巧

人们常说：说话要有"绕弯子"的艺术。不论是我们拒绝别人还是表达自己的批评意见时，都需要掌握以迂为直的技巧。

“今晚我请你共进晚餐，你愿意赏脸吗？”如果不想去，该如何拒绝别人的好意呢？

“助人为快乐之本”，是一句朗朗上口的格言。但是，别人要求协助，难免会遇到自己力不从心的时候，怎么办？

生活中面对别人的请求时，我们往往难以说出心中的“不”字，通常都会把这个拒绝的字眼吞到肚子里。原因是什么？是因为不想伤害彼此的感情。说“不”字需要勇气，如果你掌握了说话的技巧和拒绝的策略，做到“拒绝有方”而不伤感情，那么，把“不”字说出口并非是难事。如何把“不”字说得让别人听得顺耳呢？这就需要我们学习拒绝的技巧。

（一）拒绝的技巧

当我们面对自己的亲人、老师、好朋友、同学或者一些陌生但有善意的朋友，如果他们提出的请求你不能接受，但又不想伤害他们，应该怎么做呢？最好的方法就是不要立刻拒绝，要学会婉转拒绝。

人们都不希望品尝被拒绝的滋味，也不愿将拒绝的话说出口，可是，迫于无奈又不得不说。此时，如果能把拒绝的话说得动听，则较为妥帖。除了可以在拒绝中加些微笑、幽默，还可以把握以下原则：

1. 学会倾听，真心说“不”

当对方发出请求时，不能简单地马上说“不”，而是要注意倾听对方的诉说或询问，了解事情的前因后果，了解对方的想法。这样，对方会有一种被尊重的感觉，在平和的状态下拒绝对方，可以避免伤害。听清了对方的请求，还可以根据实际情况向对方提出一些有效的建议，用另一种替代的方法去帮助他。对方感受到真诚后，就能心平气和地接受拒绝了。

2. 根据场合，适时说“不”

在很多情况下，我们很难正面拒绝对方的要求，要考虑根据不同的场合和对象，选择恰当的方法婉转地拒绝，从而不伤害对方的感情。

比如你放寒假刚回到家中，一位亲戚非常热情地要请你去她的家里吃饭，而你比较疲惫，只想在自己的家里先好好休息几天。那么你需要对亲戚的邀请首先表达感谢，再说明自己的身体状况，表示等自己休息过来之后一定登门拜访，适时说不，但是诚挚表达感谢。

3. 讲究技巧，弹性说“不”

婉拒对方可以讲究一些技巧。例如，当别人提出不可能答应的要求时，可以先顺着对方的意思，肯定他的合理性，然后再婉转说明不能答应的理由。这样可以消除对方的心理障碍，让对方有心理准备，从而为拒绝打下基础。或者可以不直接说自己的观点，而是引用其他人的观点或反面的例子说明，使对方放弃原来的要求，再自然而然地引到自己的看法上来。这样，避免了拒绝语言的生硬与直接，具有弹性特征，能让拒绝者化被动为主动，使对方了解自己的苦衷，减少拒绝的尴尬和负面影响。

4. 注意语气，温和说“不”

听了对方的请求，并认为应该拒绝的时候，态度要坚决，但也要温和。用虚拟或商量的口气，语气柔和，外柔内刚，小声音说大道理等都是交流的好方式。如果在拒绝语言中多用一些“可以吗”“好吗”“你说呢”等征询性的反问，语气就会温和得多。

“婉转拒绝”的表达方式和技巧，就是在需要的时候拒绝得体、回答委婉，这样所表现出来的不仅仅是对别人也是对自己的关心和尊重。学会说“不”，生活将会更美好。

同步案例

钱钟书先生是我国著名的作家，他的作品《围城》享誉海内外。有一位女士特别喜欢钱钟书。有一天，她打电话给钱钟书先生说：“钱钟书先生，我十分喜欢您的作品，我想去拜访您一下。”这是一个善意的请求，人家是慕名而来的。但钱钟书先生一向淡泊名利，不爱慕虚荣，在电话里婉转地拒绝了这位女士。他说：“当一个人吃了一个鸡蛋觉得很好吃时，他/她有没有必要去看一看下蛋的母鸡是什么样子的呢？”

钱钟书先生运用了比喻的修辞手法暗示对方，婉转而含蓄地拒绝了对方的请求。对方通过自己的思考定能明白钱钟书的意思。这样的交际语言起到了很好的表达效果。学会拒绝的艺术，既可减少许多心理上的紧张和压力，又可使自己表现出人格的独特性，也不致使自己在人际交往中陷于被动，生活就会变得轻松些。

拒绝别人，尤其是对不熟悉的人，说话要谨慎，适当使用一些委婉语言，或比喻，或幽默，或暗示，或引用，或假设。方法多种多样，目的却是一样的——既达到拒绝的目的，又不伤害对方。

（二）批评的技巧

一位教育家说过，批评好似正常的血液循环，没有它就不免有停滞和生病的现象。我们每一个人都不是生活在真空里，就像我们身上会沾染许多病菌一样，在我们的思想意识和言谈行为上，也会不可避免地出现一些缺点、错误，积极开展批评，才能使我们保持身心健康。但在开展批评时，一定要讲究方式、方法，有艺术性，这样别人才会欣然接受。

渴望被肯定、被尊重是人类普遍的心理需求。为了适应这一心理需求，需要施展语言技巧和沟通艺术，对某些人的过错不直接点破，用类比的方法启发对方认识自己的过错，自动改正这些过错，岂不是更好？尤其对于自尊心较强的人，更要注意批评的技巧。人都有自尊心，也都有一定的认识能力。为了照顾人们的自尊心，可以通过旁敲侧击、迂回暗示的方法进行批评。通过委婉、含蓄的语言方式启迪人们领悟自己存在的缺点和错误，自觉改正，是维护人际关系和谐稳定的有效的沟通艺术。

同步案例

卡耐基的侄女约瑟芬·卡耐基19岁那年来到纽约，成为卡耐基的秘书。当时，她刚刚高中毕业，做事的经验几乎等于零。因此，在工作中总是出现这样或那样的错误，而卡耐基也会毫不客气地批评她，于是约瑟芬感到了巨大的压力。

一天，约瑟芬在工作中又出错了。卡耐基刚想开始批评她，但马上又对自己说："等一等，你的年纪比约瑟芬大了1倍，你的生活经验几乎是她的1万倍，你怎么可能希望她与你有一样的观点呢？你19岁时又在干什么呢？还记得那些愚蠢的错误和举动吗？"

经过仔细考虑后，卡耐基想出了一个好的办法对付约瑟芬的毛病。从那以后，当约瑟芬再犯错误时，卡耐基不再像以前那样当面指出她的错误。他总是微笑着对约瑟芬说："亲爱的，你犯了一个错误，但上帝知道，我所犯的许多错误比你更糟糕。你当然不能天生就万事精通，成功只有从失败的经验中才能获得，而且你比我年轻时强多了。我自己曾经做过那么多的傻事，所以，我根本不想批评你或任何人。但是你不认为，如果这样做的话，不是比较聪明一点吗？"

听到这样的话，约瑟芬感到不再有压力，而是充满了动力。

同样的意思，不一样的表达方法，效果十分不同，人的接受程度也十分不同。卡耐基改变了劝说方式，达到了让侄女改掉缺点的目的。人人都渴望获得别人的赞扬，同样，每个人都害怕别人的指责。你为了说服对方或要批评他时，他即使认为你是对的，自己确实错了，也会对你心怀不满，甚至引起愤恨。但是，如果你能换一种方式，先礼后兵，先表扬他一番，然后趁着他心情愉悦时再指出他的缺点，相信他一定会虚心接受，同时还会对你心存感激。

批评的目的是解决问题，因而批评方式是为批评目的服务的。并不是说为了利于行，忠言必须逆耳，也不是说"为了是良药就一定要苦口"。批评的效果往往不在于言语的尖刻，而在于批评的技巧。

1. 侧面批评

批评中如何才能做到"良药不苦口"呢？可以尝试一些侧面批评的技巧：

（1）旁敲侧击法。即不直接批评对方，就是对被批评者的缺点或错误旁敲侧击，引起其注意，促其改正，使其提高认识，改正缺点。

（2）换位批评法。即不直接批评教育，而是设身处地地进行换位思考。具体有两种方法：一是让被批评者站在批评者的角度，让他想想：如果换成是我，你想想，我犯了这样的错，你批评不批评？如果批评，你将怎样批评？让他换个位置来认识自己的过错。二是让批评者站在被批评者的角度，假如我是他，我对自己的过失是否已经有了很深刻的认识，甚至会主动检讨而不希望被人严厉呵斥。

（3）婉转式批评。在公开场合即大庭广众面前进行公开批评，也可以对其他人产生教育效果。但公开批评容易伤害被批评者的自尊心，超出对方的心理承受力，会发生非理智对抗。所以，应慎用公开批评，尽量用含蓄的婉转方式进行间接式批评。比如含而不露、柔中带刚的影射批评，或者运用比较温和的语言迂回地提出问题，引起他人的注意进行暗示式批评。当然，婉转也需要让对方最终能领会自己的意思，否则只能是说给自己听。

（4）谅解式批评。即通过原谅错误的方式，引起当事人自责的批评方法。这种宽容、谅解式的批评能直接触动对方心理，产生较好的批评效果。

（5）幽默式批评。批评是件严肃的事情，必然要触及人的内心。如果做法不当，就会伤及人的自尊心。一个有效的办法，就是创造愉悦的心理环境，用幽默的口吻进行批评。在批评对象时，运用诙谐的语言、形象的双关语、有哲理的故事，缓和批评过程中的紧张气氛，增进相互间的情感交流，使批评收到较好的效果。不过，幽默式批评应注意考虑被批评者的领悟水平，要使被批评者感到善意，批评中的幽默要适度，能让被批评者接受。若还能增进相互间的情感交流，当然是皆大欢喜的好事。

批评中的质问会使人产生一种不信任感，会把对方逼到敌对、自卫的死角；被训斥会让人觉得低人一等、被藐视，感觉人格上受到侮辱，会使对方感到压抑、反感。而口气温和、委婉，会使对方心理上产生内疚感，从而愉快地接受批评。因此批评时，态度要诚恳，语气要温和。得体的语调、表情或其他恰当的身体语言，可以避免彼此意见沟通时的敌意，这样的说话方式别人才容易接受。

2. 疏导批评

批评的方式多种多样，因人而异，需要充分考虑被批评者的心理承受能力和批评者的意见。尤其在对待学生、对待孩子的批评教育中，更多的是要疏导。语言的交锋最终是心灵的撞击，在批评时是直言还是疏导，所起的效果不一样。

同步案例

一次，一位老师讲公开课，一名学生将“蔡桓公”念成了“蔡恒公”，引起了哄堂大笑，怎么办？这位老师说：“我发现这名同学有了进步，他开始独立思考问题了。‘桓’和‘恒’是形近字，上课时，该同学没听课，这是他的错，但他能根据‘桓’字的字形，想到‘恒’字的读音，这说明他进行了一番独立思考，而不是遇到不认识的字就不读。如果他经常这样思考问题肯定会有大的进步的。”这位老师对学生的批评于平静舒缓中显示出了强大的威力。

这位老师这种做法恰恰体现了疏导批评这一教育思想。在疏导批评中，学生感受到什么是尊重、理解和平等；体味到了独立人格的尊贵和老师的拳拳之心。疏导无痕，它不伤害学生的自尊心，不丢学生的面子，因此，不会引来抵触情绪。批评无痕，润物无声，虽然无痕却有着惊人的力量。于无声处听惊雷，在心与心愉悦和谐的感应中，学生醒悟了；在心与心的碰撞中，学生的思想得到了升华。

运用疏导批评的技巧要坚持以下原则：

（1）友善性原则。疏导者要和被批评者交朋友，对被批评者尊重、关心、热情，这是疏导工作能够顺利进行并富有成效的重要保证。遵守这个原则，尊重被批评者的人格，热情对待他们，耐心倾听他们的诉说，而不是简单地批评他们的错误；相信他们的诚意和谈话的内容，但又要认真调查、询问，不以一次谈话作为唯一参照。

（2）真诚性原则。真诚性原则是指疏导者的回答应当意思清楚、语义明确，针对被批评者的具体情况提出积极的分析意见，而不是迁就搪塞、含糊其词。当然，这不是说要板起面孔训人，不是可以不讲语言艺术和疏导批评技巧，而应委婉可亲，让人易于接受。事实上，一个道理、一个结论的不同讲法，效果会大不一样，所以怎样委婉表达自己的意见很重要。

（3）保密性原则。这是指疏导批评者要保守与被批评者谈话内容的秘密，不得随意公开和泄露被批评者所谈到的涉及个人隐私的秘密。疏导批评者了解这些情况完全是为了有效地进行疏导工作，是被批评者对自己信任的表示，绝不能够将了解到的这些秘密用于其他目的和其他方面。即使有某种特殊需要，也应隐去其真实姓名。

在实际工作和学习中，在批评他人时应该注意以下几个方面：

一是不要当众揭对方的短处，以免使对方感到难堪。

二是不要故意渲染对方的错误。

三是批评人时不要侮辱对方的人格。

四是批评人时不要翻旧账。

五是批评人时切忌只讲缺点不讲优点。

六是切忌以高高在上的方式批评人。

批评有时是必需的，批评的技巧就在于：对于不同的人、不同的问题，应采取相应的策略。对态度诚恳、性格坦率的人，不妨直道其详，提出建议；对于性格含蓄、固执的人，可以比较多地从反面提出问题，引起他的思考，由他自己得出结论；对于一时难以改变观念的人，也不必操之过急，可以循循善诱，逐步加以开导。

综上所述，最理想的沟通艺术是：能用赞美或说服替代批评，捕获对方的心，释放沟通的魅力。

任务三 克服沟通障碍

任务设计

假如你的同事离职了，他将工作移交给你。他有一位非常重要的大客户，维系管理与这个大客户的关系对你的公司非常重要。但是对方似乎只信任你已离职的同事，对待你与他们的交流洽谈很是冷淡。那么，你该怎样克服你们之间的沟通障碍呢？

从信息发送者到信息接收者的沟通过程并非都是畅通无阻的，沟通过程中经常存在这样或那样的障碍，从而导致沟通失败或无法实现沟通的目的。因此，要实现高效的沟通，必须排除信息在传递过程中出现的失真、错误或丢失的因素，克服各种障碍。

一、克服心理性沟通障碍

心理性沟通障碍是指在沟通中干扰信息传递和交换的沟通者的各种心理性因素。显然，心理性沟通障碍不仅来自“己”，也有来自“彼”。相对于其他客观性的沟通障碍而言，心理性沟通障碍是沟通障碍中最常见的复杂且难以克服的因素。

对人对事，理解清楚了才能表达。而往往许多人了解自己要比了解他人主观得多，因此可以说完全正确地了解自己很困难。只有真正了解了自己，才能更好地理解他人。

（一）自知者明，自信者强

人常说“人贵有自知之明”，一个不能认识自我的人，人际沟通中显然存在很大的沟通障碍。有了自知之明，才能具有正确的自信。

人生在世，谁都想有所作为，但成功者还是少数，很多人因不了解自己致使人际交流沟通失败。俗话说“知己知彼，百战不殆”，要想“不殆”，必先“知己”，“知己”就是了解自己。了解自己非常重要，只有了解了自己，在沟通中才能获得成功。

做任何事都必须要搞清楚三个W：第一个W是Who——我是谁；第二个W是Where——我在什么位置；第三个W是What——我想干什么。看似简单的问题，做到却并不容易。此外，认识自我是职业生涯规划的基础，是职业生涯成功的起点。一个人对自己了解得越多，就越能更好地包装自己，把自己定位在最有价值的地方。所以，认识自己，才能开创美好的前程与命运。

正确地认识自己，应该包含以下几方面：

1. 全面认识自己

首先是内外兼顾，既要了解自我的外在形象，诸如外貌、衣着、举止、风度、谈吐等方面的情况，又要认识自己的内在素质，诸如学识、心理、道德、能力等方面的特点。其次是要优劣势兼顾，既要看到自己的长处，又要看到自己的不足。看到自己的不足就不会因高估自己而沾沾自喜，骄傲自大；看到自己的长处，就不会因妄自菲薄而贬低自己，自卑失望，止步不前。

2. 正确认识自我与他人、集体、社会的关系

懂得个人的成长离不开集体、自我的价值在于对社会有所贡献的道理。

3. 用发展的眼光看待自己

由于人总是在不断地发展变化，我们的优点和缺点也不是一成不变的，应该用发展的眼光看自己。古人云“吾日三省吾身”，就是告诫我们要不断进行自我反思，及时发现自己新的优点和新的缺点，通过内省改正缺点，不断修正自己、完善自己。

对于工作中的自我认识，还需要从以下两方面来考虑：

首先要了解自己的个人能力。能力可以是一般的、先天的能力，也可以是特殊能力。例如，有些人特别有学习的能力，表达能力也特别好；有些人领悟力特别强，常有独到见解；有些人或是办事沉稳、冷静，富于理性；有些人拥有领导、管理的能力。先天的资质只有加上后天的培养，才能增强自己的能力。我们可以在生活的各个领域多多接触、体验，发现并培养自己的特殊能力。只有了解了自己的潜力或者是特殊能力，才能知道自己该朝什么方向努力。

其次，要了解自己的兴趣是什么。兴趣可以激发个人去从事某项活动，但有兴趣不代表就有此方面的特殊能力，也不一定可以预测在此方面上会有所建树。例如，有些人喜欢注意服装的款式，但不一定有能力成为时装设计师，因为时装设计师需对服装的潮流、色彩、款式、工艺等方面有敏锐的感知和专门的研究。

因此，从工作的角度来说，我们需对自己的兴趣和能力有明确的了解。如果一个人的兴趣能配合他所从事的工作，不仅能让自己从工作中享受乐趣，也能使自己在工作时发挥更大的创造力和潜能，那么他取得成功的可能性就较大。

了解了自己的个人能力和兴趣爱好，在与人沟通时，就会目标明确，扬长避短，放弃不适合自己的机会。一个人必须首先学着了解自己，了解自己的长处，并了解自己的缺点。发现了自己的潜能与长处，正确与人沟通，就为自己开创了一片事业的天空。另外，从心理、情商、智商、思维方式、性格等方面深入剖析、了解自身，也能帮助自身破解密码，找准自己的优缺点，在择业、交友等人生各方面的沟通中知己知彼、扬长避短，更顺利地步入人生成功的彼岸。

那么，一个人怎样才能正确地认识自己呢?

（1）分析他人对自己的评价。正确地认识他人对自己的评价，是自我认识的一条重要途径。旁观者清，他人可以指出自己盲点。苏轼诗曰：“横看成岭侧成峰，远近高低各不同；不识庐山真面目，只缘身在此山中。”要想了解自己，最好问问别人，只有在人群中间才能认识自己。可见，他人的反馈对正确认识自己有非常重要的作用。

（2）从他人身上得到启发。为了认识自己，可以理性地将自己和他人进行比较。在比较的过程中发现自己的优势，明白存在的问题，认识自己能力的高低，道德品质的好坏，追求目标是否恰当等。

（3）寻找和发现自己的优势。每个人都有无限的潜能，通过参加各种活动才能寻找和发现自己的优势。通过参加各类活动，正确分析自己的活动表现和成果，客观地认识自己的才能、兴趣、爱好，进一步发挥自己的长处，弥补自己的短处。

（4）自我反省。自我反省是自我认识的一个重要途径。很多人的自我评价带有较强的主观性，即使已具备了一定的自我反省能力，也不习惯于处处、时时、事事反思自己，因此需要养成适当地进行自我反省的习惯。成功的时候要反省自己，发现自己的优点和长处，失败的时候也要反省自己，发现自己的缺点和不足。

（二）了解对方，到达成功的彼岸

处世艺术不仅表现在对自我的了解上，而且要求了解对方的观点。正所谓

“你感兴趣的是你所要的，你永远对自己所要的感兴趣，但别人并不对你所要的感兴趣”。其他的人也一样，只对他们所要的感兴趣。因此，唯一能影响别人的方法，是谈论他所要的，教他怎样去得到。

同步案例

某一天，爱默生和他的儿子要把一头小牛赶入牛棚，但他们犯了一个一般人所犯的错误——只想到他们所要的：爱默生在后面推，他儿子在前面拉。但那头小牛所做的正跟他们所做的一样，它所想的只是它所要的。因此牛蹬紧双腿，顽固地不肯离开原地。一位爱尔兰女仆看到了他们的困境，她虽不会著书立说，但是，至少在这一次，她比爱默生具有更多关于牛马的知识。她想到了那头小牛所要的，因此她把她的拇指放入小牛口中，让小牛吮着手指，同时轻松地把它引入牛棚。

要使沟通达到理想的效果，一定要了解对方。著名汽车工程师、企业家亨利·福特说过，如果成功有任何秘诀的话，那就是了解对方的观点，并且从他的角度和你的角度来观察事情的那种才能。

（三）读懂他人，改进沟通的效果

一个人的行为是外显的，而他的思想却是内隐的。有时候行为和思想并不一致。与人相处，必须先了解人们行为背后思想的“秘密”。主动地接近对方，真正地读懂对方。我们对他人的态度取决于我们对他人的认识，而我们对他人的认识，很大程度上又受到他人的描述的影响，然后加上自己的主观臆测，便形成了对一个陌生人的认识。这就是偏见产生的重要原因之一。在抱着偏见与某人相处时，很难发现他的“庐山真面目”。从表面很难全面了解一个人的个性、习惯。积极而真心地与人交往，是洞悉真相、结交朋友最可靠、最必要的途径。所以，在真正接触到他人之前，对他人的看法不要过于武断。人们会以貌取人，会用第一眼收集到的信息来判断一个人。为了迎合他人的这种直觉判断，我们要尽量给人留下良好的第一印象。但当我们判断他人的时候，又要尽量规避这个判断人的“印象误差”。

（四）常见心理障碍的排除

心理障碍是指影响个体正常行为和活动效能的心理因素或心理状态。在人际交往活动中，人们可能不同程度地表现出以下常见的心理障碍，应该及时进行调解。

1. 嫉妒

嫉妒是由于别人胜过自己而引起抵触的消极情绪体验。黑格尔曾说，嫉妒是“平庸的情调对于卓越才能的反感”。嫉妒是一种心理缺陷。在日常生活中，嫉妒的存在很普遍。英国科学家培根说，在人类的一切情欲中，嫉妒之情恐怕要算最顽强、最持久了。嫉妒者不能容忍别人超过自己，害怕别人得到自己无法得到的业绩、名誉、地位等，在他看来，自己办不到的事别人也不要办成，自己得不到的东西，别人也不要得到。通俗地说，嫉妒是对与自己有联系，而又强过自己的人的一种不服、不悦、失落、仇视，甚至带有某种破坏性的危险情感。嫉妒心理常常表现为，当他人取得了比自己优越的地位或成绩时，便产生了一种忌恨心理；当对方面临困境陷入灾难时，就隔岸观火，幸灾乐祸，甚至借助造谣、中伤、刁难等手段贬低他人，安慰自己。

嫉妒心理可通过以下几方面克服：

（1）正确认识他人的成功。嫉妒心往往是由于心胸狭窄造成的，即别人取得了成就，便误以为是对自己的否定，对自己是威胁，损害了自己的“面子”。其实，这只不过是一种主观臆想。一个人的成功不仅要靠自己的努力，更要靠别人的帮助，荣誉既是他的也是大家的，人们给予他赞美、荣誉，并没有损害自己。

（2）及时打消嫉妒念头。嫉妒是一种突出自我的表现。在这种心理支配下，待人处事常常以自我为中心，无论什么事，首先考虑的是自身的得失，因而引起一系列不良后果。出现嫉妒苗头时，及时自我约束，摆正自身位置，努力驱除妒忌心态，可能就变得“心底无私天地宽”了。

（3）树立科学的竞争观念。正视自己的不足和差距，认识到每个人都有所长，保持乐观的情绪，去发现和开拓自己的潜能，进而扬长避短，不断充实和提高自己，通过公平竞争超越别人。

2. 羞怯

羞怯心理是绝大多数人都会有的一种消极心理。具有这种心理的人，往往在交际场合或大庭广众之下羞于启齿或害怕见人，由于过分的焦虑和不必要的担心，他们在言语上支支吾吾，行动上手足无措、瞻前顾后，长此以往，将不利于同他人的正常交往。

羞怯心理可通过以下几方面克服：

（1）松弛训练法。当感到紧张、心跳过快的时候，可以转换一下视线、变换一下姿势，或者说两句寒暄之类的话，这样就可以在一定程度上缓解羞怯心理。

（2）认知平衡法。羞怯大多是由自卑等心理不平衡状况所致。在由自卑导致胆怯的时候，可以从内心进行认知的自我平衡，不要对自己全盘否定；相反，多想想自己的长处，从而产生自信。

（3）气氛转换法。在与他人交往时，可能由于某些原因令人难以启齿，从而导致心理紧张。在这个时候可以转换一下话题，使气氛得以缓和。等到气氛融洽，有利于说出真情时，再心平气和地说出意图。

（4）模仿法。经常有意识地注意观察和模仿一些泰然自若、善于交际、活泼开朗的人的言谈举止，对照自己的弱点加以克服，并根据自己的气质形成自己的风格。

3. 自卑

自卑心理是由于生理、心理和其他方面（如家庭、工作等）的某些缺陷，有时是自以为是的缺陷，而产生的轻视自己、看不起自己，认为无法赶上别人的一种消极心理。自卑感往往使人缺乏自信、孤僻、悲观。特别是受到周围人的嘲弄和侮辱时，有时会以暴怒、嫉妒、自暴自弃等形式表现出来。个体自卑心理的形成和一个人儿童时期的人格是否健康发展有一定联系，但主要还是社会环境长期影响的结果。

自卑不同于自谦，它是一种不健全人格的反映。一般来说，自卑感强的人多是性格内向、勤于反思而又敏感多疑者。他们自尊心也很强，但他们不是积极进取以获得自尊，而是消极退避以保护自尊。正是为了追求一种不使自尊心受到伤害的安全感，为了不在别人面前暴露自己的弱点，才不愿与人交往，不愿抛头露面。

自卑心理可通过以下几方面克服：

（1）正确评价自己。俗话说“尺有所短，寸有所长”。每个人都有长处与短处，因此不能只看自己的短处不看长处。积极的态度是扬长避短，以“长”补“短”。一个人某一方面不行，也许另一方面比别人强。不能只看到自己的不足，自卑心理很大程度上是在对比中产生的。

（2）增加成功经历。一个人成功经历越多，他的期望也就越高，自信心也越强。因此，通过一次又一次微小的成功，可以使自信心得以提升。对于自卑的人来说，重要的是建立起符合自身实际情况的“抱负水平”，增加成功的经历。这可以由小做起，确保首次努力的成功，形成良性循环。如果遇到困境，感到自卑时，可以改做一项比较容易成功，或者自己愿意并有兴趣的活动或工作，以便增强信心，消除自卑。

（3）树立自信心。自卑心理是心理软弱的表现。关键是自信心不强，不敢将自己的思想向外表露，结果在行动上常常随波逐流，毫无主见，没有魄力，造成心理上的抑郁、沮丧。可以通过积极的自我暗示来树立自信心，学会在内心里说：“我行！我也能！”

（4）积极与他人交往。心理学家认为，当人独处时，心理活动就会转向内部，朝向自己。此时，心理活动的范围、内容都受到一定的局限，加之认识的局限，心理活动往往走向极端。通过积极与他人交往，开阔视野、增长见识、开启心智，可正确认识自我，消除自卑心理。

4. 猜疑

猜疑也是社会交往中的一大忌。具有这种消极心理的人，往往难辨真假，疑心重重，有时甚至无中生有，总以“害人之心不可有，防人之心不可无”“逢人只说三分话”作为社交原则，处处小心，防范别人，戒备心非常强，有时甚至口是心非。猜疑心理于人于己都会产生负面影响，我们应该努力克服它，还自己和他人一种好心境。

猜疑心理可通过以下几方面克服：

（1）自我暗示。这是一种对自己施加某种积极的影响，从而调整心境、情境和加强自我意识的方法。当发现别人有某些“可疑”行为时，应该暗示自己要冷静，应作全面分析和了解，不要胡猜乱想。

（2）自我安慰。一个人在生活中，遭到别人的非议和流言，与他人产生误会，没有什么值得大惊小怪的。不要过分在意别人的议论，这样不仅解脱了自己，而且取得了一次小小的精神胜利，产生的怀疑自然就烟消云散了。

（3）及时沟通。世界上不被误会的人是没有的，关键是尽快消除误会，如果误会得不到及时的解除，就会发展为猜疑；猜疑不能及时解除，就可能导致不幸。所以如果可能的话，最好同“怀疑”的对象开诚布公地谈一谈，以便弄清真相，消除误会。猜疑者生疑之后，冷静地思索是很重要的，但冷静思索后如果疑惑依然存在，那就应该通过适当方式同被疑者进行推心置腹的沟通。若是误会，可及时消除；若是看法不同，通过谈心，各自的想法为对方所了解，也有好处；若证实了猜疑并非无端，那么心平气和地讨论，也有可能使事情解决在冲突之前。

二、克服物理性沟通障碍

物理性沟通障碍指的是在沟通中干扰信息传递，导致信息失真、错误的各种物理性因素。物理性沟通障碍通常具有客观性，不以主客体双方的意志为转移，但确实影响沟通效果。如沟通信号，信息的流向，企业中层级太多，沟通主客体物理距离太远，沟通发生的场所，沟通的媒介，时间压力，信息过量等，都属于物理性沟通障碍。

克服物理性沟通障碍需要做到：

（1）根据传递信息的性质和特点选择不同的沟通渠道和媒体。如简单、明确的信息用口头沟通最为合适，复杂、严肃的信息则使用书面沟通更为合适。

（2）人为参与或调控沟通中物理因素的设置，减少造成干扰的可能性和程度。虽然物理性沟通障碍具有客观性的特点，但还是可以预先周详考虑，人为参与，从而减轻干扰的程度。如信息的流向、企业层级、分公司地理位置、发生地场所、时间压力、信息量等，都可以或多或少地进行调节。

三、克服语言性沟通障碍

语言性沟通障碍是指人们在进行语言沟通时，导致信息失真的各种因素。如人们在口语交流中，语言运用和理解上的错误、偏差。口音太重、口齿不清、语意不明等都容易造成沟通障碍。

克服语言性沟通障碍需要做到：

（1）信息发出者力求表达准确、清晰。这是良好沟通的基本要求。这也就要求沟通者避免方言、口齿不清、用词造句不准确等现象出现。

（2）信息接收者也应尽力准确理解收到的语言信息。当信息接收者遇到一个蹩脚的信息发送者时，他对其语言信息的理解程度，一方面取决于信息发送者的语言表达情况；另一方面取决于信息接收者的个人努力，这种努力可能是通过搜索背景资料，也可能是认真倾听对方，寻找更多佐证。

课堂活动

相互赞美

案例赏析

用赞美捕获你的心——沟通的魅力

“谈”出美丽人生

实现沟通无障碍，需要沟通者正确认知自己，充分读懂他人。

请讨论，在商务谈判和沟通的过程中，充分展示文化自信对谈判效果会产生怎样的影响。

思维训练

1. 在人际沟通中如何巧妙地拒绝对方？
2. 批评别人怎样才能达到最好的效果？
3. 你是否存在心理性沟通障碍？

项目实训

实训目标：

在沟通活动中锻炼自己的沟通能力，提高自己的沟通水平。

实训内容：

在本实训中，给出一个场景：你在一家快速消费品公司做销售工作，一直以来销售业绩都较好，现在销售部门主管一职空缺，你非常希望得到这个职位。一天，公司老板通知你第二天和他一起去拜访一位客户，你觉得这是一个非常合适的与老板沟通的机会。于是你开始为明天的沟通做准备。最后评选出准备工作最好的同学与教师（扮演老板）进行模拟沟通示范。

实训要求：

写出沟通的方法和内容，做好各种设想，写出各种可能性场景的应对方案。

实训步骤：

（1）自己设计沟通方案，准备好多套可能的应对方案。

（2）每位同学都须做好方案设计，同学之间可以进行讨论研究，最后与教师模拟沟通。

考核方式：

实训态度（50分）+沟通方案的合理性（50分）。

参考文献

[1] 斯图尔特·戴蒙德. 沃顿商学院最受欢迎的谈判课[M].杨晓红，李升炜，王蕾，译.北京：中信出版社，2018.

[2] 尤塔·波特纳. 哈佛双赢谈判准则与技巧[M].马博磊，牛一萌，梁在田，译.北京：北京时代华文书局，2017.

[3] 李爽.商务谈判[M]. 4版. 北京：清华大学出版社，2021.

[4] 孙立秋，徐美荣，赵洪霞. 商务谈判[M]. 2版. 北京：对外经济贸易大学出版社，2015.

[5] 姚凤云，刘纯，赵雅坦.商务谈判与管理沟通[M]. 3版. 北京：清华大学出版社，2021.

[6] 宋倩华.沟通技巧[M]. 2版. 北京：机械工业出版社，2019.

[7] 苗杰.商务沟通技巧[M].北京：中国财富出版社，2012.

[8] 马银春.沟通的艺术[M].北京：金城出版社，2012.

[9] 方明亮，刘华.商务谈判与礼仪[M]. 2版. 北京：科学出版社，2011.

[10] 范忠，陈爱国.商务谈判与推销技巧[M]. 2版. 北京：中国财政经济出版社，2013.

[11] 周杏英.国际商务谈判（英文版）[M].北京：对外经济贸易大学出版社，2016.

[12] 王振翼.商务谈判与沟通技巧[M]. 3版. 大连：东北财经大学出版社，2020.

[13] 鲁克德.谈判的艺术[M].南昌：江西美术出版社，2017.

[14] 李哲.现代商务谈判的艺术[M].天津：天津人民出版社，2017.

[15] 汪华林.现代商务谈判[M].北京：企业管理出版社，2018.

主编简介

韦宏，女，管理学硕士。苏州经贸职业技术学院教授，江苏省“青蓝工程”中青年学术带头人，第二批国家级职业教育教师教学创新团队成员，江苏省“青蓝工程”优秀青年骨干教师，学校首届教学名师。主要研究方向为工商管理，长期致力于产品推广、商务谈判、商务礼仪、沟通技巧、营销策划等课程的教学与企业培训。迄今为止在核心期刊和省级期刊公开发表学术研究论文30余篇，独立出版专著2部，主编“十三五”职业教育国家规划教材1部。主持研究江苏省教育教学改革课题2项，主持研究省厅级教科研课题10项。拥有国家知识产权局授权的发明专利1项、实用新型专利5项。获得全国职业院校技能大赛教学能力比赛三等奖、全国微课教学比赛三等奖、江苏省微课教学比赛一等奖、江苏省信息化教学比赛一等奖和二等奖各1项。

陈家闯，男，苏州经贸职业技术学院副教授，市场营销专业负责人，多年来从事高职市场营销专业教育研究工作，在江苏华润万家超市有限公司等多家企业担任营销顾问，发表各类论文20余篇，其中核心期刊2篇，出版专著2部。获得发明专利2项，主持市厅级课题11项，企业横向课题7项。获得教师教学能力比赛国赛三等奖、江苏省信息化教学比赛一等奖各1项；指导学生获得江苏省高等职业院校技能大赛市场营销技能赛项二等奖2项、三等奖1项。

郑重声明

读者意见反馈

为收集对教材的意见建议，进一步完善教材编写并做好服务工作，读者可将对本教材的意见建议通过如下渠道反馈至我社。

咨询电话　400-810-0598

反馈邮箱　gjdzfwb@pub.hep.cn

通信地址　北京市朝阳区惠新东街4号富盛大厦1座

　　　　　高等教育出版社总编辑办公室

邮政编码　100029

防伪查询说明

用户购书后刮开封底防伪涂层，使用手机微信等软件扫描二维码，会跳转至防伪查询网页，获得所购图书详细信息。

防伪客服电话　(010)58582300

资源服务提示

授课教师如需获得本书配套教辅资源，请登录“高等教育出版社产品信息检索系统”(http://xuanshu.hep.com.cn/)搜索下载，首次使用本系统的用户，请先进行注册并完成教师资格认证。

高教社市场营销专业教学研讨交流QQ群：20643826